古文明脉动

主编　陈　军

编者　程夕琦　杨等华　付晶　邹华　张骏逸
　　　陈文　周晓兵　顾光宇　陶雨婷　陈世东
　　　吴俊苓　韩立春　王蕾　肖彦　张洛绮
　　　王新燕　王志斌　吴志锋

华东师范大学出版社
上海

**图书在版编目(CIP)数据**

古文的脉动/陈军主编.—上海:华东师范大学出版
社,2020
ISBN 978－7－5760－0884－5

Ⅰ.①古… Ⅱ.①陈… Ⅲ.①文言文－中学－教学参
考资料 Ⅳ.①G634.303

中国版本图书馆 CIP 数据核字(2020)第 197926 号

# 古文的脉动

主 编 陈 军
责任编辑 舒 刊
特约审读 欧阳莉
责任校对 时东明
装帧设计 卢晓红

出版发行 华东师范大学出版社
社 址 上海市中山北路 3663 号 邮编 200062
网 址 www.ecnupress.com.cn
电 话 021－60821666 行政传真 021－62572105
客服电话 021－62865537 门市(邮购)电话 021－62869887
地 址 上海市中山北路 3663 号华东师范大学校内先锋路口
网 店 http://hdsdcbs.tmall.com

印 刷 者 常熟市文化印刷有限公司
开 本 787×1092 16 开
插 页 1
印 张 13
字 数 284 千字
版 次 2020 年 11 月第 1 版
印 次 2020 年 11 月第 1 次
书 号 ISBN 978－7－5760－0884－5
定 价 45.00 元

出 版 人 王 焰

(如发现本版图书有印订质量问题,请寄回本社客服中心调换或电话 021－62865537 联系)

# 从"古文的脉动"到"民族精神的脉动"
## （代序）

约两年前，承蒙上海市市北中学陈军校长的厚爱，让我看一下他们学校的老师们编写的一本校本教材，提点意见。后来又去他们学校和老师们就那本教材聊过一次。经过老师们的不断修订，这本书终于可以付梓了。这是值得庆贺的一件事。

就笔者了解的上海语文教学界来说，许多名校都有自己的不同特色：有的比较切合课改形势，以新颖的教学理念指导教学；有的能够做到海纳百川，运用国外的先进教学理念；有的坚持以传统文化为本，从传统文化寻找突破口。以我粗浅的感觉，陈校长所在的学校属于后者。他们坚持从中国的汉字、古诗词、古文入手，在这方面下功夫，提高教师素养，进而寻找改革语文教学的途径。我觉得这是一条正确的然而也是艰苦的道路。因为语文学习归根到底是"母语学习"，它的根就扎在中华大地上。但是要从传统入手，就需要时间、需要积淀、需要有一点士大夫"恒"的精神，所谓"养其根而俟其实，加其膏而希其光"，在进修的道路上，没有捷径可走，语文教学不可能有"急就章"。

多少年来，语文教改各种口号、概念层出不穷，不论城头变幻各种旗帜，万变不离其宗——"教改的问题说到底是教师问题"，教师的敬业精神、基本素质决定了语文教学的效率。如何提高教师基本素质和能力？最重要最便捷的当然就是读书——读经典，特别是中国历代传下来的经典，同时还要写作。但是，教师平时那么忙，要静下心来读一点书，其实也不是那么容易的，要写东西就更难了。好在陈军校长是一位语文教学的专家，是内行，他支持教师们做这件事，不但支持，而且身体力行。

于是就有了这本《古文的脉动》。何为"脉动"？我的理解是指阅读古人要从一个更大范围的背景入手，而不仅仅是文本。要了解一篇篇古文的"前世今生"，以及对将来的影响。周振甫老先生提出读古文要"立体的懂"，所谓"立体的懂"是要在背诵的前提下，还有三个方面要注意："一方面是词的具体解释；一方面是一个词作为术语时，了解术语的理论意义；一方面是要读懂文章的用意。"[1]《古文的脉动》似乎在这个基础上向外延伸了，体现在他们的"知人""识时""赏文""习法"四个方面的安排。对选中的文章，每一位老师都能够认认真真查资料，研究文本，揣摩注释；然后从传统"知人论世"出发，考察每一位作者在文学史上的地位，以及他们和每一个文学运动的关系等，梳理每一篇选文的作法、特点，还把历来各家的评点集中起来，加上自己的理解。一篇古文读到这个程度，方可说是"立体的懂"了。这让我想起沈蘅仲先生的两本《知困录》。笔者曾经以"竭泽而渔"一词来形容沈老先生搜集资料的全面完备。虽然有朋友认为"竭泽而渔"是个贬义词，不如傅斯年的"上穷碧落下黄泉，动手动脚找材料"

---

① 周振甫.怎样学习古文.北京：中华书局，1992：3.

好，但是我觉得还是前者更形象。我一直认为《知困录》是我们中学语文教师必备的参考书，是我们备课的样板。《朱子语类》卷二"总论为学之方"有这样的话："凡人便是生知之资，也须下困学、勉行底工夫，方得。……大抵为学虽有聪明之资，必须做迟钝工夫，始得。既是迟钝之资，却做聪明底样工夫，如何得？"老辈学者都有这种传统。胡小石先生曾经用朱子这段话告诫他的学生王季思（起）。王季思成为著名的词曲专家，与他遵循师训，肯花"迟钝工夫"是分不开的。虽然我们现在的年轻教师不可能一下就达到那个高度，但是这个方向是对的。为者常成，行者常至，只要像《古文的脉动》这样的做法坚持下去，一定也会获得成功的。近几十年，坊间为中学生编写的各色古文读本琳琅满目，但是，好像侧重点比较多的，是在帮助学生理解一篇篇文章，或者为了应试。这本来没有错，但是如果眼光稍稍放远一点，能够帮助教师和学生从"史"的角度（不仅仅是文学史）来理解古人和古文，我们就一定能够读出更多东西，收获一定会更大，对于教师和学生来说，读起来也不会觉得枯燥乏味。这才是真正的"立体的懂"。《古文的脉动》正是在这方面体现其独特的优点的，编写这样的书，对于老师来说，整个过程不啻是在进修一门课程。我以为，只要坚持下去，"迟钝工夫"终究会化为聪明才智，这是可以预期的。

南宋学者叶适说："读书不知接统绪，虽多无益也；为文不能关教事，虽工无益也；笃行而不合于大义，虽高无益也；立志不存于忧世，虽仁无益也。"[①]这是古代士大夫读书写作的最高境界，对于我们今天仍然有启迪作用。我们语文教师如果仅止于教会学生读书写作，那么到初中毕业，学生就能够完成这个过程了。但是，"母语不仅仅是其他学科的入门和训练教学用的一门学科，而且旨在发扬民族精神、民族感情，作为教授民族语言和文学的学科。它不是单纯的工具学科，而是一门独立的学科"[②]。所以，我们高中乃至大学仍然要学习祖国的语文，还要学习哲学的、科学的、艺术的语言。我们高中语文教师责任重大，每天站在讲台上虽然教的只是一篇篇文章，其实是在培养一批批具有民族精神民族感情的新人。所谓"古文的脉动"何尝不是"民族精神的脉动"？

受陈校长之命，在书的卷首写下这一些话。不敢称序。

赵志伟于庚子年夏至

---

① 叶适. 叶适集·赠薛子长. 北京：中华书局，1960.
② ［日］佐藤正夫. 教学原理. 钟启泉，译. 北京：教育科学出版社，2001：106.

# 序

　　语文教育是基础教育的"基础";语文素养是核心素养的"核心"。一所学校,如果不重视语文教育,那是不能称作为一所学校的。

　　重视语文教育,途径、方法与内容很多。我们市北中学近十余年来有些新的探索,比如,课堂教学的专题研讨,语文教师的专业培养,社团活动的积极推进等,我们都总结了不少优秀课例,出版了不少研究专论,师生成长获得双丰收。单就专题研究而论,由作家研究到汉字研究,由汉字研究与课堂教学相结合到汉字研究与教师生活相结合等,语文组全体教师都投入了很大气力,撰写了很多专稿,提升和展示了丰厚的学养。教师的语文才华自然对学生产生积极的影响,学生成立的文学社团,如水云间词社、小说社以及新诗社等,既展现了学生热爱语文的青春风貌,也辉映着教师的语文智慧与学识丰采!

　　2016年上半年,我与语文组同仁商量,拟编一本语文校本教材。编什么内容呢? 我想到了古文,想到了传统,想到了文化。

　　现在流行的一些文言文助读类的教辅读物,编得好的不过是迎合了高考,作为练考材料,算是敲门砖;编得不好的,或无头无尾、失去篇章,或内容驳杂、漏洞百出,或守旧平庸、思想陈腐,或死抠训练,对应一些语法、词汇知识生搬硬套,无古文学习的独有韵味。我想,我们坚决不能让学生读这些粗制滥造的东西。

　　我们知道,古文,说到底,是我们民族思想的活火,是我们汉语文化的动脉。我们当代人读古文,就是要继承这一份活火与血脉,从而成长新的生命。因此,读古文,要读思想,读活生生的人,读那个时代。我国的古文,浩如烟海,在中学阶段,只能取一瓢饮。这个"一",就是少而精,就是基本的,就是典型、典范。因此,我就建议我的同仁以"古文运动"的作家作品为主体和主线,选取课本未收的古文运动作家的典范作品,引导学生自读。

　　读什么? 怎么读? 也应有个具体安排。我提出了四个环节,一是"知人",二是"识时",三是"赏文",四是"习法"。知人,就是了解作家本人的人格特点与思想个性,从而知其文与人的"特质",知其创造性所在。识时,就是要读历史背景,认识作家所处时代的特点,以便进一步识鉴作家"这一篇"的时代价值。赏文,就是欣赏整篇的文章,欣赏语言在篇章中的活力与特色,同时,也要由"文"而"知人""识时"。习法,就是学习艺术手法,语言章法,思想方法,同时也要学习古汉语基本知识,学习应用知识解决语言问题的学习方法。这四个环节,各有侧重,相互辅助,聚焦点就是文道特质。令我十分感动的是,这四点,语文组同仁都基本认同,而且都落实在具体写作中。我以为,这既是对我个人思考的激励,更是对古文学习思想的共同建设。同声相应,同气相求,大约就是这样子吧。我不过是语文组的一分子,我的想法未必正确,但是,经过全体同仁的一起琢磨,从而产生了"共识",形成了"思想",此时的这样的"思想",就自然成长为一所学校一个学科教学的基本思想,我想,这就是最有意义的学科教育论的基本建设。

需要强调的是,教与学的"主线",就是抓住思想脉动,抓住古文运动作家的思想个性与创新。如果没有创新,古文就不可能发展,就不可能走到今天。究竟有怎样的创新呢?需要我们去体味,去寻找,去挖掘,去建构,编写者力求在这方面有所体现;当然,更重要的还是在课堂上,师生共创,教学相长,不断追寻古文运动作家的创新思想。本书起名《古文的脉动》,寓意有三:一是指所选作品的文脉流动,不断滋育后人;二是指作家的思想创造,日日新,又日新;三是指我们当代师生以古文为思想平台,独立思考,创造性阅读,形成走向未来的人生动力。一言以蔽之,古文脉动者,就是指将充满创造精神的古文,融化在我们的血脉中,从而形成生生不息的生命动能使我们成为新人。

　　需要指出的是,愿景是美好的,行动却总是有差距的。我们的编写避免不了漏洞和错误,需要读者和专家的指教,以期进一步修改完善;我们的教学也一定会出现捉襟见肘的尴尬,需要师生双方共同切磋,不断更新观念,质疑思考,敢于创造。总之,我们还是要在行动中缩小行动的差距,在创造中提升创造的水平。

陈军于非非书房

2020 年 4 月 9 日

从"古文的脉动"到"民族精神的脉动"（代序）/ 1

序 / 1

## 诸子先声 / 1

 一、孔子与《论语》/ 3
 二、孟子与《与民同乐》/ 13
 三、庄子与《逍遥游》/ 22
 四、荀子与《修身》/ 33

## 史家绝唱 / 41

 五、司马迁与《李将军列传》/ 43
 六、班固与《汉书·李陵传》/ 59

## 文起八代 / 73

 七、韩愈与《张中丞传后叙》/ 75
 八、柳宗元与《非〈国语·不藉〉》/ 86
 九、欧阳修与《丰乐亭记》/ 96
 十、王安石与《上人书》/ 105
 十一、苏洵与《管仲论》/ 115
 十二、苏轼与《超然台记》/ 123
 十三、苏辙与《上枢密韩太尉书》/ 135
 十四、曾巩与《醒心亭记》/ 143

## 桐城余音 / 149

 十五、归有光与《先妣事略》/ 151
 十六、方苞与《狱中杂记》/ 158
 十七、刘大櫆与《论文偶记》/ 167
 十八、姚鼐与《〈荷塘诗集〉序》/ 176

## 参考答案 / 186

## 附录 / 196

# 诸子先声

　　殷商到战国，是散体文由萌芽到成熟的阶段。由片段的文辞到详赡的记事，由语录体、对话体，到较为完整的长篇，中国古代散文不断发展。《论语》是孔子弟子及再传弟子记录孔子及其弟子言行的语录集，较为集中地体现了孔子的政治主张、伦理思想、道德观念及教育原则等，言近旨远，词约义丰，形象隽永。《孟子》论辩文，表达了孟子及其弟子的政治、教育、哲学、伦理等思想观点，长于譬喻，气势浩然，形成了精练简约、深入浅出的语言风格。《庄子》具有强烈的浪漫主义色彩，寓言丰富，如行云流水，汪洋恣肆。《荀子》《韩非子》中的专题论文，有标明全篇主旨的标题，论点明确，中心突出，论证严密，结构浑然一体，标志着说理散文体制的定型，从此专论体成为我国说理散文的主要形式。

（杨等华）

# 一、孔子与《论语》

程夕琦

## 知人

孔子(公元前551年—公元前479年),名丘,字仲尼,祖籍宋国栗邑(今河南省商丘市夏邑县),生于春秋时期鲁国陬邑(今山东省曲阜市)。著名的思想家、教育家,与弟子周游列国十四年,晚年修订六经,即《诗》《书》《礼》《乐》《易》《春秋》。

相传他有弟子三千,其中七十二贤人。孔子去世后,其弟子及其再传弟子把孔子及其弟子的言行语录和思想记录下来,整理编成儒家经典《论语》。孔子在古代被尊奉为"天纵之圣""天之木铎",是当时社会上的最博学者之一,被后世统治者尊为孔圣人、至圣、至圣先师、大成至圣文宣王先师、万世师表,被联合国教科文组织列为"世界十大文化名人"之首。其儒家思想对中国和世界都有深远的影响。

## 识时

孔子所处的时代已经是春秋的末期,这是个奴隶社会衰亡、新兴封建制逐渐兴起的交替时期。《诗经·小雅·北山》说:"溥天之下,莫非王土。率土之滨,莫非王臣。"土地名义上归天子所有,天子分封给诸侯,诸侯再分割给家臣。这一层层的稳固关系,也处于改变瓦解的前夕。而自周天子平王东迁以后,王仅仅享有虚名,因之一般士大夫,不仅不是"王臣",而且各有其主。

公元前546年,晋、楚两大国在宋国召开了弭兵大会。自此以后,诸侯间的兼并战争少了,而各国内部,尤其是大国内部,权臣间或者强大氏族间的你吞我杀,却多起来了。鲁国三大氏族(季氏、孟氏、仲氏)互相兼并现象不严重,但与鲁国公室冲突日益扩大。甚至迫使鲁昭公寄居齐国和晋国,死在晋国边邑干侯,鲁哀公出亡到越国,死在越国。

由此看孔子提出恢复周礼,强调礼制,是具有很强的现实意义的。《论语》中大量的内容就由此产生。《论语》一共二十卷,由孔子的弟子及其再传弟子编写,是我国古代儒家经典著作之一,亦是汉语文章典范性的源头之一,儒家创始人孔子的思想核心是"仁""礼"和"中庸"。《论语》以记言为主,又善于通过神情语态的描写,展示人物形象。孔子是《论语》描述的中心,"夫子风采,溢于格言"(《文心雕龙·征圣》),书中不仅有关于他的仪态举止的静态描写,而且有关于他的个性气质的传神刻画。此外,围绕孔子这一中心,《论语》还成功地刻画了一些孔门弟子的形象,如子路的率直鲁莽,颜回的温雅贤良,子贡的聪颖善辩,曾皙的潇洒脱俗等等,都称得上个性鲜明,能给人留下深刻印象。孔子因材施教,对于不同的对象,考虑其不同的素质、优点和缺点、进德修业的具体情况,给予不同的教诲,表现了诲人不倦的可贵精神。

古文运动反对骈文,提倡古文。古文即先秦两汉质朴自由,以散行单句为主,不受格式拘束,有利于反映现实生活、表达思想的文章,《论语》即其源头之一。而更为重要的道统,即文以载道、文以明道之道,即儒学的真正精神,更源于《论语》。《论语》一书对中国文化、历史、政治等诸多方面都具有深远且不可替代的影响。

## 赏文

### 章节一

子路曰:"卫君[(1)]待子而为政,子将奚先?"子曰:"必也正名乎!"子路曰:"有是哉,子之迂也!奚其正?"子曰:"野哉,由也!君子于其所不知,盖阙如也。名不正,则言不顺;言不顺,则事不成;事不成,则礼乐不兴;礼乐不兴,则刑罚不中;刑罚不中,则民无所错[(2)]手足。故君子名之必可言也,言之必可行也。君子于其言,无所苟而已矣。"

[注释] (1)卫君:卫出公,名辄。(2)错:同"措",安置也。

### 章节二

宰我问:"三年之丧,期已久矣。君子三年不为礼,礼必坏;三年不为乐,乐必崩。旧谷既没,新谷既升,钻燧改火[(1)],期[(2)]可已矣。"

子曰:"食夫稻[(3)],衣夫锦,于女安乎?"

曰:"安。"

"女安,则为之!夫君子之居丧,食旨不甘,闻乐不乐,居处不安[(4)],故不为也。今女安,则为之!"

宰我出,子曰:"予之不仁也!子生三年,然后免于父母之怀。夫三年之丧,天下之通丧也,予也有三年之爱于其父母乎?"

[注释] (1)钻燧改火:古代用的是钻木取火的方法。(2)期(jī):一年。(3)稻:古代北方以稷(小米)为主要粮食,水稻和粱(精细的小米)是珍品,而稻的耕种面积更小,所以这里特别提出它来和"锦"为对文。(4)居处不安:古代孝子要"居倚庐,寝苦枕块",就是住临时用草料木料搭成的凶庐,睡在用草编成的藁垫上,用土块做枕头。这里的"居处"是指平日的居住生活而言。

### 章节三

子夏问曰:"'巧笑倩[(1)]兮,美目盼[(2)]兮,素以为绚[(3)]兮。'何谓也?"子曰:"绘事后素。"

曰:"礼后乎?"子曰:"起[(4)]予者商也!始可与言诗已矣。"

[注释] (1)倩(qiàn):面颊长得好。(2)盼:黑白分明。(3)绚(xuàn):有文采。(4)起:启发。

(摘自《论语译注》,金良年撰,上海古籍出版社,2012年8月)

### 1. 试说"章节一"的说理脉络。

**| 点拨 |** 本文核心是"正名"思想,今日"名正言顺"之说即来源于此。为了论证"正名"是治国的首要头等大事,孔子运用了环环相扣、因果相循的言辞,其逻辑之严谨、承接之紧密,在《论语》一书中十分罕见。

本章隐藏着一处驳论,当孔子提出"必也正名"的说法时,首先遇到的是反对与嘲讽,夫子立论的同时还需纠正他人对"正名"重要性的认识偏差。其次又使用一连串的假设反推,不仅说服力强,气势也很充足。把"名正""言顺""事成""礼乐兴""刑罚得当""百姓措手足"六个环节串联起来,由"名正"为起点,逐步抬高加深,进入国家治理层面,最后追求百姓幸福,点明"名正"的最终价值。名、言、事、礼、刑、民,这一脉络清晰明确,既是儒家治国思路的体现,也是本章说理的思路所在。

### 2. 如何客观评价弟子宰予的问题?

**| 点拨 |** 从《论语》一书中所见,孔子对于宰予似乎有些头大,"宰予昼寝"成为中国教育史上第一个课堂批评的案例,宰予因为善"言语"(原指外交辞令),多次提出一些让孔子两难的问题。这一次,他确实是惹恼了先生,被让孔子说出"不仁"这样十分严厉的评价。

今天我们再看宰予的问题:守孝多久才恰当? 不同历史时期有不同答案,而宰予之问更大的价值在于对夫子的提问,这不仅仅是对老师(权威)的"诘难",更是对于当时社会情态的反思,它比问题本身更重要。宰予进一步解说了原因:守孝三年会导致礼乐生产都发生荒废,可见这确实是他经过思考,观察现实而得出的问题。这一章让我们看到一个鲜活的、敢于质疑的弟子形象。

### 3. 孔子在此时说"始可与言诗已矣"说明了什么?

**| 点拨 |** 《诗》在孔子的教育体系中占极重要的地位,孔子有一个著名的"庭训",即是对其子孔鲤在庭院中进行教导。孔子首先要求他学习《诗》,认为"不学诗,无以言"。孔子删《诗》定《诗》,并一言以蔽之——"思无邪",故"可与言诗"表明了孔子对子夏学业水平的认可。

"始"字点明了转变的时机,子夏先问《诗经》中三句原文的含义,这属于常规的提问,但在孔子回答之后,子夏进一步阐发并提出"礼后乎?",先仁后礼,以仁为本,孔子之教,一以贯之即是仁。这一问证明了子夏的思考深度,也契合孔子的教学核心,更是对现实社会的关注。"始"为开始,一方面说明孔子之教注重实际实效,并非照本宣科,另一方面也说明孔子教学中因材施教的思想,对于有重大进步的学生,即可调整更高级的探讨策略,而非延续初级阶段的"学诗"任务。

## 集评

朱熹："礼必以忠信为质，犹绘事必以粉素为先。"（《四书章句集注》）

鲁迅："故《论语》《墨子》，其文辞皆略无华饰，取足达意而已。"（《汉文学史纲要》）

钱穆："普通把《论语》作经书看，认为是圣人之言，不以文学论。然自文学眼光看来，《论语》一书之文学价值很高。"（《论语要略》）

袁行霈："《论语》的文学色彩在于表现了孔子及其弟子的形象、性格。"（《中国文学史》）

郭预衡："言简意赅，含蓄隽永；人物形象，鲜明具体。语录文体，影响深远。"（《中国古代文学史长编 1·先秦卷》）

陆侃如、冯沅君："《论语》篇幅都比较短，论语比《春秋》的文章更形象，更生动，更有文学性。"（《中国文学史简编》）

刘大杰："《论语》虽是一种哲理散文，还没有构成完整的文学形式，但在少数的段落里面，也还有一些具有文学意义的记事文，如写孔门师弟的形象，都各有他们的特征。"（《中国文学发展史》）

游国恩："《论语》是语录体散文，主要是记言。其中多半是简短的谈话和问答。但主要特点是语言简练，用意深远，有一种雍容和顺、迂徐含蓄的风格。《论语》还有一个特点，那就是在简单的对话和行动中展示了人物的形象。"（《中国文学史》）

## 浅析

《论语》是一部语录体著作，所谓语录，多是指单句或几句话，又或者是简单的问答。本书就是以孔子为对象的言行记录，或者是孔子与他人的问答，且多是他人提问，孔子回答，核心还是以孔子为主。章节一讨论的是"正名"，"正名"是孔子思想很重要的一个概念，历来讨论很多，但我们不从这个角度分析。就像钱穆说的："普通把《论语》作经书看，认为是圣人之言，不以文学论。然自文学眼光看来，《论语》一书之文学价值很高。"这一章的文学价值在于说理的严密性，并且形成了充沛的气势，语句把"名正""言顺""事成""礼乐兴""刑罚得当""百姓措手足"六个环节串联起来，由"名正"为起点，逐步抬高加深，进入国家治理层面，最后追求百姓幸福，点明"名正"的最终价值。名、言、事、礼、刑、民，这一脉络清晰明确，既是儒家治国思路的体现，也是本章说理的思路所在。

章节二中我们看到了一个情态不一样的孔子——生气的孔子。弟子提出的刁钻问题，一来确有道理，二来又深深地与世俗观念违背。孔子为此说了两次"女安，则为之！"，这样几近气急败坏的状态与一般印象中圣人完美的形象是有差异的。但这反而更加鲜活、真实，让我们看到孔子的意气和执着。故郭预衡说《论语》"人物形象，鲜明具体"，不无道理。

章节三算是一个教学场景，孔子和子夏言《诗》。这一对话在文意上有颇多解读，在此不赘述，有兴趣的同学可以查阅相关书籍资料。而从今天的角度看，我们发现孔子的教育过程与思想：孔子说"始可与言诗已矣"，说明孔子之前都未曾与子夏言诗，也没有要求子夏能言诗,那么是子夏在没有更高要求的情况下,自己体悟而得。这表现了孔子循序渐进的教育理念,从而为我们留下宝贵的历史资料。

## 习法

### 习法1

**阅读下面的文字,完成习题。**

季氏将伐颛臾。冉有、季路见于孔子曰:"季氏将有事于颛臾。"

孔子曰:"求!无乃尔是过与?夫颛臾,昔者先王以为东蒙主,且在邦域之中矣,是社稷之臣也。何以伐为?"

冉有曰:"夫子欲之,吾二臣者皆不欲也。"

孔子曰:"求!周任有言曰:'陈力就列,不能者止。'危而不持,颠而不扶,则将焉用彼相矣?且尔言过矣,虎兕出于柙,龟玉毁于椟中,是谁之过与?"

冉有曰:"今夫颛臾,固而近于费。今不取,后世必为子孙忧。"

孔子曰:"求!君子疾夫舍曰欲之而必为之辞。丘也闻有国有家者,不患寡而患不均,不患贫而患不安。盖均无贫,和无寡,安无倾。夫如是,故远人不服,则修文德以来之。既来之,则安之。今由与求也,相夫子,远人不服而不能来也;邦分崩离析而不能守也;而谋动干戈于邦内。吾恐季孙之忧,不在颛臾,而在萧墙之内也。"

**1.** 给下列加点的词注音。

颛臾(　　)(　　)　　冉有(　　)　　虎兕(　　)　　社稷(　　)

近于费(　　)　　　　出于柙(　　)　　则将焉用彼相(　　)矣

**2.** 找出下列句中的通假字并解释。

(1)无乃尔是过与?

(2)谁之过与?

**3.** 找出下列句中的词类活用并写出其意义和用法。

故远人不服,则修文德以来之。既来之,则安之。

**4.** 找出下列句中的古今异义词,并写出它们的古义和今义。

(1)是社稷之臣也。

古义:

今义:

（2）丘也闻有国有家者。

古义：

今义：

（3）夫颛臾，昔者先王以为东蒙主。

古义：

今义：

5. 指出下列句子的句式类型。

（1）是社稷之臣也。

（2）何以伐为？

（3）虎兕出于柙，龟玉毁于椟中。

（4）而谋动干戈于邦内。

（5）无乃尔是过与？

（6）昔者先王以为东蒙主。

6. 用现代汉语翻译下列句子。

（1）是社稷之臣也，何以伐为？

（2）君子疾夫舍曰欲之而必为之辞。

（3）丘也闻有国有家者，不患寡而患不均，不患贫而患不安。

(4) 夫如是,故远人不服,则修文德以来之。既来之,则安之。


## 习法 2

**阅读下面的文字,完成习题。**

子曰:"人而无信,不知其可也。大车无輗<sup>(1)</sup>,小车无軏<sup>(2)</sup>,其何以行之哉?"

(《论语·为政》)

子贡<sup>(3)</sup>问政。子曰:"足食,足兵,民信之矣。"子贡曰:"<u>必不得已而去,于斯三者何先?</u>"曰:"去兵。"子贡曰:"必不得已而去,于斯二者何先?"曰:"去食。自古皆有死,民无信不立。"

(《论语·颜渊》)

子张<sup>(4)</sup>问行。子曰:"言忠信,行笃敬,虽蛮貊<sup>(5)</sup>之邦,行矣。言不忠信,行不笃敬,虽州里<sup>(6)</sup>,行乎哉? 立则见其参于前也,在舆则见其倚于衡也<sup>(7)</sup>,夫然后行。"子张书诸绅<sup>(8)</sup>。

(《论语·卫灵公》)

[注释] (1) 輗(ní):古代大车车杠前端与驾在牲口脖子上的横木相连用的关键部件。(2) 軏(yuè):和"輗"起同样作用,用于小车上。(3) 子贡:孔门十大弟子之一。姓端木,名赐,字子贡。(4) 子张:孔子的学生。姓颛孙,名师,字子张。(5) 蛮貊(mò):泛指边远的少族民族。(6) 州里:古代二千五百家为州,二十五家为里。这里指同一州里,意即本乡本土。(7) 衡:车子辕头上的横木。(8) 绅:古代士大夫束在衣外的大带。

**1.** 下面加点词的正确释义是(　　)

① 足食　② 足兵　③ 去兵　④ 子张书诸绅

A. 充足　　军备　除掉　写　　　　　B. 使充足　武器　离开　写

C. 使充足　军备　裁掉　写　　　　　D. 充足　　武器　去掉　书本

**2.** 分别比较下列两组句子中加点词的意思,判断正确的一项是(　　　)

立:①民无信不立　②立则见其参于前也

之:①民信之矣　②虽蛮貊之邦行矣

A. 两个"立"字相同,两个"之"字也相同

B. 两个"立"字不同,两个"之"字也不同

C. 两个"立"字相同,两个"之"字不同

D. 两个"立"字不同,两个"之"字相同

**3.** 用现代汉语翻译下列句子,并完成填空。

必不得已而去,于斯三者何先?

(1) 这是一个省掉关联词的表_____关系的复句,前一分句可补上关联词_____,后一复句可补上关联词_____。

(2) 后一分句的"何先?"为_____特殊句式。

**4.** 对"自古皆有死,民无信不立""子张问行"这两句话的理解,正确的选项是( )

A. 自古以来,人总是要死的,老百姓如果不讲信用,就站不住脚。 子张问修行之道。

B. 自古以来,人总是要死的,老百姓如果不信任政府,国家就没法存在。 子张问怎样才能到处行得通。

C. 自古以来,人都是要死的,老百姓如果不讲信用,就不能立身。 子张问怎样才能到处行得通。

D. 自古以来,人都是要死的,如果老百姓相互不信任,国家就没法存在。 子张问修行之道。

**5.** 填空。

这三则语录,都强调了一个"_____"字,但运用的修辞方法各不相同,第一则通过_____来强调,第二则通过_____来强调,第三则通过_____来强调。此外,第一、三则还运用_____句来强调。

## 链接

### (一) 孔子哲学和政治思想

他的思想是有矛盾的:一方面对于过去不免有所留恋,尽量想保存领主统治的旧制度;一方面却又代表新兴地主的利益来和领主斗争,从而加速了领主阶级的灭亡。(陆侃如、冯沅君《中国文学史简编》,作家出版社,1957年,第45页)

他所创立的儒家学说具有多面性,而其中占主导地位的唯心主义世界观,天命观,反对犯上作乱,严格上下尊卑等级制度等,符合一切剥削阶级取得统治地位的共同利益,故历代封建统治者无不从中寻找思想武器,利用孔子来为自己服务,于是他的学说也就成了整个封建时代政治生活和精神生活的指导力量。孔子的哲学思想基本上属于唯心主义。在他看来,"天"有人格、有意志,俨然是社会和自然的最高主宰。他讲"命"和"天命",认为"天命"不可抗拒,但他所讲的"命",与传统思想中当作至上的人格神的意志的"命",已经有所不同。他"不语怪、力、乱、神",认为"未能事人,焉能事鬼""未知生,焉知死",对鬼神的态度显然将信将疑,因而不免闪烁其词,其中多少含有唯物论的因素。此外,孔子承认有"生而知之者",在认识论上反映了他的唯心主义。(郭预衡《中国古代文学史长编1·先秦卷》,首都师范大学出版社,1992年,第255—256页)

孔子的政治思想核心是"仁"与"礼"。所谓"礼",指统治阶级规定的秩序,包括政治制度、道德规范等内容,其根本点是尊卑贵贱有严格规定的等级制度。所谓"仁",不仅指主观的道德修养,即"克己""爱人",也指客观的伦理教化,即按照周礼所规定的秩序,调整统治阶级内部的矛盾。亦即所谓"复礼"。"克己复礼"即为"仁"。仁与礼互为表里,仁是目的,礼是实现仁的保证。(郭预衡《中国古代文学史长编1·先秦卷》,首都师范大学出版社,1992年,第257页)

孔丘在政治上属于改良性的人物。他对春秋时代的社会动荡深感不满,希望借助周礼重新建立井然有序的统治制度,强调"君君,臣臣,父父,子子"。同时他也反对残暴的政治,强调"仁者爱人",要求各人以自我克制和礼让的态度调和社会矛盾。(章培恒、骆玉明《中国文学史》上卷,复旦大学出版社,1996年,第120页)

孔子在《论语》里,对于文学发表了重要见解。他在这里一面强调文学的内容,不要片面地追求形式美,同时又指出文学的社会作用和政治关系。在两千多年前,孔子提出了这些意见,在文学思想史上,是有意义的,对后代起了深远的影响。当然,他所讲的内容和作用,都有他自己的阶级标准。他"不语怪、力、乱、神",对于天神人鬼表示了非常鲜明的态度。他主张选贤任能,反对横征暴敛,对统治者的残酷剥削,发出"苛政猛于虎"的强烈谴责。他理解人民的生活与政治密切的关系。作为新兴地主阶级代表的孔子,是要建立封建阶级的新秩序来反对腐朽的奴隶制度,他的思想在当时的历史条件下,是具有奴隶解放的进步意义的。由于他处在那社会变革的过渡时代,思想中还存在矛盾,有积极的一面,也有保守、妥协的一面。(刘大杰《中国文学发展史》上卷,复旦大学出版社,2006年,第50页)

孔子的思想核心是"仁","仁"的概念是从家庭出发的尊卑长幼、贵贱亲疏的差别的爱。而这个"爱"体现在孝、悌、忠、信的道德礼教以及"君君,臣臣,父父,子子"的奴隶制秩序上,这是符合后来封建统治阶级的要求的。(游国恩《中国文学史》第一册,人民文学出版社,2002年,第71页)

## (二) 孔子性格特点

他是一个讲究实际的人。"子不语怪力乱神",表现出对现实生活之外的冥冥之物不欲深究、冷漠淡然的态度。同样,他对抽象的、纯思辨的哲学问题也没有兴趣。《论语》中所讨论的问题,大多数是关于现实生活和伦理道德范畴的。他教给学生的也都是些实用的知识。孔丘又是一个性格顽强的人,为了推行自己的政治主张,奔波一生,好学不厌,诲人不倦。(章培恒、骆玉明《中国文学史》上卷,复旦大学出版社,1996年,第120页)

孔子视富贵如浮云,发愤忘食,乐以忘忧,知其不可为而为之,为人孳孳恳恳,是一个终身不倦的志士。(胡适《中国哲学史大纲》,上海古籍出版社,1997年,第52页)

孔子自己给人的印象则是态度亲切、思想明智、胸襟开阔。(刘大杰《中国文学发展史》上卷,复旦大学出版社,2006年,第50页)

## (三)《论语》的艺术特色

1. 语录体的说理文。《论语》每篇标题取自首章首句中的两个字,各篇之间没有时间的先后顺序,每篇内各章之间也没有共同的主题。作为说理文,《论语》还很幼稚。不过,先秦说理文的一些文体特征,在《论语》中已有萌芽。语录体是《论语》文体的基本特征,它或是记录孔子的只言片语,或是记录孔子与弟子及时人的对话,都比较短小简约,还没有构成单篇的、形式完整的篇章。书中也有些较长的段落,如《先进》篇中"子路、曾晳、冉有、公西华侍坐",详细记载孔门师生间的一场谈话,叙述清楚,有一定描写,表现了人物的不同个性,作为叙事记言文字,比较成功,但与说理文显然还有一定距离。而《季氏》篇中"季氏将伐颛臾"里孔子的几段话,针对性强,层次清晰,具有说理文的某些特点。《论语》这种在对话中说理的形式,直接影响了先秦说理文的体制。

2. 强烈的文学性。语录体并不是《论语》文学价值的主要方面,《论语》的文学色彩在于表现了孔子及其弟子的形象、性格以及深刻平实、含蓄隽永的语言。《论语》只记录了孔子的一些片断,而非孔子一生的完整表现,但《论语》在对孔子言行举止、生活习惯的记载中,表现了一个亲切感人的文化巨人形象。《论语》的文学性还体现在以形象的语言来表达深刻的道理。《论语》中充沛的情感和丰富的语气词,使其语言更为委婉。《论语》言近旨远、词约义丰的说理,形象隽永的语言,使它成为先秦说理文主要的形态。(袁行霈《中国文学史》第1卷,高等教育出版社,2005年,第91—93页)

## (四)《论语》章句选读

1. 子曰:"小子何莫学夫诗? 诗,可以兴,可以观,可以群,可以怨。迩之事父,远之事君;多识于鸟兽草木之名。"

2. 子曰:"诗三百,一言以蔽之,曰:'思无邪'。"

3. 子畏于匡,曰:"文王既没,文不在兹乎? 天之将丧斯文也,后死者不得与于斯文也;天之未丧斯文也,匡人其如予何?"

4. 宰我问曰:"仁者,虽告之曰井有仁焉,其从之也?"子曰:"何为其然也? 君子可逝也,不可陷也;可欺也,不可罔也。"

# 二、孟子与《与民同乐》

杨等华

## 知人

　　孟子(约公元前 372 年—约公元前 289 年),名轲,字子舆,战国中期鲁国邹人(今山东邹县),是著名的思想家、政治家、教育家。孟子是继孔子后又一大儒,影响深远,尊称为"亚圣"。相传孟子是鲁国贵族孟孙氏的后裔,幼年丧父,家庭贫困,曾拜孔子之孙子思的门人为师。历游魏、齐、宋、鲁、滕等国,以士的身份游说诸侯,企图推行自己"仁政"的政治主张,但因主张不合时宜,不被见用。于是"退而与万章之徒序《诗》《书》,述仲尼之意,作《孟子》七篇"。《孟子》一书集中反映了孟子的思想和散文风格。其文长于雄辩,富有气势,善于用类比的方法,将对方引入尴尬被动的地步,使其屈服。

## 识时

　　孔子认为自己所处的春秋末期已经是礼崩乐坏的时代,而孟子所处的时代较孔子生活的春秋末期更为混乱,社会更加动乱不安。在其所处的年代里,天子失势,诸侯势强,列国间纷战不已,周天子的统治权早已名存实亡。《史记·周本纪》有云:"平王之时,周室衰微,诸侯强并弱,齐、楚、秦、晋始大,政由方伯。"所谓"春秋五霸"与"战国七雄"正是这种尾大不掉局面的最好说明。在这种背景之下,社会上各种各样的思想流派异常活跃,思想界出现"百家争鸣"的境况。孟子在这个时期继承和发展了他之前儒家学派的思想和主张。他继承了孔子"仁"的思想并将其发展成为"仁政"思想,形成了自己的政治和学术思想。在与墨家、道家、法家等学派的激烈交锋中,孟子维护了儒家学派的理论,确定了自己在儒学中的重要地位。

　　孟子周游列国的时候,努力向诸侯们宣扬自己的政治主张,以劝说国君施行仁政德治为己任,由于时代的局限,其政治主张没有得到诸侯的采用。屡次碰壁后,回到邹国的孟子并没有放弃自己的学说,而是将自己的学说做了更好的总结,终于写成《孟子》一书。孟子将自己的思想和主张全部融入到与学生的对话中。赵岐《孟子题辞》中说孟子著述的目的是"垂宪言以遗后人"。既然他的政治主张不能在当代实现,那就记载在书上,以期对后世有用。孟子著述的指导思想是以上古圣人之道为目标和理想,对社会现实进行批判。

　　在诸子之文中,《孟子》以气盛辞壮,明快畅达,雄辩犀利的风格著称,是极富感染力的文学散文。它继承了《论语》《左传》《国语》等开创的新的书面语言形式,形成了一种精练简约、深入浅出的语言风格。它将诸子散文从语录体发展到对话体议论文,对后世散文的发展影响深远。尤其特别的是,孟子之文气势浩然,常常在气势上、精神上让人无可抵御。这种风格源于孟子内在精神修养上的浩然气概,也是后世文论和士人人格修养中"重气"的源头。

## 赏文

### 与民同乐

庄暴<sup>(1)</sup>见孟子,曰:"暴见于王,王语暴以好乐<sup>(2)</sup>,暴未有以对也。"曰:"好乐何如?"孟子曰:"王之好乐甚,则齐其庶几乎!"

他日,见于王曰:"王尝语庄子以好乐,有诸?"王变乎色,曰:"寡人非能好先王之乐也,直好世俗之乐耳。"

曰:"王之好乐甚,则齐其庶几乎!今之乐犹古之乐也。"

曰:"可得闻与?"

曰:"独乐乐,与人乐乐,孰乐?"

曰:"不若与人。"

曰:"与少乐乐,与众乐乐,孰乐?"

曰:"不若与众。"

"臣请为王言乐。今王鼓乐于此,百姓闻王钟鼓之声、管籥之音<sup>(3)</sup>,举疾首蹙頞<sup>(4)</sup>而相告曰:'吾王之好鼓乐,夫何使我至于此极也?父子不相见,兄弟妻子离散。'今王田猎于此,百姓闻王车马之音,见羽旄之美,举疾首蹙頞而相告曰:'吾王之好田猎,夫何使我至于此极<sup>(5)</sup>也?父子不相见,兄弟妻子离散。'此无他,不与民同乐也。今王鼓乐于此,百姓闻王钟鼓之声、管籥之音,举欣欣然有喜色而相告曰:'吾王庶几无疾病与,何以能鼓乐也?'今王田猎<sup>(6)</sup>于此,百姓闻王车马之音,见羽旄<sup>(7)</sup>之美,举欣欣然有喜色而相告曰:'吾王庶几无疾病与,何以能田猎也?'此无他,与民同乐也。今王与百姓同乐,则王矣!"

(选自《孟子》,徐强译注,山东画报出版社,2013 年 3 月)

[注释] (1)庄暴:人名,庄暴是齐宣王的近臣。此文是庄暴被齐王问住了,找孟子来解惑或者请求孟子指教的。(2)乐(yuè):《说文》:"五声八音总名。"(3)钟鼓之声,管籥(yuè)之音:这里泛指音乐。(4)疾首蹙頞(cù è):形容心里非常怨恨和讨厌。疾首,头痛。蹙頞,皱眉头。頞,鼻梁。(5)极:极致,极端。(6)田猎:在野外打猎。(7)羽旄:古代军旗的一种,用野鸡毛、牦牛尾装饰旗杆。旄,牦牛尾。

### 思考

**此章的主题是什么? 从议论文的角度来看,**
**此文议论层层推进,行文的论辩思路是怎样的?**

| **点拨** | 此章主题,因齐宣王"好乐"而启发他"与民同乐"的爱民思想,体现孟子"仁政"的政治主张。

首先,作者借问答方式提出"与众乐乐"的理论——意味着把个人生活中的快乐扩展和深

入到百姓生活中去,才是真正的快乐,也就是"王道"的开端——为"与百姓同乐,则王矣"的结论打下基础。

其次,具体描绘"与民同乐"和"不与民同乐"两种政治作风在人民身上所表现的相反的情绪,以此来启发对方的思想斗争,以便正确地选择自己的政治路线。

最后,归结到"与百姓同乐,则王矣"的结论,和富有吸引力的开始一句——"王之好乐甚,则齐其庶几乎"相呼应。

**集评**

赵岐:"孟子长于譬喻,辞不迫切,而意已独至。"(《孟子题辞》)

苏洵:"孟子之文,语约而意尽,不为巉刻斩绝之言,而其锋不可犯。"(《上欧阳内翰第一书》)

苏辙:"今观其文章,宽厚宏博,充乎天地之间,称其气之大小。……其气充乎其中,而溢乎其貌,动乎其言,而见乎其文,而不自知也。"(《上枢密韩太尉书》)

柳存仁:"记言文字,极见流利丰畅。"(《上古秦汉文学史》)

刘大杰:"孟子的文章不仅文采华赡,清畅流利,尤以气势胜。"(《中国文学发展史》)

**浅析**

孟子长于言辞,在辩论中经常设譬,以小喻大,逻辑性很强,有极强的说服力;其文气势磅礴,笔带锋芒,又富于鼓动性,对后世散文有很大的影响。文章由叙入议,先通过庄暴和孟子的问答引出话题"好乐何如",然后叙述孟子如何就这个话题因势利导地劝说齐王要"与民同乐"。文章围绕着"音乐"这一话题,阐明不"与民同乐"就会失去民心,而"与民同乐"就会得到民心、统一天下的"王道"思想。

这篇对话体议论文,通过孟子与齐王的对话显示了孟子高明的论辩艺术。

1. 循循导入,借题发挥

作者并不是开门见山地把自己的论点摆出来,而是巧妙地运用对话的方式,在谈话中自然地转换话题,借题发挥,从齐王好乐切入,归结到与民同乐的主旨上。在与庄暴的谈话中,孟子只有一句话"王之好乐甚,则齐其庶几乎",点出了齐王好乐与齐国政治的关系这个论题,但未加论述。在与齐王谈话中,孟子又从好乐切入,巧妙地重提论题,然后与齐王两问两答,从谈话气氛和思想感情上把齐王引导到自己的论题上后,孟子才进入自己的谈话主题。

2. 对比和重复

本文写国君是否与民同乐,人民的不同感受,造成的不同政治局面,运用的是对比方式。两段话在内容上是对立的,但语言上既有相对之句(如"举疾首……相告"和"举欣欣……相告"),又有重复之语(如"今王鼓乐……之音"和"今王田猎……之美")。这样论述,就强调了国君同样的享乐活动,引起人民不同的感受,形成不同的政治局面,原因只在于是否与民同乐,从而突出了论点。

### 3. 生动形象的议论语言

本文虽是议论文,语言却很生动形象,如写齐王的"变乎色",写老百姓"疾首蹙頞""欣欣然有喜色"等。孟子在正面论述自己观点时,完全没有用枯燥的说教,而是通过两幅图画,生动自然地得出结论。

### 4. 因势利导,论辩灵活

孟子见到齐王就"好乐"的事向齐王发问。齐王对"乐"的意义并不理解而觉理亏,因而"变乎色",忙拿"直好世俗之乐"来作托词,不料孟子却抓住齐王的心理,因势利导,借题发挥,转换内容,把"好乐"与治国联系起来,引起齐王的兴趣,缓和了谈话的气氛。此时孟子提出"今之乐犹古之乐",表现了论辩的灵活性。而后的两个问题"独乐乐,与人乐乐""与少乐乐,与众乐乐"引导齐王将谈话的话题引入自己的轨道,逐步明确自己的"与民同乐"的政治主张。

## 习法

### 习法 1

**1.** 给下列加点的词注音。

(1) 王语(　　　)暴以好(　　　)乐(　　　)

(2) 独乐乐(　　　)　　　　　　　(3) 管籥(　　　)之音

(4) 疾首蹙(　　　)頞(　　　)　　　(5) 庶几(　　　)

**2.** 解释下列句中加点的词。

(1) 其庶几乎。　　　　　　　　　(2) 王尝语庄子以好乐,有诸?

(3) 未有以对也。　　　　　　　　(4) 举疾首蹙頞。

**3.** 下列选项中,与例句中加点的词意义和用法相同的一句是(　　　)

例:独乐乐,与人乐乐,孰乐?

A. 王之好乐甚,则齐国其庶几乎!　　　B. 渔歌互答,此乐何极。

C. 今王鼓乐于此。　　　　　　　　D. 今之乐犹古之乐也。

**4.** 下列无通假字的一句是(　　　)

A. 吾王庶几无疾病与　　　　　　　B. 今王田猎于此

C. 举疾首蹙頞而相告曰　　　　　　D. 直好世俗之乐耳

**5.** 辨析下列句子的句式特点,并用现代汉语翻译出来。

(1) 王尝语庄子以好乐。

(2) 他日,见于王。

**6.** "寡人非能好先王之乐也，直好世俗之乐耳。"一句的正确译文是（　　）

A. 我并不是爱好古代君王的音乐，只是爱好现在的流行乐曲罢了。

B. 我并不是能爱好古代君王的音乐，但特别爱好现在流行的音乐。

C. 我并不爱好古代君王的音乐，但特别爱好现在流行的音乐。

D. 我虽然也爱好古代君王的音乐，但更爱好现在流行的音乐罢了。

**7.** 《庄暴见孟子》节选自《＿＿＿＿＿＿＿＿＿》，简要记叙了孟子关于＿＿＿＿＿＿＿＿＿的谈话。孟子根据齐王对音乐的爱好，与之探讨"＿＿＿＿＿、＿＿＿＿＿、＿＿＿＿＿"的话题，巧妙地劝说齐宣王"＿＿＿＿＿＿＿＿＿＿＿"。

**8.** 为什么"百姓闻王钟鼓之声、管籥之音"会"举疾首蹙頞"？

**9.** "王变乎色"的原因是（　　）

A. 认为庄暴不该把他"好乐"的事告诉孟子。

B. 认为孟子不该揭他的痛处，而感到愤慨。

C. 面对孟子的发问，为自己"直好世俗之乐"感到羞愧。

D. 面对孟子的发问，以为孟子不能理解自己而生气。

**10.** "今之乐"与"古之乐"相同吗？孟子为什么对齐王说"今之乐犹古之乐"？

**11.** 请写出脱胎于下列句子的成语。

(1) 鱼，我所欲也，熊掌，亦我所欲也；二者不可得兼，舍鱼而取熊掌者也。生，亦我所欲也，义亦我所欲也；二者不可得兼，舍生而取义者也。（《孟子·告子上》）

(2) 寡助之至，亲戚畔之；多助之至，天下顺之。以天下之所顺，攻亲戚之所畔，故君子有不战，战必胜矣。（《孟子·公孙丑下》）

(3) 今王田猎于此，百姓闻王车马之音，见羽旄之美，举欣欣然有喜色而相告曰："吾王庶几无疾病与？何以能田猎也？"此无他，与民同乐也。

(4) 吾王之好田猎，夫何使我至于此极也！父子不相见，兄弟妻子离散。

(5) 百姓闻王钟鼓之声、管籥之音，举疾首蹙頞而相告曰。

# 习法 2

**阅读下面的文字，完成习题。**

孟子谓戴不胜曰："子欲子之王之善与？我明告子，有楚大夫于此，欲其子之齐语也，则使齐人傅诸？使楚人傅诸？"

曰："使齐人傅之。"

曰："一齐人傅之，众楚人咻之，虽日挞而求其齐也，不可得矣。引而置之庄岳之间数年，虽日挞而求其楚，亦不可得矣。子谓薛居州，善士也，使之居于王所。在于王所者，长、幼、卑、尊皆薛居州也，王谁与为不善？在王所者，长幼卑尊皆非薛居州也，王谁与为善？一薛居州，独如宋王何？"

1. 下列各句中加点的词解释错误的一项是（　　）

　　A. 则使齐人傅诸　　　　　　　　　　傅：师傅，老师。

　　B. 使楚人傅诸　　　　　　　　　　　诸：兼词"之乎"，他吗？

　　C. 虽日挞而求其齐也　　　　　　　　齐：说齐国话。

　　D. 使之居于王所　　　　　　　　　　王所：宋王居住生活的地方。

2. 对下列两组句子中加点词的意义，判断正确的一项是（　　）

　　①{ 一齐人傅之
　　　　引而置之庄岳之间数年　　　②{ 子谓薛居州，善士也
　　　　　　　　　　　　　　　　　　　长、幼、卑、尊皆薛居州也

　　A. 两个"之"的意思相同，两个"薛居州"的意思也相同。

　　B. 两个"之"的意思相同，两个"薛居州"的意思不相同。

　　C. 两个"之"的意思不相同，两个"薛居州"的意思相同。

　　D. 两个"之"的意思不相同，两个"薛居州"的意思也不相同。

3. 用现代汉语翻译下列句子。

　　(1) 子欲子之王之善与？

　　(2) 一齐人傅之，众楚人咻之，虽日挞而求其齐也，不可得矣。

**4.** 下列说法符合原文意思的一项是(　　)

    A. 国君应该亲贤臣,远小人,才能成为好的国君。

    B. 楚国人要想学齐国话,那么就必须让齐国人做他的老师来教他。

    C. 孟子驳斥了戴不胜关于薛居州是"善士"的说法。

    D. 国君要成为好的国君,他的身边必须有一个像薛居州那样的善士。

**5.** "一傅众咻"的故事告诉人们的道理是什么?

## 🎐 链接

### (一) 孟子的哲学和政治思想

    在政治思想上他(孟子)有一些比较进步的见解。提倡仁政,力主安民。要人民不饥不寒,政治才能安定。他认识到农民在社会上的重要,能从人民生活考虑政治问题。(刘大杰《中国文学发展史》上卷,复旦大学出版社,2006 年,第 53 页)

    孟轲的思想本于孔丘而有所发展。他主张施仁政,使人民安居乐业。他提出的理想社会,是一种黎民不饥不寒,老者安享晚年之乐的小康景象。"民贵君轻"是他的著名论点。他对当时某些统治者虐民以逞的行为提出尖锐的批判,甚至斥责为"率兽而食人",同时基于宗族统治集团的利益对君主的个人绝对权威表示否定。(章培恒、骆玉明《中国文学史》上卷,复旦大学出版社,1996 年,第 124 页)

    主观唯心主义的哲学思想;施"仁政",行"王道"的政治主张。(郭预衡《中国古代文学史长编 1·先秦卷》,首都师范大学出版社,1992 年,第 298—299 页)

    《孟子》的中心思想是仁义,是孔子学说的发展。孟子主张行"仁政"而王天下。民本思想是孟子的主要政治思想。但他的言论和主张也还有很多不正确的地方。他重视人民,却轻视体力劳动和体力劳动者,他不但把劳心和劳力对立起来,而且强分高低,为封建统治阶级剥削人民制造借口,这对后世有极不良的影响。(游国恩《中国文学史》第一册,人民文学出版社,2002 年,第 74—75 页)

### (二) 孟子的性格特点

    孟子坚持非礼之召则不往,表现出傲岸的个性。这种积极推行自己的政治主张,藐视统治者,鄙视权势富贵,希望能够消除世乱,救民于水火之中的热忱是孟子精神世界最具闪光点的方面。正是这种精神境界,才使他具有刚正不阿、大胆泼辣的个性特点。孟子在论辩中,攻乎异端,感情毕露,有明晰的说理、逐层的批驳,层层进逼,气势凌人,也有偏激的言词、幽默的讽刺,甚至破口大骂,反映了孟子激越的情感和刚直的个性。(袁行霈《中国文学史》第 1 卷,高等教育出版社,2005 年,93—95 页)

    孟轲的为人,本不像孔子那样深沉庄重,而是自傲自负,锋芒毕露,好辩而且善辩,动辄与

人言辞交锋,必欲争胜。(章培恒、骆玉明《中国文学史》上卷,复旦大学出版社,1996 年,第124 页)

## (三)《孟子》的艺术特色

孟子的文章不仅文采华赡,清畅流利,尤以气胜。他行文的主旨,虽都很严正,然而偶尔举例取譬,时时露出一种幽默。通过这些讽喻,显示出散文的活泼和机智,这也可以说是战国文章的一般特色。(刘大杰《中国文学发展史》上卷,复旦大学出版社,2006 年,第 54 页)

《孟子》散文的特点是气势充沛,感情强烈,笔带锋芒,富于鼓动性,有纵横家、雄辩家气概,充分反映战国时代尖锐激烈的阶级斗争。其次是善设机巧,引人入彀,先纵后擒,使人无法躲避。再次是常用譬喻来陈说事理,辩论是非,既能吸引人们的注意,又加强了说服力。但孟子用譬喻不是简单的、一般的,而是复杂的、多样的。此外,《孟子》的文章语气极为逼真,大都接近口语,十分生动而有风趣。总之,《孟子》的散文虽然基本上还没有脱离语录体,比之《论语》却有了很大的发展。(游国恩《中国文学史》第一册,人民文学出版社,2002 年,第 75—77 页)

战国中期的《孟子》也是语录体,但《孟子》中有一些章节就一个中心论点反复论述,形成了对话体的论辩文。1. 长于论辩是《孟子》散文的特征。《孟子》的论辩文,在逻辑上也许不如《墨子》严谨,但却更具有艺术的表现力,具有文学散文的性质。首先,《孟子》中的论辩文,巧妙灵活地运用了逻辑推理的方法。孟子得心应手地运用类比推理,往往是欲擒故纵,反复诘难,迂回曲折地把对方引入自己预设的结论中。《孟子》这种特点在一些长篇论辩文中更是表现得淋漓尽致。2. 其次,"孟子长于譬喻",在论辩中常用比喻,把抽象的道理用具体生动的形象表现出来。《孟子》中的比喻,大多浅近简短而贴切深刻。此外,《孟子》中也有少数就近取譬,用生动有趣的寓言故事来说理。3. 气势浩然是《孟子》散文的重要风格特征。这种风格,源于孟子人格修养的力量。气盛言宜,孟子内在精神修养上的浩然气概,是《孟子》气势充沛的根本原因。同时,《孟子》大量使用排偶句、叠句等修辞手法,来加强文章的气势,使文气磅礴,若决江河,沛然莫之能御。4.《孟子》的语言明白晓畅,平实浅近,同时又精练准确,形成了一种精练简约、深入浅出的语言风格。可以说,后来统治了我国两千多年的标准书面语,在《孟子》那里已经成熟了。(袁行霈《中国文学史》第 1 卷,高等教育出版社,2005 年,第94—95 页)

神情毕现的孟轲形象,至精至密的论辩艺术,气盛辞壮的语言风格,新颖独到的文论见解。(郭预衡《中国古代文学史长编 1·先秦卷》,首都师范大学出版社,1992 年,第 300—307 页)

孟子的性格反映在文章里,不仅仅从逻辑上说明道理,而且具有强烈的感情色彩。其行文坦露,喜笑怒骂,绝不作吞吞吐吐之态。文字通俗流畅,无生硬语,又喜欢使用层层叠叠的排比句式,这样就形成了《孟子》散文的一个显著特点,即富有气势。如长河大浪,磅礴而来,咄咄逼人,横行无阻。《孟子》的文学性,还表现在它善于用形象帮助说理。有时是短小的比喻,有时是完整的小故事、寓言。

《孟子》的散文对后世有十分深远的影响。它是感性和理性的结合,善于用文学手段达到实用目的,对于既主张以文载道,又重视文学的美感,喜欢在说理中包蕴个人感情的唐宋古文家,成为绝好的典范。试看韩愈的文章,雄肆而严整,喜用排比、博喻,与孟文关系最大。

孟轲关于个人修养以及如何理解古诗的一些看法,对后代文学批评也产生了重要的影响。他说:"我知言,我善养吾浩然之气。"这里"气"指一种光明正大的意气情感。后世的文气说(主要讨论作家才性与文章风格的关系)即由此发展而来。他又说,读古人之诗,要"知人论世",要"以意逆志",都是很精辟的见解,为后世文学批评中重要的原则。(章培恒、骆玉明《中国文学史》上卷,复旦大学出版社,1996年,第124—126页)

## (四)《孟子》名句

1. 仁者荣,不仁者辱。

2. 一叶蔽目,不见泰山。

3. 穷则独善其身,达则兼济天下。

4. 尽信书,不如无书。

5. 君子莫大乎与人为善。

6. 仁人无敌于天下。

7. 权,然后知轻重;度,然后知长短。

8. 人之相识,贵在相知,人之相知,贵在知心。

9. 天将降大任于斯人也,必先苦其心志,劳其筋骨,饿其体肤,空乏其身,行拂乱其所为也,所以动心忍性,增益其所不能。

10. 君子有三乐,而王天下不与存焉。父母俱存,兄弟无故,一乐也;仰不愧于天,俯不怍于人,二乐也;得天下英才而教育之,三乐也。

# 三、庄子与《逍遥游》

付 晶

## 知人

庄子(约公元前369年—约公元前286年),姓庄,名周,字子休(一说子沐),宋国蒙人,先祖是宋国君主宋戴公。他是战国中期著名的思想家、哲学家和文学家。他创立了重要的哲学学派——庄学,是继老子之后,战国时期道家学派的代表人物。

庄子因崇尚自由而不应楚威王之聘,生平只做过宋国地方的漆园吏。他的代表作品为《庄子》,其中的名篇有《逍遥游》《齐物论》等。与老子齐名,被称为"老庄"。

庄子的想象力极为丰富,语言运用自如,灵活多变,能把一些微妙难言的哲理说得引人入胜。他的作品被人称之为"文学的哲学,哲学的文学"。据传,庄子又尝隐居南华山,故唐玄宗天宝初,诏封庄子为南华真人,称其著书《庄子》为《南华真经》。

庄子生活的时代,诸侯混战,争霸天下,庄子不愿与统治者同流合污,便辞官隐居,潜心研究道学。他大大继承和发展了老子的思想,与老子并称"道家之祖"。他把"贵生""为我"引向"达生""忘我",归结为天然的"道""我"合一。

庄子一生著书十余万言,书名《庄子》。这部文献的出现,标志着在战国时代,中国的哲学思想和文学语言,已经发展到非常玄远、高深的水平,是中国古代典籍中的瑰宝。

因此,庄子不但是中国哲学史上一位著名的思想家,同时也是中国文学史上一位杰出的文学家。无论在哲学思想方面,还是在文学语言方面,他都给予了中国历代的思想家和文学家以深刻的、巨大的影响,在中国思想史、文学史上都有极重要的地位。

## 识时

庄子生活的年代,距离黄帝已经2200余年,正处于天下割裂、群雄纷争的周朝末期。这是个历史的分水岭。庄子之前还有一个道学巨人——老子,生活在春秋年间,而庄子是生活在战国年间。

"春秋"以当时鲁国编年体史书《春秋》来命名,"战国"的名字则因西汉刘向的史书《战国策》而命名。

这两个时期,在名义上基本还是属于东周的范畴。这个时期,周王室势力减弱,进入诸侯割据争锋、社会风起云涌的历史阶段。

据不完全统计,春秋242年间,有36名君主被臣下或敌国杀害,52个诸侯国被灭亡,大小战事480多起;而战国255年,也至少有230多起战事。无数平民流离失所,无数士兵沙场饮血,有无数生灵涂炭的人寰悲剧,也有无数昨日贵胄公侯、明日阶下刑囚的人间冷暖……

可是，恰恰这个时期，是华夏文化大融合时期，也是羲黄民族大融合的时期，还是世界史上著名的轴心时代。

这一时期诞生的文化巨人灿若星辰，诸子学说上千家，最后形成在历史上有深刻影响的学派，也有十余家；春秋战国百花齐放的诸子，奠定了华夏文明的基石，照亮了人类思想漆黑的夜空，成为了人类文明不可或缺的轴心，这在中国历史乃至世界历史上，都非常特殊。

览阅尘封而又鲜活的历史，很多人都经常出现错觉：当今天的世界迎来信息大爆炸的时代，又一个诸子百家时代展现在人们眼前，今天的百家，已经是全球范畴的百家，今天的诸子，已经扩大到世界范畴的诸子，这是个被放大的诸子百家时代；但是无论时代如何变，诸子总是要归于大道，百家也是道学的不同分支——这是文化的根本规律，也是时代的必然。

我们来看看战国时代，它上承春秋乱世，中续百家争鸣，后启大秦帝国。这个时期，图强求存是各诸侯国主旋律，因而才有了苏秦、张仪等纵横家施展才华的舞台，也有了孙膑、庞涓战场争锋的根本驱动力。

随着兼并战争的进一步加剧，产生了所谓的战国七雄，分别是：燕、赵、魏、韩、楚、秦、齐。但是战国时期，不仅仅只有七个诸侯国，这时的周王朝境内还存在着宋国、卫国等国。本讲的主人翁庄子，就是生活在宋国的蒙地的一位管漆园的小官。

## 🌀 赏文

### 逍遥游[(1)]

北冥有鱼，其名为鲲。鲲之大，不知其几千里也；化而为鸟，其名为鹏。鹏之背，不知其几千里也；怒[(2)]而飞，其翼若垂天之云。是鸟也，海运则将徙于南冥。南冥者，天池也。《齐谐》者，志怪者也。《谐》之言曰："鹏之徙于南冥也，水击三千里，抟[(3)]扶摇而上者九万里，去以六月息者也。"野马[(4)]也，尘埃也，生物之以息相吹也。天之苍苍，其正色邪[(5)]？其远而无所至极邪？其视下也，亦若是则已矣。且夫水之积也不厚，则其负大舟也无力。覆杯水于坳堂之上，则芥[(6)]为之舟；置杯焉则胶，水浅而舟大也。风之积也不厚，则其负大翼也无力。故九万里，则风斯在下矣，而后乃今培风；背负青天，而莫之夭阏[(7)]者，而后乃今将图南。蜩与学鸠笑之曰："我决起[(8)]而飞，抢榆枋而止，时则不至，而控于地而已矣，奚以之九万里而南为？"适莽苍者，三餐而反，腹犹果然；适百里者，宿舂粮；适千里者，三月聚粮。之二虫又何知！小知不及大知，小年不及大年。奚以知其然也？朝菌[(9)]不知晦朔，蟪蛄不知春秋[(10)]，此小年也。楚之南有冥灵者，以五百岁为春，五百岁为秋；上古有大椿者，以八千岁为春，八千岁为秋。此大年也。而彭祖乃今以久特闻[(11)]，众人匹之[(12)]，不亦悲乎？

汤之问棘也是已："穷发之北，有冥海者，天池也。有鱼焉，其广数千里，未有知其修者，其名为鲲。有鸟焉，其名为鹏，背若泰山，翼若垂天之云；抟扶摇羊角[(13)]而上者九万里，绝云气，负青天，然后图南，且适南冥也。斥鷃[(14)]笑之曰：'彼且奚适也？我腾跃而上，不过数仞而下，翱翔蓬蒿之间,此亦飞之至也。而彼且奚适也?'"此小大之辩也。

故夫知效<sup>(15)</sup>一官,行比一乡,德合一君,而征一国者,其自视也,亦若此矣。而宋荣子犹然笑之。且举世誉之而不加劝<sup>(16)</sup>,举世非之而不加沮<sup>(17)</sup>,定乎内外之分,辩乎荣辱之境,斯已矣。彼其于世,未数数然<sup>(18)</sup>也。虽然,犹有未树也。夫列子御风而行,泠然善也,旬有五日而后反。彼于致福者,未数数然也。此虽免乎行,犹有所待者也。若夫乘天地之正,而御六气之辩,以游无穷者,彼且恶乎待哉? 故曰:至人<sup>(19)</sup>无己,神人无功<sup>(20)</sup>,圣人无名。

(选自《庄子》,陈鼓应、蒋丽梅译注,中信出版社,2013 年 8 月)

[注释] (1) 逍遥游:没有任何束缚、自由自在地活动。逍遥,闲适自得、无拘无束的样子。(2) 怒:通"努",奋力飞举。(3) 抟(tuán):盘旋上升。扶摇:旋风。(4) 野马:云雾之气变化腾涌成野马的样子。(5) 其:或许。正色:真正的颜色。(6) 芥:小草。 (7) 夭(yāo):挫折。阏(è):阻碍。(8) 决起:迅速跃起。决,同"赽",迅疾。 (9) 朝菌:一种朝生暮死的菌类植物。晦(huì)朔(shuò):月亮的盈缺。晦,每月的最后一天。朔,每月的第一天。(10) 蟪(huì)蛄(gū):寒蝉,春生夏死或夏生秋死。春秋:一整年。(11) 彭祖:传说中寿达八百岁的人物。乃今:而今,现在。久:长寿。 (12) 匹之:和他相比。匹,比。(13) 羊角:像羚羊角的旋风。(14) 斥鴳(yàn):小池泽中的一种小雀。(15) 效:功效,此处引申为胜任。(16) 举:全。誉:赞美。劝:勉励,奋发。(17) 非:非难,指责。沮:沮丧。(18) 数(shuò)数然:急切追求的样子。 (19) 至人:极致的人,庄子心目中境界最高的人。无己:指至人破除自我偏执,扬弃小我,摒绝功名束缚的本我,追求绝对自由、通达,物我相忘的境界。(20) 无功:顺应大道不示功名。

**思考**

### 逍遥游思想的内容主要包含几个方面?

"逍遥游"是庄子的人生理想,是庄子人生论的核心内容。逍遥游就是超脱万物、无所依赖、绝对自由的精神境界。在庄子看来,达到这种境界的最好方法就是"心斋""坐忘",这两者体现了一种精神自由和天人合一的精神逍遥游。

逍遥游思想的内容主要包含以下几个方面:

(1) 庄子的逍遥游是指"无所待而游无穷",对世俗之物无所依赖,与自然化而为一,不受任何束缚自由地游于世间。

"逍遥"在庄子这里是指人超越了世俗观念及其价值的限制而达到的最大的精神自由。"游"并不是指形体之游,更重要的是指精神之游,形体上的束缚被消解后,自然就可以悠游于世。理解真正的逍遥游,需要理解逍遥游所描述的是一个经过深刻批判而进入"与道合一"的高境界的动态过程。

(2) 从"有所待"到"无所待"的精神境界。

《逍遥游》中庄子运用了许多寓言来表述逍遥游的内涵,揭露世俗"有待"的表现。首先,庄子指出,大舟靠着积水之深才能航行,大鹏只有"培风"才能翱翔,因此他们都是"有所待者"。再如，庄子认为宋荣子的思想仍然处于"定乎内外之分，辩乎荣辱之境"的局限，并没有完全超越世俗定"内外"和辩"荣辱"的纷争，只是在这种纷争中不动心，因而不是真正的"无待"。庄子批判了世俗的有所待，提出了追求无待的理想境界，同时也指出了从"有待"至"无待"的具体途径。这就是"至人无己""神人无功""圣人无名"。这里的"至人""神人""圣人"都是"道"的化身和结合体，是庄子主张的理想人格。在庄子看来，只有达到"无己""无功""无名"的境界，才能摆脱一切外物之累从"有待"达"无待"体会真正的逍遥游。

(3)"无用"即"大用"。

在《逍遥游》中，庄子用与惠子关于如何看待"大瓠"与"大树"之用的两段对话阐述了关于"无用"和"大用"的观点。惠子对庄子说："魏王贻我大瓠之种，我树之成而实五石，以盛水浆，其坚不能自举也。剖之以为瓢，则瓢落无所容，非不呺然大也，吾为其无用而掊之。"庄子回以故事作为启发："宋人有善为不龟手之药者，世世以洴澼絖为事。客闻之，请买其方百金。"继而对惠子说："今子有五石之瓠，何不虑以为大樽而浮乎江湖，而忧其瓠落无所容，则夫子犹有蓬之心也夫!"庄子告诉惠子怎样"巧用"这个"五石之瓠"，建议他可以把这种大葫芦作为腰舟系在身上，用来浮游于江湖之上，这正是一种自由自在的"逍遥游"境界。由此可见，庄子很注重事物的内在使用价值，"无用"是事物的外在价值，而"用"是事物的内在价值，无用很可能有大用。从逍遥游角度来说，人应该注重内在的生命价值和自我价值，巧用"无用之用"来实现自我价值。

## 集评

1. 郭象："夫大鹏之上九万，尺鷃之起榆枋，小大虽差，各任其性，苟当其分，逍遥一也。然物之芒芒，同资有待，得其所待，然后逍遥耳。唯圣人与物冥而循大变，为能无待而常通。岂独自通而已? 又从有待者不失其所待，不失则同于大通矣。"(《逍遥义》)

2. 支遁："夫逍遥者，明至人之心也。庄生建言大道，而寄指鹏鷃。鹏以营生之路旷，故失适于体外;鷃以在近而笑远，有矜伐于心内。至人乘天正而高兴，游无穷于放浪，物物而不物于物，则遥然不我得;玄感不为，不疾而速，则逍然靡不适，此所以为逍遥也。若夫有欲，当其所足，足于所足，快然有似天真，犹饥者一饱，渴者一盈，岂忘烝尝于糗粮，绝觞爵于醪醴哉! 苟非至足，岂所以逍遥乎!"(《逍遥论》)

3. 楼钥："鲲大几千里，扬鬐气日增。一时俄化羽，万古记为鹏。鳞族畴能此，龙门不足登。天池将转徙，云翼快飞腾。怪矣齐谐志，壮哉庄叟称。鸢飞与鱼跃，曾不事夸矜。"(《鲲化为鹏》)

4. 程端礼："大鹏飞南溟，抟风九万里。斥鷃无所适，翱翔蓬蒿里。为大既云乐，小者亦自喜。"(《古意》)

5. 陆西星："意中生意，言外立言。纩中线引，草里蛇眠。云破月映，藕断丝连。作是观者，许读此篇。"(《南华真经副墨》)

6. 林云铭："篇中忽而叙事，忽而引证，忽而譬喻，忽而议论。此为断而非断。以为续而

非续,以为复而非复,只见云气空濛往反纸上,顷刻之间,顿成异观。"(《庄子因》)

7. 宣颖:"无端叙起一鱼一鸟,以为寓意,尚非寓意所在;以为托喻,尚非托喻之意所在。方是虚中结撰,闲闲布笔。"(《南华经解》)

8. 刘熙载:"《庄子》文法断续之妙,如《逍遥游》,忽说鹏,忽说蜩与学鸠、斥鹦,是为断,下乃接之曰此大小之辩也,则上文之断处皆续也。而下文宋荣子、许由、接舆、惠子之断处,亦无不续矣。"(《艺概·文概》)

**浅析**

《逍遥游》是集中代表庄子哲学思想的一篇杰作。在构思上采用了文学上的形象思维的写作手法,运用大量的寓言、神话、对话,文姿多彩。想象像匹骏马驰骋于宇宙,摄取与表达中心思想有关的妙趣横生的题材,生动、形象地宣传了作者的鄙视高官厚禄,否定现实,追求无己、无功、无名的绝对自由的思想。对统治者以功爵笼络贤能的伪善给予深刻的揭露,对后世散文发展有着积极的影响。在揽宇宙于一纸,包万物于一文的充满生机、遐想的《逍遥游》中,为数众多的读者被作者富有艺术魅力的文笔所吸引,成为中国古代寓言体的论说文中的一篇佳作。

全文在构思上,围绕着逍遥安排了设喻、阐理、表述三个部分。在设喻中,以鹏与鹦都无知借风力飞翔这一事实,各自显示傲慢得意的形态;顺势转入第二部分阐理上,阐述从政的高官贵人平庸地显示自己的才能,像鹦雀的渺小可怜,最后提出靠豁达、无所求才能达到无己、无功、无名的自由虚无的境界。

全篇构思精巧,善于使想象与现实结合,使对话与阐理结合,使讽刺与剖析结合。

设喻中先写了鹏的形体,从背与翼的强而有力,才能"击水三千里",直上九万里,才能有视苍天如海,观地下如烟的高傲之情。蝉、鸠只能在原地起跳,不能有鹏的高傲胸怀,鹏的背与翼再大,没有风力的帮助,也是飞不上高空。小虫鸟不自量力正如有人非要和长寿的彭祖媲美一样的可怜。作者将鹏与鹦两个形体悬殊的飞鸟进行对比,点明都靠风力才能飞翔于空中,但由此而认为自己本领大、超群不凡就是无知可悲了。

文章顺势转入阐理,从有己与无己对照入手,有己的人们往往凭着自己的职位高才,可以达到"四个一"的地步,对国君能尽职,也只能靠权势发挥平庸的才能。当进入豁达无所求、无己、无功、无名境界时,才能摆脱世俗的缠绕,这也是无我的最高标准。第三部分为表述,通过尧让贤转向作者与惠子的两段对话,用大瓠和大树来阐明作者反对用大炫耀自己位尊的思想,强调要解除外来的优惠条件,达到无己、无功、无名的境界,这就是作者写作的目的。

构思的精巧多彩,在于作者善于运用富有形象性的寓言,使自然界的虫鱼鸟兽与社会上的高官、贤能、明君相映衬;善于运用动物、人物之间的对话,使各个层次之间互相制约,互相连接,引人联想,深思中心。可以说是以喻引理,以比阐理,在大鹏与小鹦、九万里与仞尺、庸官与贤君的对比中展开阐理,让读者得到的印象是鲜明的。

## 习法

### 习法1

**1.** 给下列加点的词注音。

(1) 抟扶摇而上(　　　　) 　　(2) 北冥有鱼(　　　　)

(3) 覆杯水于坳堂之上(　　　　) 　　(4) 莫之夭阏(　　　　)

(5) 我决起而飞(　　　　) 　　(6) 舂粮(　　　　)

(7) 未数数然(　　　　) 　　(8) 泠然(　　　　)

**2.** 用现代汉语翻译下列句子。

(1) 抟扶摇而上者九万里。

(2) 天之苍苍,其正色邪? 其远而无所至极邪?

(3) 故夫知效一官,行比一乡,德合一君,而征一国者,其自视也,亦若此矣。

(4) 乘天地之正,而御六气之辩,以游无穷者,彼且恶乎待哉?

### 习法2

**1.** 阅读下面的文字,按要求答题。

庖丁释刀对曰:"臣之所好者,道也,进乎技矣。始臣之解牛之时,所见无非全牛者。三年之后,未尝见全牛也。方今之时,臣以神遇而不以目视,官知止而神欲行。依乎天理,批大郤,导大窾,因其固然;技经肯綮之未尝微碍,而况大軱乎! 良庖岁更刀,割也;族庖月更刀,折也。今臣之刀十九年矣,所解数千牛矣,而刀刃若新发于硎。彼节者有闲,而刀刃者无厚。以无厚入有闲,恢恢乎其于游刃必有余地矣,是以十九年而刀刃若新发于硎。虽然,每至于族,吾见其难为,怵然为戒,视为止,行为迟,动刀甚微。謋然已解,如土委地。提刀而立,为之四顾,为之踌躇满志,善刀而藏之。"

(《庄子·养生主》)

27

(1) 用现代汉语翻译下列句子。

① 良庖岁更刀,割也;族庖月更刀,折也。


② 虽然,每至于族,吾见其难为,怵然为戒,视为止,行为迟,动刀甚微。


(2) 庄子在文中提出一个什么观点?(用自己的话回答)


2. 阅读下面的文字,按要求答题。

　　老聃死,秦失吊之,三号而出。弟子曰:"非夫子之友邪?"曰:"然。""然则吊焉若此,可乎?"曰:"然。始也吾以为至人也,而今非也。向吾入而吊焉,有老者哭之,如哭其子;少者哭之,如哭其母。彼其所以会之,必有不蕲言而言,不蕲哭而哭者。是遁天倍情,忘其所受,古者谓之遁天之刑。适来,夫子时也;适去,夫子顺也。安时而处顺,哀乐不能入也,古者谓是帝之县解。"

(《庄子·养生主》)

(1) 用现代汉语翻译下列句子。

① 然则吊焉若此,可乎?


② 安时而处顺,哀乐不能入也,古者谓是帝之县解。


(2) 庄子在文中提出一个什么主张?(用自己的话回答)


3. 阅读下面的文字,按要求答题。

　　庄子与惠子游于濠梁之上。庄子曰:"儵鱼出游从容,是鱼之乐也。"惠子曰:"子非鱼,安知鱼之乐?"庄子曰:"子非我,安知我不知鱼之乐?"惠子曰:"我非子,固不知子矣;子固非鱼也,子之不知鱼之乐全矣!"庄子曰:"请循其本。子曰'汝安知鱼之乐'云者,既已知吾知之而问我,我知之濠上也。"

(《庄子·秋水》)

(1) 用现代汉语翻译下列句子。

　　① 子非鱼,安知鱼之乐?


　　② 子固非鱼也,子之不知鱼之乐全矣!




(2) 庄子坚持认为"出游从容"的鱼儿很快乐,表现了他怎样的心境?(用自己的话回答)




4. 阅读下面的文字,按要求答题。

　　故夫知效一官,行比一乡,德合一君,而征一国者,其自视也,亦若此矣,而宋荣子犹然笑之。且举世誉之而不加劝,举世非之而不加沮,定乎内外之分,辩乎荣辱之境,斯已矣。彼其于世,未数数然也。虽然,犹有未树也。夫列子御风而行,泠然善也,旬有五日而后反。彼于致福者,未数数然也。此虽免乎行,犹有所待者也。若夫乘天地之正,而御六气之辩,以游无穷者,彼且恶乎待哉? 故曰:至人无己,神人无功,圣人无名。

(《庄子·逍遥游》)

(1) 用现代汉语翻译下列句子。

　　① 且举世誉之而不加劝,举世非之而不加沮。




　　② 若夫乘天地之正,而御六气之辩,以游无穷者,彼且恶乎待哉?




(2) 庄子在文中提出一个什么主张?(用自己的话回答)




**链接**


### (一) 庄子的哲学和政治思想

庄子是道家的代表人物,有浓厚的悲观厌世的虚无思想。他强调"天地与我并生,而万物与我为一"；要求"独与天地精神往来""不谴是非以与世俗处"的逍遥放任的生活，否定是非、善恶、美丑、高低的区别和标准，否定文化知识的意义和作用，追求绝圣弃智、修生保真的神人真人的虚幻世界，对于政治斗争和对自然斗争，完全失去了信心。但他头脑很聪明，观察力很深刻，他看到了在新起的封建社会里，下层人民仍然是过着痛苦的生活。他对于儒家的仁义礼乐学说虚伪的一面，作了尖锐的批判，对于墨家名家，也表示不满。在这方面虽具有一定的现实意义，但他的思想基本上是消极的悲观的，表面上是叫人超脱，实际是把人引到弃绝人世的太虚幻境中去。（刘大杰《中国文学发展史》上卷，复旦大学出版社，2006年，第55页）

唯心主义的哲学思想。庄子的"道"，乃指人的主体精神。在他看来，世界不过是人的主体观念的产物，是神秘莫测，不可知的。他崇尚自然，宣扬天道无为，否定人对自然界的作用，认为"安之若命"乃"德之至也"，从天道自然无为滑进了宿命论的泥潭。庄子的认识论是从相对主义走向虚无主义；他否认事物差别，否认是非标准，否认客观真理，这就不可避免地陷入了绝对怀疑论，不可知论和诡辩论。

"无所用天下为"的政治主张。庄子并未真正忘怀政治，而是心系天下，其对黑暗现实的揭露和批判，较之《老子》犹有过之。庄子出于对现实政治的无比厌恨，选择了消极逃避的道路。（郭预衡《中国古代文学史长编1·先秦卷》，首都师范大学出版社，1992年，第285—289页）

庄周的思想，是以老子为依归。《庄子》的中心，是探求个人在沉重黑暗的社会中，如何实现自我解脱和自我保全的方法。在作者看来，最理想的社会是上古的混沌状态，一切人为的制度和文化措施都违逆人的天性，因而是毫无价值的。对于个人人生，《庄子》强调"全性保真"，舍弃任何世俗的知识和名誉地位，以追求与宇宙的抽象本质——"道"化为一体，从而达到绝对的和完美的精神自由。《庄子》对现实有深刻的认识和尖锐的批判。不同于其他人只是从统治者的残暴来看问题，作者还更为透彻地指出，一切社会的礼法制度、道德准则，本质上只是维护统治的工具。但作者并不主张以积极的行为来改变现实，而是对现实人生持悲观厌世的态度。甚至认为，一切时间的是非、美丑、大小之对立，只是人的认识上的对立，而并非万物自身的性质。庄子学派的思想，在中国历史上留下了极为深远的影响。从积极意义上说，它揭示了社会统治思想的本质，表现了摆脱精神束缚的热烈渴望，为封建时代具有反传统精神和异端思想的文人提供了哲学出发点；从消极意义来说，它所追求的自由只是理念上而非实践的自由，提供给人们的只是逃避社会矛盾的方法，因而始终能够为统治者所容忍。（章培恒、骆玉明《中国文学史》上卷，复旦大学出版社，1996年，第128页）

庄子的思想与楚人为近，庄子一方面受楚人思想之影响，一方面受辩者思想之影响。故能以辩者之辩论，述超旷恍惚之思，而自成一系统。（冯友兰《中国哲学史》，中华书局，1947年，第78页）

从庄子的整个思想体系和政治观点看来，庄子无疑是一个代表没落奴隶主阶级的哲学家。由于社会的根本变化，庄子的地位无法维持，这就决定他对现实极端不满。他既不满现实，又无法反抗它，就不得不走隐居遗世的道路，一方面讥君相，讥儒墨，甘贫贱而肆其志；一方面否定一切，齐万物，一死生，泯是非得丧，以追求内心的调和、精神的胜利而自我麻醉。他是一个悲观绝望的厌世主义者。因此,庄子的处世态度就是玩世不恭,随俗浮沉。不过庄子的放荡不羁,蔑视礼法和权贵,以及对统治者不合作,在特定的历史时期曾起过一定的积极作用。(游国恩《中国文学史》第一册,人民文学出版社,2002年,第79页)

## (二) 庄子的性格特点

庄子生活贫穷困顿,但却鄙弃荣华富贵、权势名利,力图在乱世保持独立的人格,追求逍遥无待的精神自由。庄子的人生就是体认"道"的人生。庄子的体道人生,实为一种艺术的人生,与艺术家所达到的精神状态有相通之处。这种哲学思想的表现形式,具有明显的文学特质。(袁行霈《中国文学史》第1卷,高等教育出版社,2005年,第96页)

追求自由和超脱的人生态度。庄子的人生态度是追求绝对的精神自由和对现实社会的彻底超脱。他从齐物我,齐生死的观念出发,幻想出一个不受任何条件限制而绝对自由的精神境界。(郭预衡《中国古代文学史长编1·先秦卷》,首都师范大学出版社,1992年,第288页)

庄子本人既是一个哲学家,又富于诗人气质。庄学的后人,也受了他的感染。(章培恒、骆玉明《中国文学史》,复旦大学出版社,1996年,第129页)

## (三)《庄子》的艺术特色

庄子散文显示出由语录体向专论体过渡的迹象。《庄子》的许多篇章多以数则构思奇妙的寓言结构而成,并且在论述中,把形象情感与逻辑思辨结合在一起。先秦说理文,最有文学价值的是《庄子》,其文学成就主要表现在以下几个方面:

1. 寓言为主的创作方法。《庄子》中自称其创作方法是"以卮言为曼衍,以重言为真,以寓言为广"。寓言是最主要的表现方式,许多篇目都是以寓言为文章的主干。大量运用寓言,使《庄子》的章法散漫断续,变化无穷,难以捉摸。

2. 意出尘外的想象和虚构。《庄子》中的寓言表现出超常的想象力,构成了奇特的形象世界,"意出尘外,怪生笔端"。《庄子》的想象虚构,往往超越时空的局限和物我的分别,恢诡谲怪,奇幻异常,变化万千。《庄子》诡奇的想象,是为了表达其哲学思想。寓真于诞,寓实于玄,是《庄子》的主要特征。

3. 形象恢诡的论辩。《庄子》的说理不以逻辑推理为主,而是表现出形象恢诡的论辩风格。在论辩过程中,往往又表现出作者精辟的思辨能力。《庄子》的论辩,与其说读者是被其逻辑推理所征服,不如说是被奇诡的艺术境界、充沛的情感所感染。

4. 富有诗意的语言。《庄子》的语言如行云流水,汪洋恣肆,跌宕跳跃,节奏鲜明,音调和谐,具有诗歌语言的特点。清人方东树说:"大约太白诗与庄子文同妙,意接而词不接,发想无端,如天上白云卷舒灭现,无有定形。"庄子的句式错综复杂,富于变化,喜用极端之词,奇崛之语,有意追求尖新奇特。(袁行霈《中国文学史》第1卷,高等教育出版社,2005年,第96—99页)

他才华杰出，想象丰富，具有驱使语言的高度表达能力，造句修辞，瑰奇曲折，如行云流水一般，创造一种特有的文体，富于浪漫主义的特征。他的文章也采用各种辩论的方法，然无不雄奇奔放，峰峦叠起，汪洋恣肆，机趣横生。他能不顾一切规矩，使用丰富的语汇，倒装重叠的句法，巧妙的寓言，恰当的譬喻，使他的文章，显得格外灵活，格外有独创性。他的散文，风格鲜明，形象生动，在艺术上有很高的成就。（刘大杰《中国文学发展史》上卷，复旦大学出版社，2006年，第56页）

《庄子》这部哲学著作，充满了浓厚的文学色彩，并且，其文章体制也已经脱离语录体的形式，标志着先秦散文已经发展到成熟的阶段。在文学意义上，它代表了先秦散文的最高成就。

用艺术形象来阐明哲学道理，是《庄子》的一大特色。从理论意识来说，庄子这一派本有"言不尽意"的看法，即逻辑的语言并不能充分地表达思想。与此相关，在表现手法上，许多篇章，几乎都是用一连串的寓言、神话、虚构的人物故事联缀而成，把作者的思想融化在这些故事和其中人物、动物的对话中，这就超出了以故事为例证的意义。而且，作者的想象奇特而丰富，使文章充满了诡奇多变的色彩。《庄子》的文章又富于抒情性。如果说《孟子》的感情是在清楚的逻辑表达下运行的，那么《庄子》的感情，却往往是无端而起，迷茫恍惚。

《庄子》的文章结构，也很奇特。看起来并不严密，常常突兀而来，行所欲行，止所欲止，汪洋恣肆，变化无端，有时似乎不相关，任意跳荡起落，但思想却能一线贯穿。句式也富于变化，或顺或倒，或长或短，更加之词汇丰富，描写细致，又常常不规则地押韵，显得极有表现力、极有独创性。后代文人在思想上、文学风格、文章体制、写作技巧上受《庄子》影响的，可以开出很长的名单。（章培恒、骆玉明《中国文学史》上册，复旦大学出版社，1996年，第129—131页）

庄子的散文在先秦诸子中具有独特风格。这首先是吸收神话创作的精神，大量采用并虚构寓言故事，作为论证的根据，因此想象奇幻，最富于浪漫主义色彩。这比其他诸子和《战国策》中某些寓言故事有进一步的发展，使逻辑思维的理论文更加形象化，这又是庄子散文浪漫主义作风的一个方面。《庄子》散文的另一特点是善用譬喻。本来战国时代的文章，一般都有这种特点，而《庄子》则几乎任何情况、任何事物都可以用作譬喻，也可以容纳譬喻。它不但譬喻多，而且运用灵活，在先秦诸子中也是最突出的。庄子散文还有一个特点就是文中多用韵，声调铿锵，使读者读起来有和谐的节奏感。总之，《庄子》一书，特别是内篇，有时像风行水上，自然成文；有时像万斛源泉，随地涌出，汪洋恣肆，机趣横生，具有浪漫主义的艺术风格。它不仅在先秦的理论文中，即在后世的古典散文中亦罕有伦比。（游国恩《中国文学史》第一册，人民文学出版社，2002年，第80—83页）

# 四、荀子与《修身》

邹 华

## 知人

荀子(约公元前 313 年—公元前 238 年),名况,字卿,战国末期赵国人。著名思想家、文学家、政治家,时人尊称"荀卿"。西汉时因避汉宣帝刘询讳("荀"与"孙"二字古音相通),故又称孙卿。曾三次出任齐国稷下学宫的祭酒,后为楚兰陵(位于今山东兰陵县)令。荀子对儒家思想有所发展,在人性问题上,提倡性恶论,主张人性有恶,强调后天环境和教育对人的影响。

## 识时

《史记·荀卿列传》记录了他的生平。荀子于年五十始来游学于齐,至襄王时代"最为老师""三为祭酒"。后来被逸而适楚,春申君以为兰陵令,春申君死而荀卿废,家居兰陵,韩非、李斯都是他的入室弟子,亦因为他的两名弟子为法家代表人物,使历代有部分学者怀疑荀子是否属于儒家学者,荀子也因其弟子而在中国历史上受到许多学者猛烈抨击。

他曾入秦,称秦国"治之至也",又到过赵国与临武君议兵于赵孝成王面前,最后老死于楚国。

此外,从时代背景看,荀子就是生活在秦始皇统一中国的前夕,他作为新兴地主阶级的思想家,有着希望实现封建大一统的强烈愿望,他的学术活动,他的哲学思想,就是为新兴地主阶级建立集中统一的封建国家,巩固和发展封建制度服务的。

同时,若从战国时期学术思想领域的客观环境来看,战国时期正处于"百家争鸣"的生动局面。荀子说当时是"诸侯异政,百家异说"的年代,正说明那个时候在政治领域和在意识形态领域,各个阶级和各个集团、学派之间的斗争都是十分复杂、激烈的。这种独特的思想环境为荀子哲学社会思想的建立创造了充分的思想条件。

## 赏文

### 修身

见善,修然必以自存也;见不善,愀然必以自省也;善在身,介然必以自好也;不善在身,菑然[1]必以自恶也。故非我而当者,吾师也;是我而当者,吾友也;谄谀我者,吾贼也。故君子隆师而亲友,以致恶其贼;好善无厌,受谏而能诫,虽欲无进,得乎哉?小人反是,致乱,而恶人之非己也;致不肖,而欲人之贤己也;心如虎狼,行如禽兽,而又恶人之贼己也;谄谀者亲,谏诤者疏,修正为笑,至忠为贼,虽欲无灭亡,得乎哉?

以善先人者谓之教，以善和人者谓之顺；以不善先人者谓之谄，以不善和人者谓之谀。是是、非非谓之知，非是、是非谓之愚。伤良曰谗，害良曰贼。是谓是、非谓非曰直。趣舍无定谓之无常，保利弃义谓之至贼。

志意修则骄富贵，道义重则轻王公；内省而外物轻矣。传曰："君子役物，小人役于物。"此之谓矣。身劳而心安，为之；利少而义多，为之；事乱君而通，不如事穷君而顺焉。故良农不为水旱不耕，良贾不为折阅[2]不市，士君子不为贫穷怠乎道。

夫骥一日而千里，驽马十驾则亦及之矣。故跬步而不休，跛鳖千里；累土而不辍，丘山崇[3]成；厌[4]其源，开其渎，江河可竭；一进一退，一左一右，六骥不致。彼人之才性之相县也，岂若跛鳖之与六骥足哉？然而跛鳖致之，六骥不致，是无他故焉，或为之，或不为尔！

道虽迩，不行不至；事虽小，不为不成。其为人也多暇日者，其出人不远矣。

（选自《中华国学经典读本：荀子》，荀况著，北方文艺出版社，2016年1月）

[注释] （1）菑：通"灾"，菑然，指灾害在身的样子。（2）折阅：折本，亏本。（3）崇：通"终"。（4）厌：同"压"，堵塞。

## 思考

**荀子的《修身》中从哪些方面论证了其对于"修身"的看法？**

| 点拨 | 试着从论证手法、论点、论据几个层面去深入探究本文的论述脉络以及层次。

| 探索 | "见善，修然必以自存也；见不善，愀然必以自省也。善在身，介然必以自好也；不善在身，菑然必以自恶也。"由这句话起笔，点出修身的第一个要素，即"修然自存，介然自好"。之后的文字围绕这一观点进行阐发，指出要客观地对待他人对于自己的评价。之后从"君子"与"小人"两个角度着手进行正反对比论证，通过两者在修身方面的具体表现来进一步阐明修身的重要性，引发读者的深思。

## 集评

1. 梁启超："《修身篇》教人以矫正本性之方法，结论归于隆礼而尊师。"

2. 汪中："荀卿之学，出于孔氏，而尤有功于诸经。"（《荀子通论》）

3. 钱大昕："孟言性善，欲人之尽性而乐于善；荀言性恶，欲人之化性而勉于善。立言虽殊，其教人以善则一也。"（《荀子笺释跋》）

4. 柯马丁："《荀子》说理尖锐、谨严，是迄今为止对儒家礼、乐、社会秩序这些核心主题最为系统化的讨论，深刻影响了汉代的思想与写作。……《荀子》满足了新帝国的需要：基于经学的合法性与建立一个强权政府的现实主义手段相结合。就此而言，《荀子》既超越了《韩非子》的极端现实主义，又超越了《孟子》的乌托邦理想主义。"（《剑桥中国文学史·早期中国文学：开端至西汉》）

## 浅析

荀子的文章擅长说理，组织严密，分析透辟，善于取譬，常用排比句增强议论的气势，语言富赡精炼,有很强的说服力和感染力。《修身》即是其中具有较强代表性的一篇。本文将较为艰涩深奥的道理寄托在浅显贴切的事例以及明晰完备的论述之中,以日常生活中一些常见的事物及现象作为事例,通过运用举例论证、对比论证、正反对比论证等丰富的论证手法,来使说理与设喻紧密结合,文章深入浅出,意义深刻。

## 习法

### 习法 1

1. 解释下列句子中加点的词。

   (1) 故君子隆师而亲友

   (2) 不如事穷君而顺焉

   (3) 累土而不辍

   (4) 道虽迩

2. 下列各组句子中,加点词的意义和用法都相同的一组是(　　)

   A. 而欲人之贤己也　　　　　　　人不知而不愠

   B. 良贾不为折阅不市　　　　　　不足为外人道也

   C. 岂若跛鳖之与六骥足哉?　　　更若役,复若赋

   D. 其出人不远矣　　　　　　　　其可怪也欤

3. 用现代汉语翻译下列句子。

   (1) 故非我而当者,吾师也;是我而当者,吾友也。




   (2) 传曰:"君子役物,小人役于物。"此之谓矣。




4. 下列对原文有关内容的概括和分析,不正确的一项是(　　)

   A. 小人不修身,他们亲近阿谀奉承自己的人,疏远规劝自己改正错误的人,把善良正直的话当作对自己的讥笑,把极端忠诚的行为看成是对自己的戕害。

   B. 在对待是非上,明智的人肯定正确的、否定错误的;愚蠢的人却否定正确的,肯定错误的。正直的人对的就说对、错的就说错。

   C. 修身的人修炼自己的意志品质,就可因内心富贵而骄傲;重视道义轻视王公贵族;内心省却了杂念,就会觉得外物很轻。

   D. 一次只能走半步一步的跛鳖一直走不停,也能到达目的地;一日能行千里的六骥却不

35

能到达,这是"做"和"不做"的不同。修身也应向跛鳖一样,贵在行动。

## 习法 2

**阅读下面的文字,完成习题。**

### 非相(节选)

荀 子

相人,古之人无有也,学者不道也。

古者有姑布子卿[1],今之世,梁有唐举,相人之形状、颜色而知其吉凶、妖祥,世俗称之。古之人无有也,学者不道也。

故相形不如论心,论心不如择术,形不胜心,心不胜术。术正而心顺之,则形相虽恶而心术善,无害为君子也;形相虽善而心术恶,无害为小人也。君子之谓吉,小人之谓凶。故长短、小大、善恶形相,非吉凶也。古之人无有也,学者不道也。

盖帝尧长,帝舜短;文王长,周公短;仲尼长,子弓短。昔者,卫灵公有臣曰公孙吕,身长七尺,面长三尺,焉[2]广三寸,鼻、目、耳具,而名动天下。楚之孙叔敖,期思[3]之鄙人也,突秃长左,轩较之下,而以楚霸。叶公子高,微小短瘠,行若将不胜其衣;然白公之乱也,令尹子西、司马子期皆死焉,叶公子高入居楚,诛白公,定楚国,如反手尔,仁义功名善于后世。故士不揣长,不揳大,不权轻重,亦将志乎尔;长短、小大、美恶形相,岂论也哉?

且徐偃王之状,目可瞻焉;仲尼之状,面如蒙供;周公之状,身如断菑;皋陶之状,色如削瓜;闳夭之状,面无见肤;傅说之状,身如植鳍;伊尹之状,面无须麋,禹跳,汤偏,尧、舜参牟子。从者将论志意、比类文学邪?直将差长短、辨美恶而相欺傲邪?

古者,桀、纣长巨姣美,天下之杰也;筋力越劲,百人之敌也。然而身死国亡,为天下大僇,后世言恶,则必稽焉。是非容貌之患也。闻见之不众,论议之卑尔!

今世俗之乱君,乡曲之儇子,莫不美丽姚冶,奇衣妇饰,血气态度拟于女子;妇人莫不愿得以为夫,处女莫不愿得以为士,弃其亲家而欲奔之者,比肩并起。然而中君羞以为臣,中父羞以为子,中兄羞以为弟,中人羞以为友;俄则束乎有司而戮乎大市,莫不呼天啼哭,苦伤其今而后悔其始。是非容貌之患也。闻见之不众,论议之卑尔。然则从者将孰可也?

[注释] (1)姑布子卿:春秋时郑国人,曾看过孔丘和赵襄子的相,见《韩诗外传》卷九和《史记·赵世家》。(2)焉:通"颜",额。(3)期思:地名,在今河南省淮滨县东南。

**1.** 解释下列加点的词。

　(1) 世俗称之　　　　　　　　　(2) 无害为君子也

　(3) 直将差长短、辨美恶而相欺傲邪?　(4) 然则从者将孰可也

**2.** 下列对原文有关内容的理解和分析,不正确的一项是(　　　)

　A. 本文和《劝学》一样,开篇就提出了自己的观点,批判、否定了相术,指出这是有学识的

人从来也不谈论的事。

B. 作者认为，观察人的相貌不如考察他的思想，考察他的思想不如鉴别他立身处世的方法，身材相貌不是判断君子小人的标准。

C. 古代的夏桀、商纣魁梧英俊，但却落得身死国灭，成为天下最可耻的人，这都是容貌造成的祸患。

D. 文章结尾又用当时犯上作乱的人和乡里的轻薄少年为例，从反面否定了相术，并以反问结尾，表明自己的观点。

3. 用现代汉语翻译下列句子。

(1) 古之人无有也，学者不道也。

(2) 莫不呼天啼哭，苦伤其今而后悔其始。

4. 以下六句话分别编为四组，全属于从正面论述"非相"的一组是（　　　　）

① 梁有唐举，相人之形状、颜色而知其吉凶、妖祥。

② 术正而心顺之，则形相虽恶而心术善，无害为君子也。

③ 楚之孙叔敖，期思之鄙人也，突秃长左，轩较之下，而以楚霸。

④ 禹跳，汤偏，尧、舜参牟子。

⑤ 桀、纣长巨姣美，天下之杰也；筋力越劲，百人之敌也。

⑥ 今世俗之乱君，乡曲之儇子，莫不美丽姚冶，奇衣妇饰，血气态度拟于女子。

　A. ①③⑤　　　　　　B. ②④⑥　　　　　　C. ②③④　　　　　　D. ①⑤⑥

5. 文章结尾用当时犯上作乱的人和乡里的轻薄少年为例，作用是什么？

### 链接

#### （一）荀子的哲学和政治思想

荀子继承了孔子的礼乐学说，荀子主张性恶，荀子重义不轻利；孟子专法先王，荀子兼法后王；孟子专尚王道，荀子兼尚霸道。《荀子》对先秦诸子百家学说有所批评，在批评各家的同时，又吸取百家学术的精华，融会贯通，自成一家。荀子的学说范围很广，这和他所处的社会息息相关。可以说，荀子是我国先秦时期集大成的思想家。性恶论是荀子礼乐法术论的理论基础，故而不仅此篇论述周密，而且与荀子的整个理论系统相一致。由于性恶，故须教育，教育当以礼义为本；也由于性恶，故须施行赏罚，于是性恶论和隆礼重法的主张，就相互贯通，相辅相成。（袁行霈《中国文学史》第1卷，高等教育出版社，2005年，第99—100页）

制天命而用之的天道观；性恶论；法后王的政治观；人治和法制，强调人治。（郭预衡《中国古代文学史长编1·先秦卷》，首都师范大学出版社，1992年，第312—315页）

思想虽出于儒，但又吸收了其他各家的学说，对儒学有所改造。其中最突出的，是反对法先王，主张文化制度随着历史的发展而改变；否认天有意志而能主宰人间的事务，提出"人定胜天"的观点，"人性恶"也是他的著名观点。所谓人性恶是指人天然有各种情欲，不加限制地发展下去，必然导致暴乱争夺。但他相信通过后天的学习熏染，可以达到善的境界。荀子对社会文化的态度，是重视政治和伦理上的实用性，要求一切诗书礼乐，都归于儒家所说的圣王之道。对于不顺礼义的文章，一概斥为"奸说"，由此建立了后世儒家文学观的基础，这对文学的发展是不利的。（章培恒、骆玉明《中国文学史》上册，复旦大学出版社，1996年，第131—132页）

荀子的宇宙观是唯物主义的。他肯定物质对精神的决定作用，同时又强调精神对物质的能动作用。他以科学的态度，对当时的迷信思想作了批判。特别是他的人定胜天的思想，在诸子哲学中最有力量和光辉。荀子的文学思想是重质尚用，反对华而不实的文章。荀子初步建立了文学原道、征圣、宗经的传统，把文学和政治更为紧密地结合起来。（刘大杰《中国文学发展史》上卷，复旦大学出版社，2006年，第57页）

### （二）《荀子》的艺术特色

荀子的文章不及孟子的才气纵横，词锋迫人，所以艺术的感染力量不免较逊，但是像《解蔽》《性恶》等篇，有强烈的逻辑性和组织性，是比较优秀的散文。（陆侃如、冯沅君《中国文学史简编》，作家出版社，1957年，第46页）

战国末期，《荀子》专题论文标志着说理散文体制的定型。其文章往往是长篇大论，有标题，论点明确，中心突出，论证严密，注意谋篇布局，结构浑然一体。从此专论体成为我国说理散文的主要形式。

1. 荀子文章擅长"论辩"。与先秦其他诸子一样，荀子的说理文擅长论辩。荀子认为"君子必辩"，特别强调论辩的重要性。

2. 论证严谨周详。荀文以其说理的清晰，论辩的透辟，逻辑的周密，在先秦诸子说理文中别具一格。思想的深邃丰富，理论的系统严整，使其不仅单篇行文缜密，而且全书各章相互照应，论证严谨周详。

3. 荀子之文思理严整，论证全面。为说明观点，层层论述，反复推详，一篇中首尾一贯，一气呵成，整体理论系统严密，各篇之间颇有照应，故而绵密严谨，恢宏博大，风格浑厚。

4. 论证形象化。《荀子》大量运用许多日常生活中常见的事物为譬喻,深入浅出,生动巧妙地把抽象的道理具体化、形象化,使深奥的理论浅显易懂。如《劝学》篇,几乎都是引类譬喻重叠构成,并且譬喻的运用变化多端,或正反为喻,或并列为喻,辞采缤纷。

5.《荀子》还喜欢用大量排比句法,或以韵语描写、抒情,增强了气势,调谐了音节,更富于说服力和感染力。(袁行霈《中国文学史》第 1 卷,高等教育出版社,2005 年,第 100 页)

《荀子》书中的文章,实践了他的观点。全书体系完整,涉及面很广。多为关于社会政治、伦理、教育等方面的长篇专题学术论文,论点明确,论断缜密,结构谨严,风格朴实、深厚;善于运用自然界和日常生活中的事例作为论据,巧譬博喻,反复论证;造语简练,多用铺陈手法和排比句式,整齐流畅,适于诵读。(章培恒、骆玉明《中国文学史》上卷,复旦大学出版社,1996年,第 132 页)

学者之文,严谨周详;长者之文,浑厚老练;通才之文,博大精深。(郭预衡《中国古代文学史长编 1 · 先秦卷》,首都师范大学出版社,1992 年,第 316—320 页)

他的散文虽文采不足,但质朴简约,谨严绵密,剖析事理,非常透辟。屈原的作品,本无赋名,真正以赋名篇的,则起于荀子。赋篇的艺术价值虽不甚高,然在赋的发展史上,却很有影响。荀子的赋,其表面虽是咏物,其内容还是说理。这种态度,正如他写论文时候所取的态度一样,是抱着不反先王之言不背礼义的要旨的。所不同者,他采取了一种诗文混合的新体裁。他的《成相》篇也是想把政治思想装在通俗的文学里的。如果说屈原、宋玉的创作态度是文学的,荀子的态度则是学术的教育的。荀子重视通俗文学的功能,他是想用通俗的民歌体裁,来传布他的政治思想。(刘大杰《中国文学发展史》上卷,复旦大学出版社,2006 年,第 58—59 页)

他生于战国纵横之世,长于论辩,故其文多长篇大论,必发挥尽致、畅所欲言而后已。大抵论点明确,层次清楚,句法整练,词汇丰富。《劝学篇》比喻层出不穷,前半篇几乎全用譬喻重叠构成,辞采缤纷,令人应接不暇,而且通篇用譬喻重叠构成,辞采缤纷,令人应接不暇,而且通篇用排偶句法,也是荀子散文的特点。(游国恩《中国文学史》第一册,人民文学出版社,2002 年,第 84—85 页)

# 史家绝唱

　　两汉时期的散文沿袭了先秦散文创作的风貌,伴随着汉王朝的日趋鼎盛而出现了空前繁荣的局面,是中国古代散文继先秦之后的又一个繁荣期。司马迁《史记》所创立的"史传体",从文学的角度看,它是以历史事件为题材,重在描写历史人物形象的文学作品;而从史学的角度看,它则是通过运用文学艺术的手段,借历史事件与历史人物的描述,来表达视野广阔的历史观。此外,汉朝初年在思想文化等方面尚有先秦余绪,政论散文也在先秦诸子散文的基础上逐步发展起来,随着西汉政权的稳固和定儒家思想于一尊,汉武帝时期以后的政论散文向着深广宏富、醇厚典重方面发展,由越世高谈转为本经立义,虽然较之于先秦散文缺少了思想表达的自由度,却显得更为严谨质实。贾谊、王充等人的散文代表了两汉政论散文的最高成就,对后世也有深远影响。

（张骏逸）

# 五、司马迁与《李将军列传》

张骏逸

## 知人

司马迁(公元前 145 年—公元前 90 年),字子长,夏阳(今陕西韩城南)人,西汉时期伟大的史学家、文学家、思想家。司马谈之子,为人耿介正直,任太史令,因替李陵败降之事辩解被判入狱,按律当斩。但为完成著书之愿,忍辱负重,以宫刑赎身死,后任中书令。他曾在其《报任安书》中提到:"亦欲以究天人之际,通古今之变,成一家之言。草创未就,会遭此祸,惜其不成,是以就极刑而无愠色。"因此,之后司马迁依旧发奋继续完成所著史籍,被后世称为史迁、太史公。

## 识时

司马氏世代为太史,整理和论述历史。司马迁之父司马谈想要继续编订《春秋》之后的史实,但最终壮志未酬。死前将自己的遗志传达给了儿子司马迁。

于是,司马迁子承父志,接任了太史令。他早年转益多师,漫游各地,了解风俗,采集传闻。初任郎中,奉使西南。太初元年,司马迁开始了《史记》的创作,前后经历了 14 年,完成了这一部巨著。《史记》在历史上的地位是无可替代的,它是我国纪传体史学的奠基之作,同时也是我国传记文学的开端。中国古代史传文学在先秦时期就已经初具规模,记言为《尚书》,记事有《春秋》,其后又有编年体的《左传》与国别体的《国语》《战国策》。因此,《史记》的出现,首先,标志着中国古代史传文学的发展已经达到了高峰。其次,《史记》是传记文学名著,但其具有诗的意蕴和魅力。《史记》指次古今,出入风骚,对《诗经》与《楚辞》都有所继承,同时,战国散文那种酣畅淋漓的风格也为《史记》所借鉴,充分体现了大一统王朝中各种文学传统的融汇。因而,《史记》被鲁迅誉为"史家之绝唱,无韵之离骚",更被后人列为"二十五史"之首。

《史记》是传记文学的典范,也是古代散文的楷模,它的写作技巧、文章风格、语言特点,无不令后代散文家翕然宗之。从唐宋古文八大家,到明代前后七子、清代的桐城派,都对《史记》推崇备至,他们的文章也深受司马迁的影响。

## 赏文

### 李将军列传(节选)

李将军广者,陇西成纪人也。其先曰李信,秦时为将,逐得燕太子丹者也。故槐里,徙成纪。广家世世受[1]射。孝文帝十四年，匈奴大入萧关，广以良家子[2]从军击胡，用[3]善骑射，杀首虏[4]多，为汉中郎。广从弟[5]李蔡亦为郎，皆为武骑常侍，秩八百石。尝从行，有所冲陷折关[6]及格猛兽，而文帝曰："惜乎，子不遇时！如令子当高帝时，万户侯岂足道哉！"

及孝景初立，广为陇西都尉，徙[7]为骑郎将。吴楚军时，广为骁骑都尉，从太尉亚夫击吴楚军，取旗，显功名昌邑下。以梁王授广将军印，还，赏不行[8]。徙为上谷太守，匈奴日以合战。典属国公孙昆邪为上泣曰："李广才气，天下无双，自负其能，数与虏敌战，恐亡之。"于是乃徙为上郡太守。后广转为边郡太守，徙上郡。尝为陇西、北地、雁门、代郡、云中太守，皆以力战为名。

匈奴大入上郡，天子使中贵人从广勒习兵击匈奴。中贵人将骑数十纵[9]，见匈奴三人，与战。三人还射，伤中贵人，杀其骑且尽。中贵人走广。广曰："是必射雕者也。"广乃遂从百骑往驰三人。三人亡马步行，行数十里。广令其骑张左右翼，而广身自射彼三人者，杀其二人，生得一人，果匈奴射雕者也。已缚之上马，望匈奴有数千骑，见广，以为诱骑，皆惊，上山陈[10]。广之百骑皆大恐，欲驰还走。广曰："吾去大军数十里，今如此以百骑走，匈奴追射我立尽。今我留，匈奴必以我为大军诱之，必不敢击我。"广令诸骑曰："前！"前未到匈奴陈二里所，止，令曰："皆下马解鞍！"其骑曰："虏多且近，即有急，奈何？"广曰："彼虏以我为走，今皆解鞍以示不走，用坚其意。"于是胡骑遂不敢击。有白马将出护其兵，李广上马与十余骑奔射杀胡白马将，而复还至其骑中，解鞍，令士皆纵马卧。是时会暮，胡兵终怪之，不敢击。夜半时，胡兵亦以为汉有伏军于旁欲夜取之，胡皆引兵而去。平旦[11]，李广乃归其大军。大军不知广所之，故弗从。

居久之，孝景崩，武帝立，左右以为广名将也，于是广以上郡太守为未央卫尉，而程不识亦为长乐卫尉，程不识故与李广俱以边太守将军屯[12]。及出击胡，而广行无部伍行陈[13]，就善水草屯，舍止，人人自便，不击刁斗以自卫，莫府[14]省约文书籍事，然亦远斥候，未尝遇害。程不识正部曲行伍营陈，击刁斗，士吏治军簿至明，军不得休息，然亦未尝遇害。不识曰："李广军极简易，然虏卒犯之[15]，无以禁也；而其士卒亦佚乐[16]，咸乐为之死。我军虽烦扰，然虏亦不得犯我。"是时汉边郡李广、程不识皆为名将，然匈奴畏李广之略，士卒亦多乐从李广而苦程不识。

后，汉以马邑城诱单于，使大军伏马邑旁谷，而广为骁骑将军，领属护军将军。是时，单于觉之，去，汉军皆无功。其后四岁，广以卫尉为将军，出雁门击匈奴。匈奴兵多，破败广军，生得广。单于素闻广贤，令曰："得李广必生致之。"胡骑得广，广时伤病，置广两马间，络而盛卧广。行十余里，广详死，睨其旁有一胡儿骑善马[17]，广暂腾而上胡儿马，因推堕儿，取其弓，鞭马南驰数十里，复得其余军，因引而入塞。匈奴捕者骑数百追之，广行取胡儿弓，射杀追骑，以故得脱。于是至汉，汉下广吏[18]。吏当广所失亡多[19]，为虏所生得，当斩，赎为庶人。

顷之，家居数岁。广家与故颍阴侯孙屏野居蓝田南山中射猎[20]。尝夜从一骑出，从人田间饮。还至霸陵亭，霸陵尉醉，呵止广。广骑曰："故李将军。"尉曰："今将军尚不得夜行，何乃故也!"止广宿亭下。居无何(21),匈奴入杀辽西太守,败韩将军,后韩将军徙右北平。于是天子乃召拜广为右北平太守。广即请霸陵尉与俱,至军而斩之。广居右北平,匈奴闻之,号曰"汉之飞将军",避之数岁,不敢入右北平。

广出猎,见草中石,以为虎而射之,中石没镞(22),视之石也。因复更射之,终不能复入石矣。广所居郡闻有虎,尝自射之。及居右北平射虎,虎腾伤广,广亦竟射杀之。广廉,得赏赐辄分其麾下,饮食与士共之。终广之身,为二千石四十余年,家无余财,终不言家产事。广为人长,猿臂,其善射亦天性也,虽其子孙他人学者,莫能及广。广讷口少言(23),与人居则画地为军陈,射阔狭以饮(24)。专以射为戏,竟死。广之将兵,乏绝之处,见水,士卒不尽饮,广不近水,士卒不尽食,广不尝食。宽缓不苛,士以此爱乐为用。其射,见敌急(25),非在数十步之内,度不中不发,发即应弦而倒。用此,其将兵数困辱,其射猛兽亦为所伤云。

……

初,广之从弟李蔡与广俱事孝文帝。景帝时,蔡积功劳至二千石。孝武帝时,至代相。以元朔五年为轻车将军,从大将军击右贤王,有功中率,封为乐安侯。元狩二年中,代公孙弘为丞相。蔡为人在下中,名声出广下甚远,然广不得爵邑,官不过九卿,而蔡为列侯,位至三公。诸广之军吏及士卒或取封侯。广尝与望气王朔燕语,曰:"自汉击匈奴而广未尝不在其中,而诸部校尉以下,才能不及中人,然以击胡军功取侯者数十人,而广不为后人,然无尺寸之功以得封邑者,何也?岂吾相不当侯邪?且固命也?"朔曰:"将军自念,岂尝有所恨乎?"广曰:"吾尝为陇西守,羌尝反,吾诱而降之,降者八百余人,吾诈而同日杀之。至今大恨独此耳。"朔曰:"祸莫大于杀已降,此乃将军所以不得侯者也。"

……

太史公曰:《传》曰"其身正,不令而行;其身不正,虽令不从"。其李将军之谓也?余睹李将军悛悛如鄙人(26),口不能道辞。及死之日,天下知与不知,皆为尽哀。彼其忠实心诚信于士大夫也!谚曰"桃李不言,下自成蹊"。此言虽小,可以谕大也。

（选自《史记》,司马迁著,北方文艺出版社,2019 年 5 月）

[注释] (1)受:学习。(2)良家子:家世清白人家的子弟。(3)用:由于。(4)杀首:斩杀敌人首级。虏:俘虏。(5)从弟:堂弟。(6)冲陷:冲锋陷阵。折关:抵御、拦阻。指抵挡敌人。(7)徙:调任。(8)"以梁王"至"赏不行":李广作战立功之地在梁国境内,所以梁王封他为将军并授给将军印。这种做法违反汉朝廷的法令,因而李广还朝后,朝廷认为他功不抵过,不予封赏。(9)将:率领。骑:骑兵。纵:放马驰骋。(10)陈:同"阵"。摆开阵势。(11)平旦:清晨,天刚亮。(12)将军屯:掌管军队的驻防。(13)部伍:军队的编制。行阵:行列、阵势。(14)莫府:即"幕府"。(15)卒:通"猝",突然。(16)佚:通"逸",安闲、安逸。(17)睨:斜视。(18)下:交付。(19)当:判罪。(20)屏野:退隐山野。(21)居无何:没过多久。(22)镞:箭头。(23)讷口:说话迟钝。(24)阔狭:指上句所说在地上画的军阵图中,有的行列宽,有的行列窄。这句的意思是,比赛射军阵图,射中窄的行列为胜,射中宽的行列及不中都为负,负者罚酒。(25)急:逼迫。(26)悛悛:老实厚道的样子。

## 节选部分中是如何来塑造李将军形象的?

### 1.选材上有何特点?

| 点拨 | 节选部分突出了李广的"善射",作者选取了哪几件事来突显这个特点? 选材安排上又有何特色?

| 探索 | "世世受射",将门之后的飞将军李广,描写其骑射或许是最易出彩之处了,于是司马迁便抓住了李广善射之特点进行了深度的刻画:射匈奴射雕者,射白马将;雁门之战;右北平之战;射石、射虎;等等。这些选材,或给我们以急弦繁管之感,但司马迁通过对材料的精心组织和采用多样表现手法处理了这一矛盾,将其笔下的李将军塑造成了一个善于骑射且智谋过人的光辉形象。

### 2. 运用了什么表现手法? 对于人物形象的展现有何作用?

| 点拨 | 节选部分主要叙写了几件事? 其在表现手法的运用上是否有相似之处?

| 探索 | 文中多处运用对比烘托的手法,从多个角度,将李广全方位地塑造成了一位抗击匈奴的汉朝名将。与程不识的对比,突出了李广治军简易的特点。与堂弟李蔡境遇的对比,突出了李广的怀才不遇,增强了文本的悲剧氛围和批判力度。而文中最为精彩的当属和匈奴射雕者较量射技的情节,匈奴人本就善于骑射,而射雕者更是匈奴人中善于骑射的高手。在这一部分,司马迁首先描绘了中贵人数十人与三个匈奴射雕者交战,人数虽多却未占到任何便宜,反而所带人马被射杀殆尽,且中贵人受伤,射雕者的箭法在对比中一下子就凸显了出来。然而,这些箭法高超的匈奴人一见到李广就全然没有了威风,不仅射杀两人,且被生得一人,两相对比,李广高超的骑射能力就被突显出来了,给读者留下了深刻的印象。

### 3. 情感表达上有何特点?

| 点拨 | 融入情感,寓论于史。

---

**集评**

1. 资中筠:"如果说,在《李将军列传》中,司马迁是通过正面的叙述,以弦外之音暗示了他对李氏祖孙的同情和不平,那么,在《孝武本纪》中,他是以独特的省略来表达他对汉武帝的怨怼。这省略,这沉默,远胜过一篇洋洋洒洒的檄文,可以收'此时无声胜有声'之效。这,又是太史公文章'奇'之所在。"(《无韵之离骚》)

2. 宇文所安:"《史记》最生动的部分是《列传》中的人物传记。这些人物传记往往撷取能够表明传主个性特征的具体场景,细节丰富,叙事与描写生动活泼,经常以对话、闪回的形式

营造出戏剧性。"(《剑桥中国文学史》)

3. 钱基博："不炼不净,粗枝大叶,任意写去,而矫健磊落,笔力真如走蛟龙,挟风雨,而且峭句险字,往往不乏。"(《中国文学史》)

4. 牛运震："一篇精神在射法一事,以广所长在射也。开端广家世世受射,便是一传之纲领,以后叙射匈奴,射雕射白马将,射追骑射猎南山中射石射虎射阔狭以饮射猛兽射裨将,皆叙广善射之事实。'广为人长,猿臂,其善射亦天性也'云云,又'其射,见敌急,非在数十步之内,度不中不发'云云,正写广善射之神骨……此以广射法为线索贯穿者也。"(《史记评注》)

5. 吴见思："百骑驰三人,不见广勇;唯不用百骑而自射之,正极写广勇也。"(《史记评议》)

〜〜〜〜〜〜〜〜〜〜〜〜〜〜〜〜〜〜〜〜〜〜〜〜〜〜

**浅析**

李广戎马一生,却始终未能封侯,又加上司马迁是因替李广之后李陵辩解而被武帝下狱遭受宫刑的,因此司马迁将自己的满腔悲愤倾注于这篇列传中也就合情合理了。阅读本文时,不难发现,似乎司马迁对于李广的赞赏体现于全篇的每个角落,因此,也有人心生疑窦,司马迁是否可能因为自身的遭际而导致其写作背离史实,有虚美之嫌? 不过若是在阅读时再仔细些,便可发现,即便本文字里行间都充斥着司马迁对于飞将军李广的赞美,但也用自己忠实的笔墨为我们刻画了这位良将的过与失。比如"受梁王印"[从梁王刘武这个角度来分析:刘武是汉景帝之母窦太后最疼爱的小儿子,窦太后总是在汉景帝面前有意无意地流露出让刘武成为汉景帝继承人的意愿,并且总是想尽一切办法为刘武谋取好处,而汉景帝的立储决心不坚定,还在一次酒宴中酒醉后说出了自己死后让刘武即位这样的昏话。这些因素无疑助长了刘武觊觎皇位的野心。刘武的骄横跋扈在日后日益暴露出来,为了笼络更多的人才,加快登基的步伐,他看中了在昌邑之战中战功卓越的李广,希望能通过授将军印这一殊誉来将其收为己用。从李广的角度来说,李广是当时有名的将领,早在汉文帝时期便受到文帝的褒扬,在镇守北部边镇时期屡屡挫败匈奴,威慑北狄,并且在平定吴楚七国之乱的昌邑之战中勇冠三军,夺得对方帅旗(这在古代是很伤敌人士气的举动),立下很大战功,可以说李广是卫青、霍去病之前最为汉皇室依赖的大将之一。所以刘武绝对有充分的理由来拉拢李广的。]"斩霸陵尉"等情节的描述,都是对其缺点的呈现。由此可见,司马迁并没有因自己对于人物遭遇的不平与同情以及自己与传主的特殊关系而肆意地宣泄自己的感情,从而出现史书中最忌讳的文笔大于史笔的虚美之象。司马迁作为一个史学家,始终本着"实录"精神来展现李广这位传奇将领,既刻画了其辉煌的英雄事迹,也客观地记录了其生平中的一些不良行为。不仅为我们呈现出这样一个鲜活的、可歌可泣的历史人物,也为后人正确评价李广提供了较为客观的历史文献材料。也正是因为看到《史记》的这一特点,班固才评价道:"其文直,其事核,不虚美,不隐恶,故谓之实录也。"

## 习法

### 习法 1

**1.** 指出下列各句中的通假字,并解释。

(1) 广详死。

(2) 与人居则画地为军陈。

(3) 令长史封书与广之莫府。

(4) 然虏卒犯之。

(5) 而其士卒亦佚乐。

**2.** 解释下列加点的词。

(1) 居无何

(2) 世世受射

(3) 中贵人将骑数十纵

(4) 用善骑射

(5) 吏当广所失亡多

(6) 度不中不发

(7) 余睹李将军悛悛如鄙人

(8) 此言虽小,可以谕大也。

**3.** 将下列句子按所给选项进行分类。

A. 判断句_____          B. 被动句_____          C. 省略句_____

(1) 李将军广者,陇西成纪人也。

(2) 是必射雕者也。

(3) 为虏所生得。

(4) 士以此爱乐为用。

(5) 其射猛兽亦为所伤云。

(6) 尝从行。

(7) 汉下广吏。

(8) 广与故颍阴侯孙屏野居蓝田南山中射猎。

(9) 从人田间饮。

(10) 广即请霸陵尉与俱。

(11) 见匈奴三人,与战。

**4.** 思考与探究。

(1) 李广在景帝时期有怎样的人生遭际？他给你的初步印象是什么？作者在塑造这一人

物时运用了哪些手法？

(2) 在汉武帝时作为边将的李广有哪些活动和遭际？在这部分中司马迁是如何展示这位名将的风采的？

(3) 探讨"斩霸陵尉"，司马迁写此事件对塑造李广形象有何作用？

(4) 结合文末司马迁的评价，谈一谈你阅读了本文之后对于李广的认识，写一篇简短的评价。（不少于120字）

## 习法 2

**阅读下面的文字，完成习题。**

专诸者，吴堂邑人也。伍子胥之亡楚而如吴也，知专诸之能。伍子胥既见吴王僚，说以伐楚之利。吴公子光曰："彼伍员父兄皆死于楚而员言伐楚，欲自为报私仇也，非能为吴。"吴王乃止。伍子胥知公子光之欲杀吴王僚，乃曰："彼光将有内志，未可说以外事。"乃进专诸于公子光。

光之父曰吴王诸樊。诸樊弟三人：次曰余祭，次曰夷眜，次曰季子札。诸樊知季子札贤而不立太子，以次传之弟，欲卒致国于季子札。诸樊既死，传余祭。余祭死，传夷眜。夷眜死，当传季子札；季子札逃不肯立，吴人乃立夷眜之子僚为王。公子光曰："使以兄弟次邪，季子当立;必以子乎,则光真适嗣,当立。"故尝阴养谋臣以求立。

光既得专诸,善客待之。九年而楚平王死。春,吴王僚欲因楚丧,使其二弟公子盖余、属庸将兵围楚之灊;使延陵季子于晋,以观诸侯之变。楚发兵绝吴将盖余、属庸路,吴兵不得还。于是公子光谓专诸曰:"此时不可失!不求何获?且光真王嗣,当立,季子虽来,不吾废也。"专诸曰:"王僚可杀也。母老子弱,而两弟将兵伐楚,楚绝其后。<u>方今吴外困于楚,而内空无骨鲠之臣,是无如我何?</u>"公子光顿首曰:"光之身,子之身也。"

四月丙子,光伏甲士于窟室中,而具酒请王僚。王僚使兵陈自宫至光之家,门户阶陛左右,皆王僚之亲戚也。夹立侍,皆持长铍。酒既酣,公子光详为足疾,入窟室中,使专诸置匕首鱼炙之腹中而进之。既至王前,专诸擘鱼,因以匕首刺王僚,王僚立死。左右亦杀专诸,王人扰乱。公子光出其伏甲以攻王僚之徒,尽灭之,遂自立为王,是为阖闾,阖闾乃封专诸之子以为上卿。

(节选自《史记·刺客列传》)

1. 解释下列加点的词。

(1)乃进专诸于公子光

(2)光既得专诸,善客待之

(3)公子光详为足疾

(4)既至王前,专诸擘鱼

(5)故尝阴养谋臣以求立

2. 对下列句子中加点词语的解释,不正确的一项是(　　)
   A. 伍子胥之亡楚而如吴也　　　　　如:到,往
   B. 欲卒致国于季子札　　　　　　　致:到达
   C. 而具酒请王僚　　　　　　　　　具:备办
   D. 使专诸置匕首鱼炙之腹中而进之　进:进献

3. 以下句子编为四组,全都说明阖闾事成原因的一组是(　　)
   ① 光真适嗣,当立。
   ② 方今吴外困于楚,而内空无骨鲠之臣。
   ③ 夹立侍,皆持长铍。
   ④ 光伏甲士于窟室中,而具酒请王僚。
   ⑤ 使专诸置匕首鱼炙之腹中而进之。
   A. ①②④　　　　　B. ②④⑤　　　　　C. ②③④　　　　　D. ②③⑤

4. 用现代汉语翻译下列句子。
   (1)此时不可失!不求何获?且光真王嗣,当立,季子虽来,不吾废也。

（2）方今吴外困于楚，而内空无骨鲠之臣，是无如我何？

**5.** 下列对原文有关内容的分析与概括，不正确的一项是（　　　）

　　A. 伍子胥来到吴国，他游说吴王攻打楚国，被公子光说成是为了报私仇，动机不单纯，因此他的建议不被采纳。对此伍子胥并没反驳。

　　B. 专诸认为，公子光是吴国真正的继承人，吴王僚想把王位传给他人是不道德的，所以专诸才决定帮助公子光夺取王位。

　　C. 公子光看到夺位之机已到，一方面解除专诸的后顾之忧，让其刺杀王僚；另一方面设宴邀请王僚，王僚最终上当被杀。

　　D. 公子光依靠专诸夺位成功，他没有忘记自己的承诺，还是封专诸的儿子做了上卿。

## 链接

### （一）司马迁的思想和性格特点

　　司马迁接受了儒家的思想，自觉地继承孔子的事业，把自己的著作看成是第二部《春秋》。但他并不承认儒家的独尊地位，他还同时接受了各家特别是道家的影响。他的思想中有唯物主义因素和批判精神，特别由于自身的遭遇，更增加了他的反抗性。（游国恩《中国文学史》第一卷，人民文学出版社，2002年，第149—150页）

　　司马迁本人，是有着浪漫的诗人气质的。从《报任安书》和《史记》中，处处可以看到他富于同情心、感情强烈而容易冲动的性格特点。《史记》还具有抒发情怀的目的。《史记》在叙述历史人物事迹的同时，处处渗透了作者自身的人生感受，内心的痛苦和郁闷。（章培恒、骆玉明《中国文学史》上卷，复旦大学出版社，1996年，第212—213页）

### （二）《史记》的艺术特色

　　总之，司马迁对于历史及社会现象有高度的理解力和观察力，而且也有非常卓越的艺术表现手腕。他对于自己所掌握的无比丰富的史料，能够彻底深入，融会贯通，并且用活泼而雄肆的语言，通过丰满而真实的形象，把重大事件的发生与发展，重要人物的言行与个性，十分生动地再现在纸上。他对于善与恶有尖锐的分析，赋予了极其分明的爱憎。他强烈的感情体现在动人的词句里，给读者以不可泯灭的感染。（陆侃如、冯沅君《中国文学史简编》，作家出版社，1957年，第70页）

**《史记》的史学价值**

　　1. 新创的体制。《史记》以前的史书，虽取得一定的成就，但缺少完整的统一性。到了《史记》，在古史原有的基础上，参考各种史料文献，沟通自有史以来到汉武帝为止上下数千年人类历史的活动过程,展开了中国古代史的全部面貌,创立了前所未有的通史的新体裁。

2. 进步的观点。从历史观点来说,《史记》不仅在体制上超越了《春秋》,更重要的在历史观上,已突破了儒家正统思想的束缚,自成一家之言,建立了进步的历史观点。首先,值得我们注意的是《史记》在纪传体的体裁中,突出了人物在历史进程中的重要作用。司马迁强调了人物在历史上的巨大意义,突出了多种人物在文化创造上的功绩。其次,司马迁史学的进步意义,表现在他对于历史发展规律的初步认识,他肯定历史是进化的,是今胜于古的。因为他能够在一定程度上否定自然威力和神权对于历史的支配,他一面重视人的力量,同时也意识到经济发展是推动历史前进的巨大作用。

3. 严肃的态度。他注重“考信”的科学精神,又强调“好学深思,心知其意”的独立思考。他对于历史事件的分析和历史人物的褒贬,都能坚持准则,掌握分寸,不流于主观的好恶和无原则的虚夸。(刘大杰《中国文学发展史》上卷,复旦大学出版社,2006年,第109—112页)

### 《史记》的文学价值

文学价值概述:

1. 丰富的思想内容。《史记》的文学价值,首先在于它具有丰富的思想内容和深厚的人民性。《史记》在叙述复杂的历史事件的基础上,无情地揭露了社会的矛盾,统治阶级和农民的矛盾以及统治集团内部的种种矛盾。对于专制帝王和贪官酷吏鱼肉人民、剥削人民的残暴行为,画出他们的丑恶面貌,给以有力的讽刺和抨击。

2. 发扬爱国精神。司马迁是具有爱国思想的史学家和文学家,他这种思想贯穿在他的传记文学里。对于那些保卫国土忠于国事的历史人物,他总以饱满的热情和敬意去描绘他们、歌颂他们。赞扬他们的高贵品质,突出那些英雄人物的精神面貌,给予读者以鼓舞和教育。由于社会制度的变革和历史的发展,当时那种爱国精神,当然与今天的爱国主义有很大的区别,但那精神在过去社会里,对于人民确实起着积极的教育作用。

3. 精粹的语言艺术。《史记》富于充实的社会内容,并通过艺术技巧的优秀语言表现出来,使《史记》在史学和文学上,在思想性和艺术性上得到了统一。《史记》语言的特色,是词汇丰富,整洁精炼,气势雄伟,变化有力,具有高度的概括性和生动的形象性。同时,还具有规范化通俗化的特征。其次,他在语言的运用上,还大量吸取民间口语、谚语和歌谣,使他在写人叙事上,丰富其内容,增强形象的真实。

4. 善于描写人物。《史记》的体裁,是以写人物为中心的纪传体,因此描写人物,成为史记文学的重要特色。《左传》《战国策》,在描写人物上已取得了很好的成就,但到了《史记》,技巧更高,艺术性更强了。《史记》中出现的人物,非常广泛,有各阶级各阶层大小不同的人物,司马迁能采用不同的笔调,不同的语言,以现实主义的表现手法,去刻画他们多种多样的性格和人物面貌,使他们的个性分明,神情毕露,形象生动,姿态如生。《史记》的描写人物,既能表现出在特定历史条件下所产生的那种人物的典型意义,又能从各个角度上描写出同一类型人物的各种不同的个性,这就是司马迁的语言艺术,在描写人物上所表现的才能和成就。(刘大杰《中国文学发展史》上卷,复旦大学出版社,2006年,第112—117页)

叙事艺术:

1. 首先，是沟连天人、贯通古今的结构框架。司马迁在综合前代史书各种体制的基础上，创立了纪传体。《史记》全书由十二本纪、十表、八书、三十世家、七十列传组成，其中十二本纪是纲领，统摄上自黄帝、下至西汉武帝时代三千多年的兴衰沿革。十表、八书作为十二本纪的补充，形成纵横交错的叙事网络，二十世家围绕十二本纪而展开。《史记》由五种体例相互补充而形成的结构框架，沟连天人，贯通古今，在设计上颇具匠心，同时也使它的叙事范围广泛，展示了波澜壮阔的社会生活画图。

2. 其次，是历史和逻辑相统一的叙事脉络。司马迁在编排人物传记时显示出高超的技巧，造成了《史记》一书婉转多变的叙事脉络，在明灭起伏中体现了历史和逻辑的统一。《史记》的人物传记有分传，有合传。分传即人各一传，合传是把几个人的传记合在一起，写成一篇传记。合传都是以类相从，把某些相同类型的人物放在一起，如《游侠列传》《酷吏列传》等。在人物合传中，历史和逻辑的统一有时达到天衣无缝的程度，叙事手法非常高超。

3. 再次，是对因果关系的探索展示。《史记》的叙事没有停留于对表面现象的陈述，而是追根溯源，揭示出隐藏在深层的起决定作用的因素。司马迁非常重视对事件因果关系的探究，具有敏锐的目光和正确的判断力。他批判项羽"天之亡我，非战之罪"的说法，认为项羽失败的原因是"自矜功伐""欲以力征经营天下"。司马迁对于事件发展过程中起决定作用的原始动因，在叙事时反复加以强调，成为贯穿人物传记的主线。司马迁对许多历史事件、人物命运因果关系的判断并不完全正确，但是他对始因的苦苦思索和在行文中的自觉揭示，使得人物传记血脉贯通，各篇都有自己的灵魂，有统摄全篇的主导思想。

4. 最后，是对复杂事件和宏大场面的驾驭。司马迁有很强的驾驭材料的能力，无论是头绪众多的历史事件，还是人物错杂的重大场面，他写起来都条理清晰，游刃有余，如《陈涉世家》把秦末农民起义风起云涌的形势、千头万绪的事件非常清晰地勾勒出来。司马迁对事态的轻重缓急明于心而应于手，成功地运用了顺叙、倒叙、正叙、侧叙等手法，使人应接不暇而又无不了然于心。《史记》的场面描写也很精彩，如写荆轲刺秦王，险象环生，惊心动魄。司马迁采用白描、铺陈、渲染等笔法，传达出了各种宏大场面的实况及自己的独特感受。《史记》固然时而穿插生活琐事，但司马迁更善于写复杂事件、重大场面，这也是《史记》一书的厚重之处。

（袁行霈《中国文学史》第 2 卷，高等教育出版社，2005 年，第 173—176 页）

《史记》的叙事方式，基本上是第三人称的客观叙述。司马迁作为叙述者，几乎完全站在事件之外，只是在最后的"论赞"部分，才作为评论者直接登场，表示自己的看法。这种方式，为自如地展开叙述和设置场景提供了广阔的回旋余地。但是，所谓客观叙述，并不是不包含作者的立场和倾向，只是不显露出来而已。通过历史事件的展开，通过不同人物在其历史活动中的对比，实际也体现了叙述者的感情倾向。这就是前人所说的"寓褒贬于叙事之中"。这种含而不露的褒贬，是经由文学的感染来传达的。

《史记》的故事，又有不少是富于戏剧性的。这一类戏剧性的故事，具有很多优点：一则具有逼真的文学表现效果；二则避免了冗长松缓的叙述，具有紧张性，由此产生文学所需的激活力；三则在尖锐的矛盾冲突中，最容易展示人物的性格。（章培恒、骆玉明《中国文学史》上卷，复旦大学出版社，1996 年，第 212—214 页）

人物刻画：

《史记》中的"纪""传"是以人物为中心的纪传散文,通过展示人物的活动而再现多彩的历史画面。司马迁在按照惯例为帝王将相立传的同时,也把许多下层人物写入书中,其中包括刺客、游侠、商人、方士等,使得《史记》所收的人物非常广泛,并且都刻画得栩栩如生。

1. 人物个性与共性的展现。《史记》中的人物形象各具姿态,都有自己鲜明的个性特征。不但不同类型的人物迥然有别,就是同一类型的人物,形象也罕有雷同,如同是以好士闻名的贵公子,信陵君和其他三公子在人格上有高下之别。可以说《史记》中的人物形象各有各的风貌,各有各的性格。同时,他们身上还表现出许多带有普遍性的东西,即得到社会广泛认可、并对后代产生深远影响的某些共性。《史记》中的人物既有鲜明的个性,又有普遍的共性,是共性与个性完美的结合,这是《史记》在刻画人物方面取得的重要成就,最容易引起读者的共鸣。

2. 复杂人格的多维透视。司马迁在刻画人物时,采用多维透视的方法,他笔下的人物显露出多方面的性格特征,有血有肉、生动丰满。项羽是司马迁着力最多的一位英雄人物,在他身上就可以发现多重人格。他爱人礼士,又妒贤嫉能;他是残暴的,焚烧咸阳,坑杀俘虏;他又是仁爱的,鸿门宴有恻隐之心,不杀刘邦,还时常念念百姓疾苦。这些相互对立的因素有机地集于项羽一身,使得人物形象具有丰富的内涵和深厚的底蕴,而且显得非常真实。司马迁在刻画人物时,一方面能把握他的基本特征,同时对其性格的次要方面也能给予充分的重视,多侧面地展现人物的精神风貌。

3. 旁见侧出的笔法,又称互见法,即在一个人物的传记中着重表现他的主要特征,而其他方面的性格特征则放到别人的传记中显示。《高祖本纪》主要写刘邦带有神异色彩的发迹史以及他的雄才大略、知人善任,对他的许多弱点则没有充分展示。而在其他人的传记中,却使人看到刘邦形象的另外一些侧面。《史记》人物形象具有多方面的性格特征,要把相关传记联系起来加以观照才能全面地把握。(袁行霈《中国文学史》第 2 卷,高等教育出版社,2005年,第 177—180 页)

《史记》所创造的"互见法",也同时具有史学与文学两方面的意义。《史记》在人物形象塑造方面,具有数量众多、类型丰富、个性较鲜明三大特点。对各种历史人物,司马迁亦有偏爱。那就是"好奇",就是喜爱非凡的、具有旺盛生命力与出众才华的人物。《史记》洋溢着浪漫的情调,充满传奇色彩。在描写人物一生的过程中,司马迁特别注重表现人物命运的巨大变化,这些命运变化和恩怨相报的故事,最能够表现人与环境、地位的关系,揭示出人性的复杂性。司马迁非常清楚地知道:迎合社会、迎合世俗的人,往往得到幸福;反之,则容易遭遇不幸。他常常用比较的方法,表现他的这种看法。但司马迁绝不赞美平庸、苟且、委琐的人生。在这种反复出现的悲剧场面中,司马迁表现了崇高的人对命运的强烈的抗争。他告诉人们:即使命运是不可战胜的,人的意志也同样是不可屈服的。

对于《史记》所描写的人物,人们可以强烈地感受到他们面目活现,神情毕露。首先,《史记》注意并善于描写人物的外貌和神情,使得人物形象具有可视性。生活细节的描写,是文学作品塑造人物形象、表现人物性格、展现其内心世界的基本手段。对话往往最能活生生地体现人物的生活经历、文化修养、社会地位,也为《史记》所注重。戏剧性的场景,也是展示人物性格的绝好手段。因为在尖锐的矛盾冲突的焦点上,各种人物都依据自己的利益立场、处世习惯、智慧和能力、与他人的关系,紧张地活动着,既各显本色,又彼此对照,特点能够表现得格外鲜明。

总的说来,司马迁描绘人物形象,主要是在具体的行动中,在尖锐的矛盾冲突中,在人物的命运变化中,在不同人物之间的对比中完成的;由于司马迁对各种人物都有深刻的观察,对人的天性及其在不同环境、地位上的变化有深刻的体验,这些人物形象才能如此活跃而富有生气地浮现在我们面前。(章培恒、骆玉明《中国文学史》上卷,复旦大学出版社,1996 年,第214—219 页)

《史记》开创了我国纪传体的史学,同时也开创了我国的传记文学。在"本纪"、"世家"和"列传"中所写的一系列历史人物,不仅表现了作者对历史的高度概括力和卓越的见识,而且通过那些人物的活动,生动地展开了广阔的社会生活画面,表现了作者对历史和现实的批判精神,表现了作者同情广大的被压迫、被剥削的人民,为那些被污辱、被损害的人鸣不平的战斗热情。

《史记》是一部具有强烈的人民性和战斗性的传记文学名著,这首先表现在对封建统治阶级——特别是汉王朝统治集团和最高统治者丑恶面貌的揭露和讽刺。司马迁不仅大胆地揭露了封建统治集团的罪恶,而且也热情地描写了广大被压迫人民的起义反抗。《史记》的人民性、战斗性,还表现在记载那些为正史官书所不肯收的下层人物,并能从被压迫被剥削人民的观点出发,分别给他们以一定的评价。《史记》中还写了一系列的爱国英雄。总之,作为传记文学的《史记》的思想内容是丰富深刻的:它一方面揭露了统治者及其爪牙的无比丑恶,画出他们真实的脸谱;另一方面表达了人民的思想感情和愿望,歌颂人民及其领袖的起义反抗,以及可歌可泣的爱国英雄和救人困急的侠义之士,表现了我们伟大民族的革命传统和优良品质,这对今天都还有积极意义。

《史记》的思想意义是和作者精心的构思、高度的写作技巧密不可分的。作为一种历史著作,《史记》是忠实于历史事实的记载的,所以刘向、扬雄、班氏父子等都称之为"实录"。但作者却在"实录"的基础上,塑造了鲜明的人物形象,表现了人物思想性格的重要特征,具有极强的艺术感染力量,这是《史记》传记的主要特点,也是作者匠心独运的所在。司马迁通过对历史材料的选择、剪裁和集中,不仅使许多人物传记正确地反映了他们在历史上的活动和作用,而且突出了他们的思想和性格,表达了作者的爱憎。

《史记》中人物形象的丰富饱满、生动鲜明,不仅得力于司马迁对材料的取舍和安排,而且也得力于他运用了多种方法去表现人物的思想性格和特征。作者在写作人物传记时,尽力避免一般梗概地叙述,而是抓住主要事件,具体细致地描写人物的活动,使人物性格突出。

《史记》在语言运用上也有极大的创造。从文学角度看,其最大的特色就是善于用符合人物身份的口语来表现人物的神情态度和性格特点。最后应该指出,《史记》的语言,在现在看来全部都是所谓文言而不是白话,但它是在当时口语的基础上提炼加工的书面语,与当时语言是相当接近的。(游国恩《中国文学史》第一册,人民文学出版社,2002 年,第151—161 页)

风格特点：

《史记》的人物传记既有宏伟的画面，又有深邃的意蕴，形成了雄深雅健的风格。

首先是表现在叙述一系列重大历史事件的过程中，展示个人命运偶然性中所体现的历史必然性。在《苏秦列传》和《张仪列传》中，司马迁对于战国诸侯间微妙复杂的利害关系反复予以演示，以七国争雄为背景展开了广阔的画面。《史记》中的人物形形色色，有的先荣后辱，有的先辱后荣，通过描写叙述他们对时势潮流的顺应与抗拒、对历史机遇的及时把握与失之交臂，以如椽巨笔勾勒出历史和人生的壮阔画面，点出其中蕴含的哲理。

其次是浓郁的悲剧气氛。司马迁的人生遭遇是不幸的，他的命运是悲剧性的，《史记》也成功地塑造了一大批悲剧人物形象，使全书具有浓郁的悲剧气氛。他为众多悲剧人物立传，寄寓自己深切的同情。他笔下的虞卿、范雎、魏豹、彭越等人，或在穷愁中著书立说，或历经磨难而愈加坚强，或身被刑戮而自负其材，欲有所用。所述这些苦难的经历都带有悲剧性，其中暗含了司马迁自己的人生感慨。司马迁在探讨人物悲剧的根源时，流露出对天意的怀疑，以及命运不可捉摸、难以把握之感。司马迁还通过为悲剧人物立传，揭示了异化造成的人性扭曲。

再次是强烈的传奇色彩。《史记》富有传奇色彩，除了类似荒诞不经的传说之外，所写的许多真人真事也带有传奇色彩，如鲁仲连为人排患解难而无所取，终身不复见。《史记》中的许多故事都疏离常规，出乎意料，也富有传奇性。《史记》的传奇性还源于司马迁叙事写人的笔法，《史记》的章法、句法、用词都有许多独特之处，它别出心裁，不蹈故常，摇曳回荡，跌宕有致，以其新异和多变而产生传奇效果。（袁行霈《中国文学史》第 2 卷，高等教育出版社，2005年，第 181—183 页）

语言艺术：

《史记》的语言艺术，代表了先秦两汉所谓"古文"的最高成就。表现在以下两个方面：

1. 从战国和汉初散文语言骈俪化的风气中解脱出来，抛弃了铺张排比，形成充满情致、淳朴简洁、疏宕从容、通俗流畅的散文风格。虽然《史记》用的是当时的书面语，但有的篇章几乎接近于当时的口语，新鲜活泼，很有情感，很有生活气息。

2. 对古代语言的革新。《史记》中引用古代史料，都经过适当处理。对最古老的、同当时语言已经差距很大的《尚书》，是彻底的翻译；对《左传》《国语》，有很多的改动；对同当时语言很接近的《战国策》，则主要是做剪裁的功夫，有时也大段抄录。（章培恒、骆玉明《中国文学史》，复旦大学出版社，1996 年，第 219—220 页）

### 《史记》对后世文学的影响

《史记》的影响是极其深远的，它为后代文学的发展提供了丰富的营养和强大的动力。

1. 《史记》是我国纪传体史学的奠基之作，同时也是我国传记文学的开端。中国古代史传文学在先秦时期就已经初具规模，记言为《尚书》，记事为《春秋》，其后又有编年体的《左传》和国别体的《国语》《战国策》。但是以人物为中心的纪传体史学著作，却是司马迁的首创。《史记》的出现，标志中国古代史传文学的发展已经达到高峰。

2. 司马迁作为伟大的历史学家和文学家，在《史记》一书中大力弘扬人文精神，为后代作家树立起一面光辉的旗帜。《史记》所渗透的人文精神是多方面的,主要有以立德、立功、立言为宗旨以求青史留名的积极人世精神;忍辱含垢、历尽艰辛而百折不挠、自强不息的进取精神;舍生取义、赴汤蹈火的勇于牺牲精神;批判暴政酷刑、呼唤世间真情的人道主义精神;立志高远、义不受辱的人格自尊精神等。《史记》中一系列血肉丰满的人物形象,从不同侧面集中体现了上述精神,许多人物成为后代作家仰慕和思索的对象,给他们以鼓舞和启迪。

3. 后代散文、小说、戏剧与《史记》多有渊源关系。首先,《史记》是传记文学的典范,也是古代散文的楷模,它的写作技巧、文章风格、语言特点,无不令后代散文家翕然宗之。从唐宋古文八大家,到明代前后七子、清代的桐城派,都对《史记》推崇备至,他们的文章也深受司马迁的影响。其次,《史记》的许多传记情节曲折,人物形象栩栩如生,为后代小说创作积累宝贵的经验。小说塑造人物形象的许多基本手法,在《史记》中都已经开始运用。从唐传奇到明清小说,在人物塑造、情节安排、场面描写等方面都可以见到《史记》的痕迹。再次,《史记》的许多故事在古代广为流传,成为后代小说、戏剧的取材对象,许多人物故事相继被写入戏剧,搬上舞台。(袁行霈《中国文学史》第 1 卷,高等教育出版社,2005 年,第 183—184 页)

《史记》在文学上的影响是巨大的,而且也是多方面的。后代的散文家无不继承它的精神,学习它的方法。唐宋古文八大家不用说,就是明代的散文家归有光以及清代的桐城派、阳湖派的散文,都蒙受它的影响。柳宗元一再推崇《史记》的散文艺术,并且在赞叹韩愈的文章时,用司马迁作为最高比拟的标准。

在小说方面,《史记》的影响也是显著的。唐、宋的传奇以至清代的《聊斋志异》,也可以看出《史记》传记文学的精神。至于《东周列国志》《西汉通俗演义》一类的小说,大都取材于《史记》,这是大家都知道的事。

再如《史记》中许多动人的戏剧性的故事,成为元、明戏曲的题材,在《元曲选》和《六十种曲》中,取材于《史记》故事的杂剧与传奇,共有十一种。

就是在今天的舞台上,《霸王别姬》《将相和》《文昭关》《赵氏孤儿》《屈原》《棠棣之华》《信陵公子》一类的剧本,时时在上演,得到广大人民的喜爱。《史记》对于文学界的影响,确实是巨大的,而且也是多方面的。(刘大杰《中国文学发展史》上卷,复旦大学出版社,2006 年,第118 页)

在写作方法、文章风格等方面,自汉以来的许多作家作品都从《史记》中得到有益的启发。郑樵所说的"百代以下,史官不能易其法,学者不能舍其书",无论对史学和文学来说都是合适的。

《史记》对明清以来的通俗小说和戏剧创作也有一定的影响。《史记》的人物传记有人物形象、有故事情节,简练生动,绘色绘声,千百年来在人民中间流传,为广大人民所熟悉,这都为通俗小说和戏剧创作提供良好的借鉴。特别是它的一些艺术方法,如通过人物的行动、对话来表现人物性格,避免冗长静止的叙述,以及注意故事曲折动人,语言简洁生动等;无疑都为后来优秀的小说创作所吸收并加以发展。(游国恩《中国文学史》第一册,人民文学出版社,2002 年,第 161—163 页)

## （三）《史记》中的名言

1. 三晋多权变之士，夫言纵横强秦者大抵皆三晋之人也。

2. 君子疾没世而名不称焉。

3. 貌言华也，至言实也，苦言药也，甘言疾也。

4. 高山仰止，景行行之，虽不能至，心向往之。

5. 盖钟子期死，伯牙终身不复鼓琴。何则？士为知己者死，女为悦己者容。

6. 古者富贵而名磨灭，不可胜记，唯倜傥非常之人称焉。

7. 仓廪实而知礼节，衣食足而知荣辱。

8. 浴不必江海，要之去垢；马不必骐骥，要之善走。

9. 善者因之，其次利导之，其次教诲之，其次整齐之，最下者与之争。

# 六、 班固与《汉书·李陵传》

陈 文

## 知人

班固(32 年—92 年),字孟坚,扶风安陵(今陕西咸阳东北)人,东汉著名史学家、文学家、经学家。班固出身于儒学世家,其父班彪、伯父班嗣,皆为当时著名学者。在父祖的熏陶下,班固九岁即能属文、诵诗赋,十六岁入太学,博览群书,于儒家经典及历史无不精通。建武三十年(公元 54 年),班彪去世,班固从京城迁回老家居住,开始在班彪《史记后传》的基础上,撰写《汉书》,前后历时二十余年,于建初七年基本修成。汉和帝永元元年(公元 89 年),大将军窦宪率军北伐匈奴,班固随军出征,任中护军、行中郎将,参议军机大事,大败北单于后撰下著名的《封燕然山铭》。后窦宪因擅权被杀,班固受株连,死于狱中,时年六十一岁。

班固出身于仕宦家庭,受正统儒家思想影响极深,因此,他缺乏司马迁那样深刻的见识和批判精神,站在统治阶级立场来评价历史事件和人物,特别由于他奉旨修书,所以《汉书》虽多半取材于《史记》,却没有《史记》那样强烈的人民性和战斗精神。但班固作为一个历史家,还是重视客观历史事实的,因此,在一些传记中也暴露了统治阶级的罪行。

## 识时

让我们来认识一下班固及其《汉书》在中国文化史上的地位。班固一生著述颇丰:作为史学家,《汉书》是继《史记》之后中国古代又一部重要史书;作为辞赋家,班固是"汉赋四大家"之一,《两都赋》开创了京都赋的范例,列入《文选》第一篇;同时,班固还是经学理论家,他编辑撰成的《白虎通义》,集当时经学之大成,使谶纬神学理论化、法典化。

《汉书》开创了纪传体断代史的新体例,与《史记》《后汉书》《三国志》并称为"前四史"。全书记述了上起汉高祖元年(公元前 206 年),下至新朝王莽地皇四年(公元 23 年),共 230 年的史事。《汉书》在构书体系上取得了重大突破,它规矩法度清晰、体例整齐合理,更易使人效法,开启了官方修史的端绪,受到了史家的普遍赞誉。

《汉书》也是一部重要的文学作品,它是继《史记》之后出现的又一部史传文学典范之作,通过叙述西汉盛世各类人物的事迹,全面地展现了西汉盛世的繁荣景象和时代精神风貌,在叙事写人方面取得了重大成就。艺术特色上,《汉书》重视规矩绳墨,行文谨严有法,在平铺直叙过程中寓含褒贬、预示吉凶,分寸掌握得非常准确,形成了和《史记》迥然有别的风格。

关于《史记》和《汉书》著述上的不同风格,后世大家有诸多说法。这里举几例典型的评价供诸位阅读:

《后汉书》的作者范晔曾说:"迁文直而事露,固文瞻而事详。"宋代文学家杨万里则进一步作了非常形象的比喻，他说："太白（李白）诗，仙翁剑客之语；少陵（杜甫）诗，雅士骚人之词。比之文，太白则《史记》，少陵则《汉书》也。"杨万里认为，李白的诗作、司马迁的《史记》属于感情奔放类型，杜甫的诗、班固的《汉书》则属于讲求格式的整齐和谨严类型。清代著名的史学评论家章学诚则把自古以来的史书分为两大类，并用《易经》"圆而神"和"方以智"的说法分别概括它们的特点。所谓"圆"，是指不拘常，所谓"神"是指"知来似神"，意思是说撰述这一类史书，目的在于展示未来的趋势，这就要求作者有高明的见识，按照自己的见解有所轻重取舍，在体例上则注意灵活运用，做到融会贯通，互相配合。所谓"方"，是指有规矩，所谓"智"是指作者应有相当的知识水平，意思是说撰述这类史书，要达到内容丰富，包容量大，必须讲究一定的体例，做到有规可循、整齐合理。那么，《史记》和《汉书》各具什么特点呢？章学诚说：《春秋》之后最优秀的史书要算《史记》《汉书》。《史记》较多地具有"圆而神"的特色，《汉书》则较多地具有"方以智"的特色。不过，像司马迁那样灵活洒脱，后人不容易学到；而班固在继承司马迁的体裁上，形成一种有规可循、整齐合理的体例，后代修史者便一概以他为榜样。他特别强调：讲究体例整齐是班固的一大特点，同时，《汉书》也是一部撰述而非记注的书，所以它在讲究体例的同时，仍然是卓有见识，对体例灵活运用，剪裁处理得当。这正是《汉书》自成一家而具有久远生命力的根本原因。

可以说，上述三位大家的评论中肯又意味深长。他们恰当地讲出了《史记》与《汉书》的各自特色，我们从中不仅可以看出中国文学的发展演变的道路，同时还让我们看出中国的文学和史学从"不分家"到"分家"的演变过程。因此当代学者陈其泰（北京师范大学教授）和赵永春（四平师范学院教授）认为：司马迁的《史记》是中国文学和史学从不分家到分家过渡时期的产物，而《汉书》的完成，则成为文学和史学"分为两家"的一个标志。

## 赏文

### 李陵传（节选）

陵字少卿，少为侍中建章监[1]。善骑射，爱人，谦让下士，甚得名誉。武帝以为有广之风，使将八百骑，深入匈奴二千余里，过居延视地形，不见虏，还。拜为骑都尉，将勇敢五千人，教射酒泉、张掖以备胡。数年，汉遣贰师将军伐大宛，使陵将五校兵随后。行至塞，会贰师还。上赐陵书，陵留吏士，与轻骑五百出敦煌，至盐水，迎贰师还，复留屯张掖。

天汉二年，贰师将三万骑出酒泉，击右贤王于天山。召陵，欲使为贰师将辎重。陵召见武台，叩头自请曰："臣所将屯边者，皆荆楚勇士奇材剑客也，力扼虎，射命中，愿得自当一队，到兰干山南以分单于兵，毋令专乡贰师军。"上曰："将恶[2]相属邪！吾发军多，毋骑予女。"陵对："无所事骑[3]，臣愿以少击众，步兵五千人涉[4]单于庭。"上壮而许之，因诏强弩都尉路博德[5]将兵半道迎陵军。博德故伏波将军，亦羞为陵后距，奏言："方秋匈奴马肥，未可与战，臣愿留陵至春，俱将酒泉、张掖骑各五千人并击东西浚稽，可必禽也。"书奏，上怒，疑陵悔不欲出而教博德上书，乃诏博德："吾欲予李陵骑，云'欲以少击众'。今虏入西河，其引兵走西河，遮钩营之道。"诏陵："以九月发，出庶房鄣，至东浚稽山南龙勒水上，徘徊观房，即亡所见，从浞野侯赵破奴故道抵受降城休士，因骑置以闻。所与博德言者云何？具以书对。"陵于是将其步卒五千人出居延，北行三十日，至浚稽山止营，举图所过山川地形，使麾下骑陈步乐还以闻。步乐召见，道陵将率得士死力，上甚说，拜步乐为郎。

　　陵至浚稽山，与单于相直，骑可[6]三万围陵军。军居两山间，以大车为营。陵引[7]士出营外为陈，前行持戟盾，后行持弓弩，令曰："闻鼓声而纵，闻金声而止。"房见汉军少，直前就营。陵搏战攻之，千弩俱发，应弦而倒。房还走上山，汉军追击，杀数千人。单于大惊，召左右地兵八万余骑攻陵。陵且战且引，南行数日，抵山谷中。连战，士卒中矢伤，三创者载辇，两创者将车，一创者持兵战。陵曰："吾士气少衰而鼓不起者，何也？军中岂有女子乎？"始军出时，关东群盗妻子徙边者随军为卒妻妇，大匿车中。陵搜得，皆剑斩之。明日复战，斩首三千余级。引兵东南，循故龙城道行四五日，抵大泽葭苇中，房从上风纵火，陵亦令军中纵火以自救。南行至山下，单于在南山上，使其子将骑击陵。陵军步斗树木间，复杀数千人，因发连弩射单于，单于下走。是日捕得房，言："单于曰：'此汉精兵，击之不能下，日夜引吾南近塞，得毋有伏兵乎？'诸当户君长皆言：'单于自将'复力战山谷间，尚[8]四五十里得平地，不能破，乃还。"

　　是时，陵军益急，匈奴骑多，战一日数十合，复伤杀房二千余人。房不利，欲去，<u>会陵军候管敢为校尉所辱，亡降匈奴，具言"陵军无后救，射矢且尽</u>，独将军麾下及成安侯校各八百人为前行，以黄与白为帜，当使精骑射之即破矣。"成安侯者，颍川人，父韩千秋，故济南相，奋击南越，战死，武帝封子延年为侯，以校尉随陵。单于得敢大喜，使骑并攻汉军，疾呼曰："李陵、韩延年趣降！"遂遮道急攻陵。陵居谷中，房在山上，四面射，矢如雨下。汉军南行，未至鞮汗山，一日五十万矢皆尽，即弃车去。士尚三千余人，徒斩车辐而持之，军吏持尺刀，抵山入峡谷。单于遮其后，乘隅下垒石，士卒多死，不得行。昏后，陵便衣独步出营，止左右："毋随我，丈夫一取单于耳！"良久，陵还，大息曰："兵败，死矣！"军吏或曰："将军威震匈奴，天命不遂，后求道径还归，如浞野侯为房所得，后亡还，天子客遇之，况于将军乎！"陵曰："公止！吾不死，非壮士也。"于是尽斩旌旗，及珍宝埋地中，陵叹曰："复得数十矢，足以脱矣。今无兵复战，天明坐受缚矣！各鸟兽散，犹有得脱归报天子者。"令军士人持二升糒，一半冰，期[9]至遮房鄣者相待。夜半时，击鼓起士，鼓不鸣。陵与韩延年俱上马，壮士从者十余人。房骑数千追之，韩延年战死。陵曰："无面目报陛下！"遂降。军人分散，脱至塞者四百余人。

　　陵败处去塞百余里，边塞以闻。上欲陵死战，召陵母及妇，使相者视之，无死丧色。后闻陵降，上怒甚，责问陈步乐，步乐自杀。群臣皆罪陵，上以问太史令司马迁，迁盛言："陵事亲孝，与士信，常奋不顾身以殉国家之急。其素所畜积也，有国士之风。今举事一不幸，全躯保妻子之臣随而媒孽其短，诚可痛也！且陵提步卒不满五千，深輮戎马之地，抑数万之师，房救死扶伤不暇，悉举引弓之民共攻围之。转斗千里，矢尽道穷，士张空拳，冒白刃，北首[10]争死敌，得人之死力，虽古名将不过也。<u>身虽陷败，然其所摧败亦足暴[11]于天下。彼之不死，宜欲得当以报汉也。</u>"

　　初，上遣贰师大军出，财令陵为助兵，及陵与单于相值，而贰师功少。上以迁诬罔，欲沮贰师，为陵游说，下迁腐刑。久之，上悔陵无救，曰："陵当发出塞，乃诏强弩都尉令迎军。坐预诏之,得令老将生奸诈。"乃遣使劳赐陵余军得脱者。

陵在匈奴岁余,上遣因杅将军公孙敖将兵深入匈奴迎陵。敖军无功还,曰:"捕得生口,言李陵教单于为兵以备汉军,故臣无所得。"上闻,于是族陵家,母弟妻子皆伏诛。陇西士大夫以李氏为愧。其后,汉遣使使匈奴,陵谓使者曰:"吾为汉将步卒五千人横行匈奴,以亡救而败,何负于汉而诛吾家?"使者曰:"汉闻李少卿教匈奴为兵。"陵曰:"乃李绪,非我也。"李绪本汉塞外都尉,居奚侯城,匈奴攻之,绪降,而单于客遇绪,常坐陵上。陵痛其家以李绪而诛,使人刺杀绪。大阏氏欲杀陵,单于匿之北方,大阏氏死,乃还。

单于壮陵,以女妻之,立为右校王,卫律为丁灵王,皆贵用事。卫律者,父本长水胡人。律生长汉,善协律都尉李延年,延年荐言律使匈奴。使还,会延年家收,律惧并诛,亡还降匈奴。匈奴爱之,常在单于左右。陵居外,有大事,乃入议。

昭帝立,大将军霍光、左将军上官桀辅政,素与陵善,遣陵故人陇西任立政等三人俱至匈奴招陵。立政等至,单于置酒赐汉使者,李陵、卫律皆侍坐。立政等见陵,未得私语,即目视陵,而数数自循其刀环,握其足,阴谕之,言可还归汉也。后陵、律持牛酒劳汉使,博饮,两人皆胡服椎结。立政大言曰:"汉已大赦,中国安乐,主上富于春秋,霍子孟、上官少叔用事。"以此言微动之。陵墨不应,孰视而自循其发,答曰:"吾已胡服矣!"有顷,律起更衣,立政曰:"咄,少卿良苦!霍子孟、上官少叔谢女。"陵曰:"霍与上官无恙乎?"立政曰:"请少卿来归故乡,毋忧富贵。"陵字立政曰:"少公,归易耳,恐再辱,奈何!"语未卒,卫律还,颇闻余语,曰:"李少卿贤者,不独居一国。范蠡遍游天下,由余去戎入秦,今何语之亲也!"因罢去。立政随谓陵曰:"亦有意乎?"陵曰:"丈夫不能再辱。"

……

于是李陵置酒贺武曰:"今足下还归,扬名于匈奴,功显于汉室,虽古竹帛所载,丹青所画,何以过子卿!陵虽驽怯,令汉且贳陵罪,全其老母,使得奋大辱之积志,庶几乎曹柯之盟,此陵宿昔之所不忘也。收族陵家,为世大戮,陵尚复何顾乎?已矣!令子卿知吾心耳。异域之人,壹别长绝!"陵起舞,歌曰:"径万里兮度沙幕,为君将兮奋匈奴。路穷绝兮矢刃摧,士众灭兮名已聩。老母已死,虽欲报恩将安归!"陵泣下数行,因与武决。

陵在匈奴二十余年,元平元年病死。

（节选自《汉书·李陵苏武传》,庄适选注,崇文书局,2014年8月）

### 附录:《史记·李将军列传》中关于李陵的文字

李陵既壮,选为建章监,监诸骑。善射,爱士卒。天子以为李氏世将,而使将八百骑。尝深入匈奴二千余里,过居延视地形,无所见虏而还。拜为骑都尉,将丹阳楚人五千人,教射酒泉、张掖以屯卫胡。

数岁,天汉二年秋,贰师将军李广利将三万骑击匈奴右贤王于祁连天山,而使陵将其射士步兵五千人出居延北可千余里,欲以分匈奴兵,毋令专走贰师也。陵既至期还,而单于以兵八万围击陵军。陵军五千人,兵矢既尽,士死者过半,而所杀伤匈奴亦万余人。且引且战,连斗八日,还,未到居延百余里,匈奴遮狭绝道,陵食乏而救兵不到,虏急击招降陵。陵曰:"无面目报陛下。"遂降匈奴。其兵尽没,余亡散得归汉者四百余人。

单于既得陵,素闻其家声,及战又壮,乃以其女妻陵而贵之。汉闻,族陵母妻子。自是之后,李氏名败,而陇西之士居门下者皆用为耻焉。

[注释] (1)侍中:官名。侍从皇帝,出入应对。这里是建章监的加官。建章监:建章官守卫营的长官。(2)恶(wù):不愿,羞耻之意。(3)无所事骑:不必要骑兵。(4)涉:到达之意。(5)路博德:汉将,曾为伏波将军。(6)可:大约。(7)引:退。(8)尚:庶几;差不多。(9)期:希望。(10)北首:北向。(11)暴:显露。

## 思考

### 1. 节选部分是如何塑造李陵这个人物形象的?

| 点拨 |  在事件与场面中描写人物。这一点可以和《史记》中任何一篇优秀传记相媲美。让我们和《史记》中叙写李陵的文字对比一下。司马迁在《李将军列传》中虽然附有李陵的事迹,但由于当时事情不尽知,也不便写,仅仅写了数行,不足300字。班固在《汉书》之中,则不为任何人避讳,以"直笔"和"实录"的精神,为李陵写下了长达2000多言的传记。请看:天元二年(公元前99年),27岁的李陵主动请求:"愿以少胜多",率"步兵五千人涉单于庭"。李陵率军出居延,"北行三十日,至浚稽山",单于亲率三万大军围攻李陵的军队,李陵率五千军队,弓弩齐发,杀伤匈奴数千人,匈奴单于大惊,急忙增兵至八万人来攻,李陵率军"且战且引",把匈奴引入有利于作战的山谷中,"斩首三千余级",复杀数千人,又"发连弩射单于",匈奴单于吓得慌忙遁走。据当时俘获的匈奴俘虏说,"单于曰:'此汉精兵,击之不能下,日夜引吾南近塞,得毋有伏兵乎?'"一些匈奴将领也说,"单于自将数万骑击汉数千人不能灭,后无以复使边臣,令汉益轻匈奴。"于是,匈奴再次加强军事进攻,李陵率军力战,"复伤杀虏二千余人。虏不利,欲去"。就在这时,李陵军队中的管敢投降了匈奴,把李陵军队孤军深入、没有援兵、武器辎重且尽等情况告诉了匈奴。匈奴单于大喜,重整军队来攻,李陵虽然率军力战,但终因矢尽粮绝而失败。李陵感到"无面目报陛下",在无可奈何的形势下,投降了匈奴。在班固细致生动的叙述描绘中,我们看到了一位报国心切、不谙世故、骁勇善战、集光荣和悲壮于一身的纯粹军人形象!可以说,李陵和他的祖父李广、父亲李当户、叔父李敢一样都是无与伦比的将军!

### 2. 班固引述司马迁当年为李陵辩护的一段言词有何作用?
### 班固对传主李陵怀有怎样的感情?

| 点拨 |  班固借司马迁之语,指出李陵投降匈奴是迫于无奈,并非是真心投降匈奴,以后还会"报汉"。只是由于汉朝将领公孙敖误将投降匈奴的李绪"教单于练兵以备汉"之事安在李陵头上时,汉武帝下令杀了李陵全家,于是弄得李陵左右为难,真投降吧,非其本意;寻机归汉吧,又"恐再辱",李陵陷入了十分矛盾的状态之中。班固以其严整凝练的语言,揭示出了李陵的矛盾心理,既不赞成李陵投降匈奴,又对李陵在无可奈何的情况下投降匈奴表示同情。

## 3. 选文在情感表达上有何特点?

| **点拨** | 融情于事,寓论于史。

在叙事写人的同时,在塑造主要人物形象的同时,班固对传主李陵的善战和投降表达了非常矛盾的心情,同时,把汉武帝的内心世界也恰到好处地表现了出来,既表现出班固高超的刻画人物的功力,也体现了皮里阳秋的史学特色。

| **探索** | 当李陵"愿得自当一队,到兰干山南以分单于兵,毋令专乡贰师军"时,上曰:"将恶相属邪! 吾发军多,毋骑予女。"陵对:"无所事骑,臣愿以少击众,步兵五千人涉单于庭。"上壮而许之。汉武帝面对李陵的自告奋勇,在惊讶的同时也有一些赞赏,心想那就不妨试试看,权当试验一下了。毕竟这五千人和大汉军队相比不算什么。武帝让强弩都尉路博德作为李陵的接应,但路博德上了一封别具深意的奏疏:"方秋匈奴马肥,未可与战,臣愿留陵至春,俱将酒泉、张掖骑各五千人并击东西浚稽,可必禽也。"猜疑的武帝"疑陵悔不欲出而教博德上书",大怒之下命令李陵出军的同时撤回了接应的部队。天汉二年秋,李陵率领步卒五千,兵出居延,带着光荣与悲壮踏上了一条不归路。

旬月,陵军到达浚稽山,并与单于的三万骑兵相遇。这应该在汉武帝的意料之中的。最让人不能平的是:李陵战败之地距离当时的汉朝边境不足百里,大约是步兵一天、骑兵三个时辰的距离。他带领五千人与十六倍之敌前后转战了二十余天,杀掉匈奴士兵近一万五千人,行进一千多里,直到败没,路博德未曾派出一兵一卒。边境守军全是聋子瞎子吗? 当然不是!后世有人推测:未有援兵是皇帝不愿救他! 或许汉武帝懒得或者认为不值得为其劳师接救,心想还是让李陵尽快战死的好,从而了结这桩麻烦事,于是乃"召陵母及妇,使相者视之,无死丧色"。不久,传来李陵未死已降之消息,"上怒甚,责问陈步乐,步乐自杀"。一直在观望等待,等待李陵杀身成仁,一旦李陵未如所愿便怒责众人、族灭李陵全家,一旦有人为李陵说几句公道话便以腐刑相待。这就是汉武帝! 班固在续写错综复杂矛盾丛生的事件时,有条有理,既展示了李陵的极其矛盾的心理,也对汉武帝的阴暗心理和残暴行为给予了揭露。

---

**集评**

辛弃疾:"将军百战身名裂,向河梁、回头万里,故人长绝。"(《贺新郎·别茂嘉十二弟》)

李陵:"男儿生以不成名,死则葬蛮夷中……"(《答苏武书》)

钟嵘:"孟坚才流,而老于掌故。"(《诗品》)

刘勰:"班固、傅毅,文在伯仲。"(《文心雕龙》)

司马迁:"李将军悛悛如鄙人,口不能出辞。及死之日,天下知与不知,皆为尽哀,彼其忠实心诚信于士大夫也! 谚曰'桃李不言,下自成蹊'。此言虽小,可以喻大也。然三代之将,道家所忌,自广至陵,遂亡其宗,哀哉!"(《李将军列传》)

---

**浅析**

读此文,绕不开李陵之降。

李陵是位投降的名将。李陵之争自古皆有。

有人说,如果试图了解中国文化传统中的忠奸原则,无论如何都不能错过李陵这个特殊的典型案例。他是名将之后,他是热血男儿,他是骁勇善战的英雄,但毕竟,他是中国历史上第一个获得"汉奸"这一称号的人。

如果他选择了战死或自尽,那么一了百了,必已是垂范千古的民族英雄——其实也正是汉武帝为他设定的归宿;如果李陵就此心甘情愿地降作他国臣民,就像明末的洪承畴那样破罐子破摔,那倒也简单。然而李陵都没有,他选择了另一条路,一条极为尴尬的路,似乎是为了让自己从"心有不甘"中解脱出来的路。但,这条路对他而言前不得后不得,至为难行……每迈一步,都不能不受民族大义、伦理良心的煎熬——特别还有一个刚烈的苏武在不断地刺激他。

班固在《苏武传》中补充交代了李陵的后半生,苏武即将返汉时,"李陵置酒贺武曰:'今足下还归,扬名于匈奴,功显于汉室,虽古竹帛所载,丹青所画,何以过子卿!陵虽驽怯,令汉且贳陵罪,全其老母,使得奋大辱之积志,庶几乎曹柯之盟,此陵宿昔之所不忘也。收族陵家,为世大戮,陵尚复何顾乎?已矣!令子卿知吾心耳。异域之人,壹别长绝!'陵起舞,歌曰:'径万里兮度沙幕,为君将兮奋匈奴。路穷绝兮矢刃摧,士众灭兮名已聩。老母已死,虽欲报恩将安归!'陵泣下数行,因与武决。"

寥寥数语,就写出了李陵十分赞赏苏武宁死不屈的精神,又通过李陵自己的表白,说明李陵最初曾想劫持单于,犹如春秋时曹刿劫齐桓公柯盟之时,只是由于家族受戮,被迫投降匈奴,弄得有国不能归,有家不能回。明明是心中思汉,但又不能归汉,思亲不得思归不得,让读者心中不知是什么滋味:我们既不能赞成李陵投降匈奴之举,又对李陵表示某种同情,同时又对汉武帝轻率残酷地杀死李陵全家的失误表示惋惜。

李陵的情感很复杂,班固对李陵的感情很复杂,后人对李陵的感情也很复杂。复杂的原因其实就是职责与人性的矛盾。从职责的角度看,身为大汉名将,李陵兵败后理应赴死,这是捍卫大汉朝的尊严也是捍卫自己尊严的最好方式!从人性的角度看,寡不敌众,兵败被俘,李陵可能当时心存一念,欲效仿赵破奴的假降,期望有一天率部归汉,当然也可能有对母亲妻儿的不舍,这些都是人对生命、对生活的眷恋,是人之常情。更何况汉军近在咫尺却未曾伸出援手,怎不叫李陵寒心?但是理性和感性共同构成了这个世界,让我们深陷其中!

感谢班固没有脸谱化地处理李陵这个形象,留给后人思考的空间。在那个铁血大义的年代,从李陵身上是否隐约可以看到一点难得一见的生命之光呢?

读过《李陵传》,脑海中常出现这样一幅画面:大漠的流沙、草原的长风、李陵的身影被血色的夕阳浸泡,峡谷的长风尖啸着,残肢断臂中,他的长剑砸落在地上,嘶哑的喉咙沉声命令部将斩断军旗,像掩埋故人尸身一样葬下了心中的夙念。然后,他放下了军人看作生命的尊严,定定地屹立在风中,身后是万里绝域……

最不堪的是,心有不甘的李陵后来在万里绝域生活了 25 年。是苟且其百死之身,还是平淡麻木地做了他的右校王呢?

## 习法

**习法 1**

**1.** 解释下列句子中加点的词。

　　(1) 步兵五千人涉单于庭

　　(2) 上壮而许之

　　(3) 陵引士出营外为陈

　　(4) 孰视而自循其发

**2.** 用现代汉语翻译下列句子。

　　(1) 会陵军侯管敢为校尉所辱,亡降匈奴,具言陵军无后救,射矢且尽。

　　(2) 身虽陷败,然其所摧亦足暴于天下。彼之不死,宜欲得当以报汉也。

**3.** 下列句子中,句式和其他三句不同的一项是(　　)

　　A. 欲使为贰师将辎重　　　　　　　B. 方秋匈奴马肥,未可与战

　　C. 陵军步斗树木间　　　　　　　　D. 丈夫不能再辱

**4.** 以下各组句子中,全都表明李陵军队骁勇善战的一组是(　　)

　　① 力扼虎,射命中　　　　　　　　② 千弩俱发,应弦而倒

　　③ 明日复战,斩首三千余级　　　　④ 陵军战一日数十合

　　⑤ 四面射,矢如雨下　　　　　　　⑥ 复得数十矢,足以脱矣

　　A. ①②⑤　　　　　　B. ②③④　　　　　　C. ①④⑤　　　　　　D. ②③⑥

**5.** 下列对原文有关内容的概括和分析,不正确的一项是(　　)

　　A. 李陵希望自己能独当一面,为国效力。他向汉武帝提出率领五千步兵出征,分散单于的兵力,汉武帝答应了他的请求。

　　B. 李陵非常勇敢。面对三万强敌,毫不胆怯,杀死很多敌人。单于又召集八万骑兵,李陵愈战愈勇,匈奴难以取胜,准备撤兵。

　　C. 李陵军队死伤惨重,没有武器和匈奴继续作战,李陵在夜里率众突围,韩延年战死,因四百多人逃回塞内,李陵被迫投降。

　　D. 李陵得到了司马迁的高度评价,认为可以和古代名将相比;而汉武帝则认为司马迁所言不实,将司马迁施腐刑下狱。

## 习法 2

**阅读下面的文字,完成习题。**

卜式,以田畜为事。有少弟,弟壮,式出,独取畜羊百余,田宅财物尽与弟。入山牧,十余年,羊致千余头,买田宅。而弟尽破其产,辄复分与弟者数矣。

时汉方事匈奴,式上书,愿输家财半助边。上使使问式:"欲为官乎?"曰:"自小牧羊,不习仕宦,不愿也。"曰:"家岂有冤,欲言事乎?"曰:"臣生与人亡所争,邑人贫者贷之,不善者教之,所居,人皆从式,式何故见冤!皇上诛匈奴,愚以为贤者宜死节,有财者宜输之,如此而匈奴可灭也。"使者以闻。上以语丞相弘。弘曰:"此非人情,不轨之臣不可以为化而乱法,愿陛下勿许。"于是上久不报式,数岁,乃罢式。式归,复田牧。岁余,会浑邪<sup>(1)</sup>等降,县官费众,仓府空,贫民大徙,皆仰给县官,无以尽赡。复持钱二十万与河南太守,以给徙民。河南上富人助贫民者,上识式姓名,曰:"是固前欲输其家半财助边。"是时,富家皆争匿财,唯式尤欲助费,上于是以式终长者,乃召拜为中郎,赐爵左庶长,田十顷,布告天下,尊显以风百姓。

初,式不愿为郎,上曰:"吾有羊在上林中,欲令子牧之。"岁余,羊肥息。上过其羊所,善之。式曰:"非独羊也,治民亦犹是也。以时起居,恶者辄去,毋令败群。"上奇其言,欲试使治民,拜式缑氏<sup>(2)</sup>令,缑氏安之。迁成皋令,将漕<sup>(3)</sup>最。上以式朴忠,拜为齐王太傅,转为相。会吕嘉反,式上书,愿父子及齐习弩习船者往死之,以尽臣节。上贤之,下诏曰:"今天下不幸有事,郡县诸侯未有奋由直道者也。齐相雅行躬耕,不为利惑。昔者北边有兴,上书助官;今又首奋,虽未战,可谓义形于内矣。"乃拜为御史大夫。

赞曰:卜式以鸿渐之翼困于燕雀,远迹羊豕之间,非遇其时,焉能致此位乎?

(节选自班固《汉书·卜式传》,有改动)

[注释] (1)浑邪:人名。(2)缑氏:县名。(3)将漕:领送漕粮。

**1.** 对下列句子中加点的词语的解释,不正确的一项是(　　)

　　A. 愿输家财半助边。　　　　　　　　　输:捐献

　　B. 人皆从式,式何故见冤。　　　　　　见:我

　　C. 于是上久不报式。　　　　　　　　　报:答复

　　D. 上过其羊所,善之。　　　　　　　　善:认为……好

**2.** 下列各组句子中,加点的词的意义和用法相同的一组是(　　)

　　A. 不轨之臣不可以为化而乱法。　　　　请以赵十五城为秦王寿。

　　B. 尊显以风百姓。　　　　　　　　　　且立石于其墓之门,以旌其所为。

　　C. 上贤之,下诏曰……　　　　　　　　填然鼓之,兵刃既接。

　　D. 虽未战,可谓义形于内矣。　　　　　内惑于郑袖,外欺于张仪。

**3.** 下列对原文有关内容的分析和概括,正确的一项是(　　)

　　A. 卜式牧羊致富,但为了抗击匈奴,他愿意把一半家产交给官府作为边境作战的费用。皇上觉得这个人情太重了,并担心卜式会因此而提出一些无理的要求,所以没有接受卜式的家产。

B. 当富豪人家纷纷隐匿家产时,卜式却热衷于拿出家产去资助官府。皇上重赏了卜式,完全是出于鼓励富商大贾能够顾念国家、支持自己的政策的目的。

C. 皇上对卜式的用管理羊群的方法来管理老百姓的理论颇感兴趣,想试一试他的本领,便封他为缑县令,果然缑氏百姓反映很好;出任成皋县令,办理漕运的政迹又被评为最好。这样皇上更重用他了。

D. 南越吕嘉谋反时,卜式上书朝廷,请缨出战,愿意父子一起率兵奔赴前线,决一死战,以力效国。皇上认为虽然他们最终没有真正上战场,但有这种保卫国家的心意就已经很难得了。

**4.** 联系全文看,下列关于卜式的评价不正确的一项是(　　　　)

A. 卜式与他的弟弟分家时,自己只要了一百来只羊,把其他田地、房屋等都留给了弟弟。弟弟家业尽破,他又多次相助,这说明卜式是一个友爱兄弟的人。

B. 从卜式愿意拿出一半的家产抗击匈奴、出资二十万作为迁徙百姓的花费、主动请求奔赴南越决一死战等事件中可以看出卜式是一个不吝啬钱财、不图回报、忠心为国的人。

C. 卜式愿意资助朝廷抗击匈奴,却什么事情也没有求;被封为中郎却不愿意做,宁可替皇上放羊。在皇上看来,卜式是一个内心有高尚品德但不善于表达自己的人。

D. "非遇其时,焉能致此位乎?"说明在作者看来,卜式牧羊出身,以财输边,从郎官、县令升至御史大夫,主要原因是遇上了好机会。

## 习法 3

**阅读下面的文字,完成习题。**

初,霍氏(指西汉权臣霍光子孙)奢侈,茂陵徐生曰:"霍氏必亡。夫奢则不逊,不逊必侮上;侮上者,逆道也。在人之右,众必害之。霍氏秉权日久,害之者多矣。天下害之,而又行以逆道,不亡何待!"乃上疏,言:"霍氏泰盛,陛下即爱厚之,宜以时抑制,无使至亡。"书三上,辄报闻。

其后,霍氏诛灭,而告霍氏者皆封。人为徐生上书曰:"臣闻客有过主人者,见其灶直突(注:突,烟囱),傍有积薪。客谓主人:'更为曲突,远徙其薪;不者,且有火患。'主人嘿然不应。俄而家果失火,邻里共救之,幸而得息。于是杀牛置酒,谢其邻人。灼烂者在于上行,余各以功次座,而不录言曲突者。人谓主人曰:'乡使听客之言,不费牛酒,终亡火患。今论功而请宾,曲突徙薪无恩泽,焦头烂额为上客耶?'主人乃寤而请之。今茂陵徐福数上书言霍氏且有变,宜防绝之。乡使福说得行,则国亡裂土出爵之费,臣亡逆乱诛灭之败。往事既已,而福独不蒙其功。唯陛下察之,贵徙薪曲突之策,使居焦发灼烂之右。"上乃赐福帛十四,后以为郎。

宣帝始立,谒见高庙,大将军光从骖乘,上内严惮之,若有芒刺在背。后车骑将军张安世代光骖乘,天子从容肆体,甚安近焉。及光身死而宗族竟诛。故俗传之曰:"威震主者不畜。霍氏之祸,萌于骖乘。"

(节选自《汉书·霍光传》)

1. 下列句中加点词语解释有误的一项是(　　)

　　A. 霍氏秉权日久　　执掌　　　　　　B. 天下害之　　陷害

　　C. 客有过主人者　　拜访　　　　　　D. 威震主者不畜　　容

2. 下列各组句子中,加点词的意义和用法相同的一项是(　　)

　　A. ① 夫奢则不逊　　　　　　　　② 每闻琴瑟之声,则应节而舞

　　B. ① 而又行以逆道　　　　　　　② 愿君即以遂备员而行矣

　　C. ① 于更为曲突,远徙其薪　　　② 遂为猾胥报充里正役

　　D. ① 数上书言霍氏且有变　　　　② 凡四方之士未有不过而拜且泣者

3. 下列各句中"之"字称代内容与其他三句不同的一项是(　　)

　　A. 在人之右,众必害之　　　　　　　B. 霍氏秉权日久,害者多矣

　　C. 陛下即爱厚之,宜以时抑制,无使至亡　　D. 唯陛下察之

4. 下列全为"霍氏诛灭"的原因的一项是(　　)

　　① 霍氏奢侈　　　　　　　　　　② 在人之右,众必害之

　　③ 霍氏秉权日久　　　　　　　　④ 徐生数上书言霍氏且有变

　　⑤ 大将军霍光从骖乘　　　　　　⑥ 福独不蒙其功

　　A. ①④⑤　　　　B. ②④⑥　　　　C. ①③⑤　　　　D. ③⑤⑥

5. 下列叙述中不符合原文意思的一项是(　　)

　　A. 徐生认为,人君倘若爱护臣子,就应该不让臣子生活奢侈,并且不让他们长时期秉权。

　　B. 霍氏诛灭后,徐福上书朝廷,说明自己察微知著,建议皇上抑制霍氏,论功更应受赏。

　　C. 文中"焦头烂额为上客"一语喻指揭发霍氏谋叛的人受到封赏。

　　D. "贵徙薪曲突之策"的寓意是应该重视那些带预见性的意见,防患于未然。

6. 用现代汉语翻译下列句子。

　　(1) 霍氏泰盛,陛下即爱厚之,宜以时抑制,无使至亡。

　　(2) 灼烂者在于上行,余各以功次座,而不录言曲突者。

　　(3) 今茂陵徐福数上书言霍氏且有变,宜防绝之。

## （一）《汉书》的艺术特色

《汉书》不如《史记》的富于反抗性与对失败者的同情，《汉书》的文章也不如《史记》的生动。不过这是第一部断代史，写作的过程长久而细致，结构严密而词句简净，有时能成功地创造历史人物的形象，所以也成为后代历史散文的模范。（陆侃如、冯沅君《中国文学史简编》，作家出版社，1957 年，第 71 页）

## （二）《汉书》在叙事写人方面取得的成就

1.《汉书》的精华在于对西汉盛世各类人物的生动记叙。《汉书》所写的西汉盛世人物不同于《史记》，他们是在四海已定、天下一统的环境中成长起来的，其中固然不乏武将和谋士，但更多的是经师儒生，虽缺少传奇色彩，却富有戏剧性，《汉书》展示了西汉士人宦海浮沉的情景。

2.《汉书》记叙了许多世袭官僚家族的历史，通过描述这些家族的兴衰史，对西汉社会的变迁作了多方面的展示。如《张汤传》《韦贤传》等。《史记》对酷吏的揭露极为深刻，张汤、杜周是酷吏的典型代表，在他们身上充分体现了西汉社会刑法的严酷、吏士的残暴。《汉书》的《张汤传》《杜周传》在揭露张汤、杜周少恩寡义的同时，对他们子孙的美德懿行多有称扬，从而在一定程度上缓解了人们对张汤、杜周这两位酷吏的反感，使他们的形象更接近于生活实际。

3.《汉书》中悲剧人物的数量不如《史记》那样众多，但李陵和苏武的传记，却和《史记》的许多名篇一样，写得酣畅淋漓，悲剧气氛很重。

4.《汉书》重视规矩绳墨，行文谨严有法。凡属传闻类的生活小故事几乎全部置于篇末，很少有例外者。

总之，《汉书》有精细的笔法，有自己固定的叙事规则，以谨严取胜。（袁行霈《中国文学史》第 1 卷，高等教育出版社，2005 年，第 214—218 页）

## （三）《汉书》的语言风格

《汉书》的语言风格与《史记》恰好形成鲜明的对照。它详赡严密，工整凝炼，倾向排偶，又喜用古字，重视藻饰，崇尚典雅。范晔说："迁文直而事露，固文赡而事详。"指出了《史》《汉》的不同风格。这也代表了汉代散文由散趋骈、由俗趋雅的大趋势，值得注意。喜欢骈俪典雅的文章风格的人，对《汉书》的评价甚至在《史记》之上。（章培恒、骆玉明《中国文学史》上卷，复旦大学出版社，1996 年，第 255 页）

## （四）《史记》《汉书》的异同

关于《史》《汉》的异同，前人评论很多，评论者觉得重要的有三点：

1.官私:《史记》是私书,是"成一家之言"的独创性的著作。书中充满着关心人民疾苦、批判帝王贵族罪恶的进步观点,具有丰富的思想内容与深刻的人民性。《汉书》是受诏而作的官书,作者是站在儒家正统思想的立场,为封建王朝服务,缺少批判现实的精神,轻视人民在历史上的地位,而成为"追述功德、傅会权宠"的官史。在《汉书》的帝纪中,这种倾向非常显著。再如《史记》中入于"本纪""世家"的项羽、陈涉,《汉书》皆贬入"列传",失去了原有的光彩。在酷吏中,抽去了张汤、杜周那样重要的角色。那些反抗暴政、同情人民的一些人物,在《史记》里写得有声有色,到了《汉书》,是判了死罪的。"惜乎不入于道德,苟放纵于末流,杀身亡宗,非不幸也""况于郭解之伦,以匹夫之细,窃杀生之权,其罪已不容于诛矣"(《游侠传》)。在这些地方,表现出《史记》和《汉书》在历史观点上有很大的区别。

2. 语言:《史记》的语言,用的是单笔,具有通俗化口语化的优良精神,富于简洁明朗、浅易近人的特色。《汉书》的语言,喜用古字,并尚藻饰,倾于排偶,入于艰深。

3. 体制:《史记》是上下数千年的通史,正如作者自己所说,是要"通古今之变"的。所以规模宏伟,气魄壮大,具有会通古今反映社会全貌的精神。因为年代长久,史事繁杂,就难免有疏略和抵牾的地方。《汉书》是断代史,时代不到三百年,再加以《史记》在先,又有了班彪的《后传》作基础。其规模虽小于《史记》,但记述史事,是较为精详的。这两种体制对于后代史学界,都有很大影响。(游国恩《中国古代文学史》,人民文学出版社,1964年;陈其泰、赵永春《班固评传》,南京大学出版社,2011年;章培恒、骆玉明《中国文学史》上卷,复旦大学出版社,1996年)

# 文起八代

　　唐宋时期，散文从经史中分离出来，有其独立审美价值。韩愈、柳宗元引领唐代"古文运动"，反对六朝以来一味讲求声律、辞藻、排偶的骈文，提倡继承先秦、两汉的散文传统，恢复儒学道统，为古文发展带来了新面貌。韩愈散文真率大胆，慷慨激昂；柳宗元散文思想深邃，文学性强。北宋早期，以王禹偁、范仲淹、欧阳修为代表的文人掀起北宋诗文革新运动，主要反对以西昆体为代表的浮靡文风，主张革除社会弊病，提倡文学反映现实，遏制了晚唐以来文坛的不良风气，将散文及文论的发展推进一步。欧阳修散文婉转曲折，极富情韵；曾巩散文古雅平正，自然淳朴；王安石散文论点鲜明，逻辑严密；苏洵散文议论明畅，切中时弊；苏轼散文纵横恣肆，挥洒自如；苏辙散文长于政论，自成特色。此外，韩愈的"不平则鸣"，欧阳修的"穷而后工"，王安石的"有补于世"等创作理论，亦对后世产生了巨大影响。

（韩立春）

# 七、 韩愈与《张中丞传后叙》

周晓兵

## 知人

韩愈(768年—824年),字退之,河南河阳(今河南省孟州市)人,自称"郡望昌黎",世称"韩昌黎""昌黎先生"。唐代杰出的文学家、思想家、哲学家、政治家。

贞元八年(792年),韩愈登进士第,两任节度推官,累官监察御史。贞元十九年(803年),因论事而被贬阳山,后历都官员外郎、史馆修撰、中书舍人等职。元和十二年(817年),出任宰相裴度的行军司马,参与讨平"淮西之乱"。元和十四年(819年),又因谏迎佛骨一事被贬至潮州。晚年官至吏部侍郎,人称"韩吏部"。长庆四年(824年),韩愈病逝,年五十七,追赠礼部尚书,谥号"文",故称"韩文公"。元丰元年(1078年),追封昌黎伯,并从祀孔庙。

韩愈是唐代古文运动的倡导者,被后人尊为"唐宋八大家"之首,与柳宗元并称"韩柳",有"文章巨公"和"百代文宗"之名。他提出的"文道合一""气盛言宜""务去陈言""文从字顺"等散文的写作理论,对后人很有指导意义。

韩愈还是一个语言巨匠。他善于使用前人词语,又注重当代口语的提炼,得以创造出许多新的语句,其中有不少已成为成语流传至今,如"落井下石""动辄得咎""杂乱无章"等。

在思想上,韩愈是中国"道统"观念的确立者,是尊儒反佛的里程碑式人物。

韩愈在政治上较有作为,主张天下统一,反对藩镇割据。

其诗力求险怪新奇,雄浑而重气势。

著有《韩昌黎集》四十卷,《外集》十卷等。

## 识时

### 前期

韩愈出生于一个传统儒家家庭。其父韩仲卿是当时典型的文人官僚,与著名诗人李白、杜甫曾有过交往,有一定的名望,善于文辞,但屈居于较低的官职。这一点韩愈与其父颇为相似。唐代可谓是中国封建制度大变革的时代,自隋朝开创的科举制度在唐代得到了发展与完善,大批庶族通过科举晋身仕途,与名门望族势力相对抗。韩愈作为这一阶层的一分子,也就决定了他一生的基本立场。

### 中期

社会危机日益严重,藩镇割据、权臣倾轧之状况有增无减。安史之乱后,生产力遭破坏,物质缺乏,物价飞涨,朝廷昏庸,宦官专权,社会政治腐败,改革变新难以进行。另一方面,佛教、道教势力日益蔓延,信佛佞僧风气尤为浓厚。韩愈一生经历了安史之乱后中唐五朝皇帝,这一时期的背景和韩愈自己的人生经历,促使他感觉到要结合现实社会,真正求圣人之志为己任,"冀行道以拯生灵",关心世道人心、民生疾苦。用"先王之道"来拯救当时混乱的政治和颓废的民风,韩愈认为必须要重新振兴儒学,强化儒学的正统地位,拒斥魏晋以来流传甚广的佛道思潮。必须给儒道仁义"定名",赋予儒家圣教内容。韩愈首创"道统"学说,倡导古文运动。

## 后期

佛教自传入中国后,历经魏晋南北朝,到唐代而发展到了高峰。与此同时,引发出一系列的社会问题。在韩愈之前,许多有识之士对佛教的危害都有所揭露。当时崇道信佛的唐宪宗亲自去护国寺恭迎佛骨进宫供奉三天,然后再送往京城各个庙里供人瞻仰。韩愈上表力谏,指出供奉佛骨实在是一件荒唐事,梁朝就是因为信佛而亡国的。这触怒了宪宗,要用极刑处死韩愈,幸亏裴度等人为其说情才免去一死,后被贬到潮州去做刺史。可韩愈还是再度上表,而且措辞比前一次更严厉,宪宗大怒,下旨把韩愈一家逐出京城。

### 赏文

#### 张中丞传后叙

元和二年四月十三日夜[1],愈与吴郡张籍阅家中旧书[2],得李翰所为《张巡传》[3]。翰以文章自名,为此传颇详密。然尚恨有阙者:不为许远立传[4],又不载雷万春事首尾[5]。

远虽材若不及巡者,开门纳巡[6],位本在巡上。授之柄而处其下[7],无所疑忌,竟与巡俱守死,成功名,城陷而虏,与巡死先后异耳[8]。两家子弟材智下[9],不能通知二父志,以为巡死而远就虏,疑畏死而辞服于贼。远诚畏死,何苦守尺寸之地,食其所爱之肉[10],以与贼抗而不降乎?当其围守时,外无蚍蜉[11]蚁子之援,所欲忠者,国与主耳,而贼语以国亡主灭[12]。远见救援不至,而贼来益众,必以其言为信;外无待而犹死守[13],人相食且尽,虽愚人亦能数日而知死处矣。远之不畏死亦明矣!乌有城坏其徒俱死,独蒙愧耻求活?虽至愚者不忍为,呜呼!而谓远之贤而为之邪?

说者又谓远与巡分城而守,城之陷,自远所分始[14]。以此诟远,此又与儿童之见无异。人之将死,其脏腑必有先受其病者;引绳而绝之,其绝必有处。观者见其然,从而尤之,其亦不达于理矣!小人之好议论,不乐成人之美,如是哉!如巡、远之所成就,如此卓卓,犹不得免,其他则又何说!

当二公之初守也,宁能知人之卒不救,弃城而逆遁?苟此不能守,虽避之他处何益?及其无救而且穷也,将其创残饿羸之余[15],虽欲去,必不达。二公之贤,其讲之精矣[16]!守一城,捍天下,以千百就尽之卒,战百万日滋之师,蔽遮江淮,沮遏其势[17],天下之不亡,其谁之功也!

当是时，弃城而图存者，不可一二数；擅强兵坐而观者，相环也。不追议此，而责二公以死守，亦见其自比于逆乱，设淫辞而助之攻也。

愈尝从事于汴徐二府[18]，屡道于两府间，亲祭于其所谓双庙者[19]。其老人往往说巡、远时事云：南霁云之乞救于贺兰也[20]，贺兰嫉巡、远之声威功绩出己上，不肯出师救；爱霁云之勇且壮，不听其语，强留之，具食与乐，延霁云坐。霁云慷慨语曰："云来时，睢阳之人不食月余日矣！云虽欲独食，义不忍；虽食，且不下咽！"因拔所佩刀，断一指，血淋漓，以示贺兰。一座大惊，皆感激为云泣下。云知贺兰终无为云出师意，即驰去；将出城，抽矢射佛寺浮图，矢著其上砖半箭，曰："吾归破贼，必灭贺兰！此矢所以志也。"愈贞元中过泗州[21]，船上人犹指以相语。城陷，贼以刃胁降巡，巡不屈，即牵去，将斩之；又降霁云，云未应。巡呼云曰："南八[22]，男儿死耳，不可为不义屈！"云笑曰："欲将以有为也；公有言，云敢不死！"即不屈。

张籍曰："有于嵩者，少依于巡；及巡起事，嵩常在围中[23]。籍大历中于和州乌江县见嵩，嵩时年六十余矣。以巡初尝得临涣县尉[24]，好学，无所不读。籍时尚小，粗问巡、远事，不能细也。云：巡长七尺余，须髯若神。尝见嵩读《汉书》，谓嵩曰：'何为久读此？'嵩曰：'未熟也。'巡曰：'吾于书读不过三遍，终身不忘也。'因诵嵩所读书，尽卷不错一字。嵩惊，以为巡偶熟此卷，因乱抽他帙[25]以试，无不尽然。嵩又取架上诸书试以问巡，巡应口诵无疑。嵩从巡久，亦不见巡常读书也。为文章，操纸笔立书，未尝起草。初守睢阳时，士卒仅[26]万人，城中居人户，亦且数万，巡因一见问姓名，其后无不识者。巡怒，须髯辄张。及城陷，贼缚巡等数十人坐，且将戮。巡起旋，其众见巡起，或起或泣。巡曰：'汝勿怖！死，命也。'众泣不能仰视。巡就戮时，颜色不乱，阳阳如平常。远宽厚长者，貌如其心；与巡同年生，月日后于巡，呼巡为兄，死时年四十九。"嵩贞元初死于亳宋间。或传嵩有田在亳宋间，武人夺而有之，嵩将诣州讼理，为所杀。嵩无子。张籍云。

（选自《韩愈文集导读》，钱伯城撰，巴蜀书社，1993年6月）

[注释] 张中丞，即张巡（709年—757年），邓州南阳（今河南省南阳市）人。唐玄宗开元末进士，由太子通事舍人出任清河县令，调真源县令。安史乱起，张巡在雍丘一带起兵抗击，后与许远同守睢阳（今河南省商丘市），肃宗至德二载（757年）城破被俘，与部将三十六人同时殉难。乱平以后，朝廷小人散布张、许降贼有罪的流言，为割据势力张目。韩愈感愤于此，遂于元和二年（807年）继李翰撰《张巡传》（今佚）之后，写了这篇后叙，为英雄人物谱写了一曲慷慨悲壮的颂歌。中丞，张巡驻守睢阳时朝廷所加的官衔。

（1）元和二年：公元807年。元和，唐宪宗李纯的年号（806年—820年）。（2）张籍（约767年—约830年）：字文昌，吴郡（治所在今江苏省苏州市）人，唐代著名诗人，韩愈学生。（3）李翰：字子羽，赵州赞皇（今河北省元氏县）人，官至翰林学士。与张巡友善，客居睢阳时，曾亲见张巡战守事迹。张巡死后，有人诬其降贼，因撰《张巡传》上肃宗，并有《进张中丞传表》（见《全唐文》卷四三零）。（4）许远（709年—757年）：字令威，杭州盐官（今浙江省海宁县）人。安史乱时，任睢阳太守，后与张巡合守孤城，城陷被掳往洛阳，至偃师被害。事见两唐书本传。（5）雷万春：张巡部下勇将。按：此当是"南霁云"之误，如此方与后文相应。（6）开门纳巡：肃宗至德二载（757年）正月，叛军安庆绪部将尹子奇带兵十三万围睢阳，许远向张巡告急，张巡自宁陵率军入睢阳城(见《资治通鉴》卷二一九)。(7) 柄:权柄。(8)"城陷而虏"二句:此年十月,睢阳陷落,张巡、许远被虏。张巡与部将被斩,许远被送往洛阳邀功。(9)"两家"句:据《新唐书·许远传》载,安史乱平定后,大历年间,张巡之子张去疾轻信小人挑拨,上书代宗,谓城破后张巡等被害,惟许远独存,是屈降叛军,请追夺许远官爵。诏令去疾与许远之子许岘及百官议此事。两家子弟即指张去疾、许岘。(10)"食其"句:尹子奇围睢阳时,城中粮尽,军民以雀鼠为食,最后只得以妇女与老弱男子充饥。当时,张巡曾杀爱妾、许远曾杀奴仆以充军粮。(11) 蚍(pí)蜉(fú):黑色大蚁。蚁子:幼蚁。(12)"而贼"句:安史乱时,长安、洛阳陷落,玄宗逃往西蜀,唐室岌岌可危。(13) 外无待:睢阳被围后,河南节度使贺兰进明等皆拥兵观望,不来相救。(14)"说者"句:张巡和许远分兵守城,张守东北,许守西南。城破时叛军先从西南处攻入,故有此说。(15) 嬴(léi):瘦弱。(16)"二公"二句:谓二公功绩前人已有精当的评价。此指李翰《进张中丞传表》所云:"巡退军睢阳,扼其咽领,前后拒守,自春徂冬,大战数十,小战数百,以少击众,以弱击强,出奇无穷,制胜如神,杀其凶丑九十余万。贼所以不敢越睢阳而取江淮,江淮所以保全者,巡之力也。"(17) 沮(jǔ)遏:阻止。(18)"愈尝"句:韩愈曾先后在汴州(治所在今河南省开封市)、徐州(治所在今江苏省徐州市)任推官之职。唐称幕僚为从事。(19) 双庙:张巡、许远死后,后人在睢阳立庙祭祀,称为双庙。(20) 南霁云(?年—757年):魏州顿丘(今河南省清丰县西南)人。安禄山反叛,被遣至睢阳与张巡议事,为张所感,遂留为部将。贺兰:复姓,指贺兰进明。时为御史大夫、河南节度使,驻节于临淮一带。(21) 贞元:唐德宗李适年号(785年—805年)。泗州:唐属河南道,州治在临淮(今江苏省泗洪县东南),当年贺兰屯兵于此。(22) 南八:南霁云排行第八,故称。(23) 常:通"尝",曾经。(24)"以巡"句:张巡死后,朝廷封赏他的亲戚、部下,于嵩因此得官。临涣:故城在今安徽省宿县西南。(25) 帙(zhì):书套,也指书本。(26) 仅:几乎。

---

**思考**

### 1. 韩愈写作《张中丞传后叙》的起因和主要意图分别是什么?

| **点拨** | 唐肃宗至德二年(公元57年),安庆绪(安禄山之子)部将尹子奇率领13万大军攻睢阳,张巡、许远率兵七千人坚守数月,终因粮尽兵绝,睢阳陷落,张巡及部将五十余人牺牲,许远被叛军掳至洛阳,不屈而死。睢阳保卫战遏制了叛军的攻势,捍卫了江淮地区人民的生命与财产,为唐军积蓄力量、准备反攻赢得了宝贵的时间,因而张巡、许远等人受到了人民的赞扬传颂。但当时一些坐观睢阳陷落而不增援的武官,为自己的可耻行为辩解,同某些嫉妒张、许功绩的文人一起,散布流言,对张、许等抗敌英雄进行诋毁。张巡的友人李翰写了这篇记叙英雄事迹、批驳流言蜚语、弘扬英雄精神、反对藩镇作乱的散文名作《张巡传》。本文是韩愈在阅读李翰所写的《张巡传》后,对有关材料作的补充,以及对有关人物的议论,所以题为"后叙"。本文热情地歌颂了张巡、许远、南霁云等为国为民抗击安史叛军而宁死不屈的英雄事迹,批判了那些不顾国家人民安危、嫉贤妒能、拥兵谋私的军阀,驳斥了那些小人造谣中伤的流言蜚语,抒发了自己对抗战英雄的崇敬之情,补叙了轶事,澄清了事实,伸张了正义。

**2. 文章举出了当时社会上哪些诽谤许远的说法？ 又是如何为其辩白的？**

| 点拨 | 诽谤一："巡死而远就虏,疑畏死而辞服于贼。"

驳斥:①开门纳巡,授之柄而处其下;②苦守尺寸之地,食其所爱之肉;③外无蚍蜉蚁子之援;④贼语以国亡主灭。

结论:乌有城坏其徒俱死,独蒙愧耻求活?虽至愚者不忍为,呜呼!而谓远之贤而为之邪?

事实为据,推理有力。

诽谤二："远与巡分城而守,城之陷,自远所分始。"

驳斥:人之将死,其脏腑必有先受其病者;引绳而绝之,其绝必处。

类比论证,形象生动。

诽谤三："责二公以死守"。

驳斥:①宁能知人之卒不救;②苟此不能守,虽避之他处何益;③无救而且穷也,将其创残饿赢之余,虽欲去,必不达;④守一城,捍天下,天下之不亡,其谁之功也!⑤弃城而图存者,不可一二数;擅强兵坐而观者,相环也。

对比论证,突出强调。

**3. 概括韩愈《张中丞传后叙》中写到的张巡、许远、南霁云三位人物的性格特征,举例说明作者描写人物所用的手法。**

| 点拨 | 本文前半部分是驳论,驳论时所用的论据和所采用的论证方法类比论证,用日常生活中的事理作理论论据。全文第四自然段采用对比论证,将张、许死守之行为与弃城而图存者、擅强兵坐而观者作对比。第五自然段塑造南霁云形象的手法:作者选用了两个细节——拔刀断指、射塔明志来刻画南霁云的形象。南霁云的性格特点是嫉恶如仇,忠贞刚烈。作者除了用人物语言、动作描写南霁云外,还用了对比反衬:用贺兰的卑劣行径反衬南霁云的凛然正气;以及侧面烘托:以一座大惊来烘托南霁云的壮烈举动。

**4. 史家必须兼有"史才""史学""史识"三长,举例分析韩愈的三长体现在何处?**

| 点拨 | 史才,主要是指文才、文采,即古人所谓的"辞章之学"。

史学,是指学识,具有扎实、雄厚的历史基础。

史识,就是识见,义理。"论从史出",通过分析大量可靠的史实,得出科学的结论。

**集评**

高步瀛:"截然五段,不用钩连,而神气流注,章法浑成。"(《唐宋文举要》引方苞语)

沈德潜:"通篇句、字、气皆太史公髓,非昌黎本色。今书画家亦有效人而得其解者,此正见其无不可处。"(《唐宋八大家读本》)

沈德潜:"阅李翰所为《张巡传》而作也。补记载之遗落,暴赤心之英烈。千载之下,凛凛

生气。"(《唐宋八大家读本》)

沈德潜:"辩许远无降贼之理,全用议论。后于老人言,补南霁云乞师,全用叙事。本从张籍口中述于嵩,述张巡轶事,拉杂错综,史笔中变体也。争光日月,气薄云霄,文至此可云不朽。"(《唐宋八大家读本》)

### 浅析

《后叙》的写作,距张、许殉难虽已半个世纪,但由安史之乱开始的藩镇割据并未停息。社会的动荡引起人们思想的混乱,对张、许缺少公正的评价。唐宪宗即位后,以武力削藩,但不少人主张姑息,反对用兵。因此,本文的用意,不限于评价张、许,实际上是对专务姑息、为叛乱势力张目者的回击。

叙议结合的写作特色。全文前半部侧重议论,驳斥了污蔑许远的错误论调,并补叙和赞扬了张巡、许远守城捍卫天下的事迹。后半部分侧重叙事,着重记叙南霁云乞师于贺兰进明的英雄事迹。然后补叙张巡、许远的轶事。前后两部分相辅相成,紧紧围绕赞美英雄、斥责小人的主题。

细节描写对刻画人物的作用。本文通过细节描写,将人物刻画得个个生动传神。如写南霁云拨刀断指、抽矢射塔的细节,淋漓尽致地刻画出人物的刚烈与嫉恶如仇的个性。写张巡几乎全用细节,如诵书尽卷不错一字,于嵩取架上书问巡,巡应对无错以及操笔立书,未尝起草等细节,极其生动地刻画了张巡博闻强记与文思敏捷的性格特征。

人物之间的相互映衬和衬托。文中,张、许、南三个正面人物,相互映衬,各显个性,许远官职本在张巡之上,因巡贤能,授权于巡,自处其下,并最后一起守城而死。这里既突出了许远的谦和让贤,又映衬出张巡的杰出才能,睢阳城陷落后,敌人劝降南霁云。张巡呼曰:"南八,男儿死耳,不可为不义屈!"云笑曰:"欲将以有为也;公有言,云敢不死!"这里一呼一答,既写出了张巡的大义凛然,视死如归,又写出南霁云想保存实力,伺机复仇的心理。而且从他的答语中,可见张巡在部下眼中的崇高威望,两人相互映衬,更见英雄气概。文中南霁云乞师于贺兰进明一段,是以反面人物贺兰进明的卑鄙无耻,衬托南霁云的忠肝义胆和刚烈性格,刻画人物极其传神。

## 习法

### 习法1

1. 选择题。

（1）下列各句中加点字的解释正确的一项是（　　　）

A. 竟与巡俱守死,成功名。　竟然　　B. 然尚恨有缺者,不为许远立传。　怨恨

C. 擅强兵坐而观者,相环也。　擅自　　D. 二公之贤,其讲之精矣。　谋划

（2）下列各句中加点字的解释不正确的一项是（　　）

    A. 屡道于两府间　道：取道，经过　　　　B. 具食与乐，延霁云坐　延：邀请

    C. 云虽欲独食，义不忍　义：恩情　　　　D. 此矢所以志也　志：通"识"，标记

（3）下列句子补出的成分不正确的一项是（　　）

    A. 巡不屈，即牵（巡）去。

    B.（贼）又降霁云，云未应（贼）。

    C.（霁云）不听其语，强留之。

    D. 愈贞元中过泗州，船上人犹指（志）以相语。

（4）从行文方式看，本文的最大特色是（　　）

    A. 叙事与议论并重　　　　　　　　B. 着重叙事

    C. 分叙主要人物事迹　　　　　　　D. 着重刻画人物

（5）下列四项中是用细节描写来写南霁云的一项是（　　）

    A. 记忆超人　　　　　　　　　　　B. 拔刀断指

    C. 抽矢射贺兰　　　　　　　　　　D. 怒则须髯张

（6）文中在写南霁云拔刀断指时说："一座大惊，皆感激为云泣下。"从刻画南霁云的形象来说，这种表现方法是（　　）

    A. 对比反衬　　　B. 心理刻画　　　C. 表情描写　　　　D. 侧面烘托

（7）"以千百就尽之卒，战百万日滋之师"中运用的修辞手法和表现手法是（　　）

    A. 对偶和对比　　B. 对偶和反衬　　　C. 排比和对比　　　D. 比喻和暗示

**2.** 用现代汉语翻译下列句子。

（1）乌有城坏其徒俱死，独蒙愧耻求活？虽至愚者不忍为。

（2）宁能知人之卒不救。

（3）此矢所以志也。

（4）疑畏死而辞服于贼。

**3.** 简答题。

（1）"后叙"是一种怎样的文体？韩愈为什么要写《张中丞传后叙》？

（2）阅读韩愈《张中丞传后叙》中的一段文字，回答问题。

　　南霁云之乞救于贺兰也，贺兰嫉巡、远之声威功绩出己上，不肯出师救；爱霁云之勇且壮，不听其语，强留之，具食与乐，延霁云坐。霁云慷慨语曰："云来时，睢阳之人不食月余日矣！云虽欲独食，义不忍；虽食，且不下咽！"因拔所佩刀，断一指，血淋漓，以示贺兰。一座大惊，皆感激为云泣下。云知贺兰终无为云出师意，即驰去；将出城，抽矢射佛寺浮图，矢著其上砖半箭，曰："吾归破贼，必灭贺兰！此矢所以志也。"

① 作者选用了哪些细节刻画南霁云的形象？

② 从这段文字看，南霁云的性格特点是什么？

③ 本段中除了用人物语言、动作描写南霁云外，还用了什么手法来表现这个人物？

# 习法 2

**阅读下面的文字，完成习题。**

## 与李翱书[1]

### 韩 愈

　　使至，辱足下书，欢愧来并，不容于心。嗟乎！子之言意皆是也。仆虽巧说，何能逃其责耶？然皆子之爱我多，重我厚，不酌时人待我之情，而以子之待我之意，使我望于时人也。

　　仆之家本穷空，重遇攻劫，衣服无所得，养生之具无所有，家累仅三十口，携此将安所归托乎？舍之入京，不可也；挈之而行，不可也。足下将安以为我谋哉？此一事耳，足下谓我入京城，有所益乎？仆之有子，犹有不知者，时人能知我哉？持仆所守，驱而使奔走伺候公卿间，开口论议，其安能有以合乎？仆在京城八九年，无所取资，日求于人以度时月，当时行之不觉也，今而思之，如痛定之人思当痛之时，不知何能自处也。今年加长矣，复驱之使就其故地，是亦难矣。所贵乎京师者，不以明天子在上，贤公卿在下，布衣韦带之士谈道义者多乎？以仆逡逡于其中，能上闻而下达乎？其知我者固少，知而相爱不相忌者又加少。内无所资，外无所从，终安所为乎？

　　嗟乎！子之责我诚是也，爱我诚多也，今天下之人，有如子者乎？自尧舜以来，士有不遇者乎？无也？子独安能使我洁清不洿，而处其所可乐哉？非不愿为子之所云者，力不足，势不便故也。仆于此岂以为大相知乎？累累随行，役役逐队，饥而食，饱而嬉者也。其所以止而不去者，以其心诚有爱于仆也。然所爱于我者少，不知我者犹多，吾岂乐于此乎哉？将亦有所病而求息于此也。

　　嗟乎！子诚爱我矣，子之所责于我者诚是矣，然恐子有时不暇责我而悲我，不暇悲我而自责且自悲也。及之而后知，履之而后难耳。孔子称颜回："一箪食、一瓢饮，人不堪其忧，回也不改其乐。"彼人者,有圣者为之依归,而又有箪食瓢饮足以不死,其不忧而乐也,岂不易哉!若仆无所依归,无箪食,无瓢饮,无所取资,则饿而死,其不亦难乎? 子之闻我言亦悲矣。

嗟乎,子亦慎其所之哉! 离违久,乍还侍左右,当日欢喜,故专使驰此,候足下意,并以自解。愈再拜。

[注释] (1)与李翱书:本文写于贞元十五年(公元 799 年),时李翱在长安,韩愈在武宁节度使张建封幕府任节度推官。李翱,中唐著名的古文家、哲学家。从韩愈学古文,实则处师友之间。

1. 对下列加点词的解释,不正确的一项是(     )

    A. 子之言意皆是也                是:正确的

    B. 其安能有以合乎                合:遇合

    C. 所贵乎京师者                  贵:崇尚

    D. 离违久,乍还侍左右           违:背离

2. 下列对原文有关内容的概括和分析,不正确的一项是(     )

    A. 韩愈家本来就穷困,最近又遭劫难,面对一家三十口的生计问题,韩愈陷入极其艰难尴尬的处境之中。

    B. 韩愈在京城度过的八九年里,生活没有来源,只能每天靠求人打发日子,这些过往,如今想来令他痛定思痛。

    C. 韩愈感叹自从尧舜以来,读书人就存在怀才不遇的现象,而唯独自己能不受玷污,找到快乐之所。

    D. 韩愈认为颜回因为有孔圣人做他的靠山,而又有饭吃有水喝可以不死,不忧食而乐道是很容易做到的。

3. 用现代汉语翻译下列句子。

    ① 舍之入京,不可也;挈之而行,不可也。足下将安以为我谋哉?

    ② 内无所资,外无所从,终安所为乎?

    ③ 其所以止而不去者,以其心诚有爱于仆也。

**4.** 李翱在来信中希望韩愈做什么？韩愈为什么感到"欢愧来并"？请结合全文简要概括。

## 链接

### （一）韩愈的思想和性格特点

韩愈一生用世心甚切，是非观念极强，性格木讷刚直，昂然不肯少屈，这一方面使他在步入官场后的一次次政治旋涡中屡受打击，另一方面也导致其审美情趣不可能淡泊平和，而呈现出一种怨愤郁躁、情激调变的怪奇特征。韩愈诗风向怪奇一路发展，大致始于贞元中后期，至元和中期已经定型。贞元、元和之际的阳山之贬，一方面是巨大的政治压力极大地加剧了韩愈的心理冲突，另一方面将荒僻险怪的南国景观推到诗人面前，二者交相作用，乃是造成韩愈诗风大变的重要条件。元和元年，已经离开贬所回到京城的韩愈更倾心于怪奇诗境的构造，而相对忽视了对内心世界和自我的表现。在此后的几年中，韩愈基本上沿着这条道路发展，以世俗、丑陋之事之景入诗，写落齿，写鼾睡，写恐怖，写血腥，形成了以俗为美、以丑为美的特点。（袁行霈《中国文学史》第2卷，高等教育出版社，2005年，第260—261页）

韩愈性格具有多面性。一方面，韩愈具有积极维护封建专制和儒家"道统"的热情，而另一方面，韩愈又是一个个性很强、自我表现欲很强的人。（章培恒、骆玉明《中国文学史》中卷，复旦大学出版社，1996年，第188—189页）

韩愈的政治思想和世界观是比较复杂的。他政治上反对藩镇割据，拥护王朝的统一；提倡"仁政"，反对官吏对人民的聚敛横行，要求朝廷宽免赋税徭役。这些都表现了他关心国家命运和民生疾苦，是他政治思想中进步的一面。他猛烈地排斥佛老，热烈地提倡儒家正统思想，这是和他的政治思想适应的，客观上也具有一定的进步性。但是，在这里，韩愈也宣扬了儒家学说中的封建糟粕。他的《原性》继承董仲舒的性三品说，把封建统治者的人性看作是上品，而把被剥削人民的人性则视为下品，而且认为这种封建等级制以及等级性的人格是天理自然，与生俱来，不可改变的。这些理论显然都是为维护封建等级制度服务的。韩愈所大声疾呼的"道"，实际是他对于封建国家的法权、教化、道德等等绝对原则的概括，是饱含封建伦理的意味的。他的世界观，即他所谓"道"的具体内容，无疑对他的散文创作是有不良影响的。但是又应该看到，韩愈的思想，还有矛盾的一面。他努力维护"道统"，又往往不自觉地破坏了"道统"。更突出的是，他在著名的《送孟东野序》中，提出了"大凡物不得其平则鸣"这一具有现实性和战斗性的思想。他不但承认伊、周、孔、孟等"道统"以内的善鸣人物，而且也承认杨、墨、老、庄等等"道统"以外各种不同流派的善鸣人物。显然，他认为一切文辞、一切道，都是不同时代不平现实环境的产物。那么，所谓古文，就不仅是传道的工具，而且也是鸣不平、反映现实的工具。这一思想对他的散文成就是有重大的影响的。当他从现实社会生活出发来观察问题，他就自然地突破了陈腐的儒家正统思想的羁绊，因而他的创作和理论也就放射了动人的光辉。从韩愈的散文来看，成就最高的显然是那些由于自己仕途坎坷不平而对黑暗现实进行了揭露和批判的作品，而不是那些板着面孔为儒道说教的文章。他创造性地运用语言，而不是模拟抄袭古代语言，也是和着眼于现实社会生活有密切的关系的。（游国恩《中国文学史》第二册，人民文学出版社，2002 年，第 165 页）

## （二）韩愈的文学思想

他的学术思想是尊儒排佛，他的文学观念是反骈重散，因此他极不满意六朝以来的学术空气与华艳无实的文风。他主张思想要回到古代的儒家，文体也回到朴质明畅的散体。又因为反对六朝文学中那种艳冶的淫靡之风，所以主张文学为贯道之器，也就是要有内容。他认为文学离开了伦理便没有价值，离开了教化便没有功用。韩愈的主张，是为道而学文，为道而作文。文不能贯佛道的内容，要贯儒道的内容；文体是反对六朝的骈俪，而要用三代、两汉的散体。他强调儒学、争取道统，当然是为封建统治阶级服务的，在当时佛学流行、文风华丽的历史环境里，他这些理论，也还能起一点排佛反骈的作用。（刘大杰《中国文学发展史》中卷，复旦大学出版社，2006 年，第 9 页）

文以明道；不平则鸣；重视修养；含英咀华，出奇创新。（郭预衡《中国古代文学史长编 3·隋唐五代卷》，首都师范大学出版社，1992 年，第 265—269 页）

至于韩愈本人的创作，又比他的理论更能反映出他作为文学家的气质。其中虽然有大量论"道"言"性"的作品，都看到了他在追求"道"与追求"文"之间的脱节现象，看到了他对文学性的兴趣往往超过了对政治伦理的兴趣这一事实。但是，这恰恰是韩愈在文学创作中取得成功的原因所在。在创作实践中，他既投入了丰富的情感，又运用了很高的语言技巧，因而写出了许多优秀的散文作品。

说理文结构严谨，重视行文的气势和逻辑。议论文性的短文带着充沛的感情，写得真挚动人。记叙文中的叙事中或加渲染，或杂谐谑，也写的生动传神。（章培恒、骆玉明《中国文学史》中卷，复旦大学出版社，1996 年，第 194—195 页）

# 八、柳宗元与《非〈国语·卜粘〉》

顾光宇

## 知人

柳宗元(773年—819年),字子厚,唐代河东(今山西省永济市)人,代宗大历八年(773年)出生于京城长安,宪宗元和十四年(819年)客死于柳州。一代著名文学家、思想家,享年不到50岁。因为他是河东人,终于柳州刺史任上,所以人称"柳河东"或"柳柳州"。

## 识时

柳家与薛、裴两家被并称为"河东三著姓"。柳宗元的八世祖到六世祖,皆为朝廷大吏,五世祖曾任四州刺史。入唐后,柳家与李氏皇族关系密切,只高宗一朝,柳家同时居官尚书省的就达22人之多。但到了永徽年间,柳家屡受武则天的打击迫害。到柳宗元出生时,其家族已衰落,从皇亲国戚的特权地位跌入一般官僚地主阶层之中。柳宗元曾祖、祖父也只做到县令一类小官。其父柳镇,官秩一直很低。柳宗元非常感慨地说,柳氏到他这一代,已经"五、六从以来,无为朝士者"。安史之乱,使柳家又受到一次巨大冲击。战乱中,柳镇送母亲入王屋山避难,自己携着一家汇入逃亡人流,逃到吴地。在南方,一度生计艰难,有时竟薪米无着。柳宗元的母亲为了供养子女,常常自己挨饿。柳宗元正出生于"安史之乱"后,他的幼年便是在穷困艰难中度过的。柳宗元九岁时,又一次大规模的割据战争——建中之乱爆发,使柳宗元一家再一次饱尝战乱之苦。柳宗元成长于动乱年代,他从少年时代起就对人民遭受的苦难有一定的了解,对社会现实有一定的认识,这对他以后的文学成就和思想建树不无影响。

贞元九年(793年)春,20岁的柳宗元考中进士,同时中进士的还有他的好友刘禹锡。贞元十二年(796年)柳宗元任秘书省校书郎,算是步入官场。两年后,中博学宏词科,调为集贤殿书院正字,得以博览群书,开阔眼界,同时也开始接触朝臣官僚,了解官场情况,并关心、参与政治。到集贤殿书院的第一年,他便写了《国子司业阳城遗爱碑》,颂扬了在朝政大事上勇于坚持己见的谏议大夫阳城,第二年写了《辩侵伐论》,表明坚持统一、反对分裂的强烈愿望。

贞元十七年(801年),柳宗元调为蓝田尉,两年后又调回长安任监察御史里行,时年31岁,与韩愈同官,官阶虽低,但职权并不下于御史,从此与官场上层人物交游更广泛,对政治的黑暗腐败有了更深入的了解,逐渐萌发了要求改革的愿望,成为王叔文革新派的重要人物。

王叔文、王伾的永贞革新,虽只有半年时间便宣告失败,但却是一次震动全国的运动,所实行的措施,反映了当时新旧势力在政治利益及经济利益方面的较量,是社会各种势力利益再平衡的一次运动。柳宗元与好友刘禹锡是这场革新的核心人物,被称为"二王刘柳"。年轻的柳宗元在政治舞台上同宦官、豪族、旧官僚进行了尖锐的斗争。他的革新精神与斗争精神是非常可贵的。

由于顺宗退位、宪宗即位,革新失败,"二王刘柳"和其他革新派人士都随即被贬。宪宗八月即位,柳宗元九月便被贬为邵州(今湖南邵阳市)刺史,行未半路,又被加贬为永州(今湖南零陵)司马。这次同时被贬为司马的,还有七人,所以史称这一事件为"二王八司马事件"。

柳宗元被贬后,政敌们仍不肯放过他。造谣诽谤,人身攻击,把他丑化成"怪民",而且好几年后,也还骂声不绝。由此可见保守派恨他的程度。在永州,残酷的政治迫害,艰苦的生活环境,使柳宗元悲愤、忧郁、痛苦,加之几次无情的火灾,严重损害了他的健康,竟至到了"行则膝颤、坐则髀痹"的程度。贬谪生涯所经受的种种迫害和磨难,并未能动摇柳宗元的政治理想。他在信中明确表示:"虽万受摈弃,不更乎其内。"

长期的贬谪生涯,生活上的困顿和精神上的折磨,使柳宗元健康状况越来越坏,确是未老先衰。他的好友吴武陵多次奔走于执政大臣裴度门下,设法营救他离柳州还京。裴度与柳宗元同系河东人,元和十四年宪宗因受尊号实行大赦,经裴度说情,宪宗才同意召回柳宗元。然而为时已晚,诏书未到柳州,柳宗元便怀着一腔悲愤离开了人间,当时年仅 47 岁。临死前,柳宗元写信给好友刘禹锡,并将自己的遗稿留交给他。后来刘禹锡编成《柳宗元集》。

柳宗元的散文,与韩愈齐名,韩、柳二人与宋代的欧阳修、苏轼等并称为"唐宋八大家",堪称我国历史上最杰出的散文家。唐中叶,柳宗元和韩愈在文坛上发起和领导了一场古文运动。他们提出了一系列思想理论和文学主张。在文章内容上,针对骈文不重内容、空洞无物的弊病,提出"文道合一""以文明道"。要求文章反映现实,"不平则鸣",富于革除时弊的批判精神。文章形式上,提出要革新文体,突破骈文束缚,句式长短不拘,并要求革新语言"务去陈言""辞必己出"。此外,还指出先"立行"再"立言"。这是一种进步的文学主张。韩柳二人在创作实践中身体力行,创作了许多内容丰富、技巧纯熟、语言精练生动的优秀散文。韩、柳的古文运动对后世产生了深远的影响。

## 赏文

### 非《国语·不藉》

**题解:**《国语·周语上》中所载的"宣王不藉千亩",藉即藉田,是古代帝王在春耕时象征性亲耕农田的始耕典礼。天子所耕之田千亩,"籍"是"借"的意思,就是借民之力治天子之田,以之奉祀宗庙,并寓劝农之意。周代在厉王时爆发了"国人暴动",厉王流于彘,藉田之礼废,至宣王,不复其礼。虢文公阐述了藉田的重要作用,对宣王进行了劝谏,认为不藉千亩则无以求神福佑和役使民众。柳宗元对《国语》的观点给予了否定,他认为,藉田之礼的意义不过是劝农,而劝农"未若时使而不夺其力,节用而不殚其财,通其有无,和其乡邻,则食固人之大急,不劝而劝矣",表达了他对民生的关注,"一片悯时深思、忧民至意,拂拂从纸上浮出"。(孙琮《山晓阁选唐大家柳柳州全集》卷四))

宣王[1]不藉千亩[2]。虢文公[3]谏曰:"将何以求福用人[4]?"王不听。三十九年,战于千亩<sup>(5)</sup>，王师败绩于姜氏之戎。

非曰：古之必藉千亩者，礼之饰也。其道若曰："吾犹耕云尔。"又曰："吾以奉天地宗庙。"则存其礼诚善矣。然而存其礼之为劝乎农也，则未若时使而不夺其力，节用而不殚其财，通其有无，和其乡闾，则食固人之大急<sup>(6)</sup>，不劝而劝矣。<u>启蛰<sup>(7)</sup>也得其耕，时雨也得其种，苗之猥<sup>(8)</sup>大也得其耘</u>，实之坚好也得其获，京庾<sup>(9)</sup>得其贮，老幼得其养，取之也均以薄，藏之也优以固，则三推<sup>(10)</sup>之道存乎亡乎，皆可以为国矣。彼之不图，而曰我特以是劝，则固不可。今为书者曰："将何以求福用人？"<u>夫福之求，不若行吾言之大德也</u>；人之用，不若行吾言之和乐以死也。败于戎，而引是以合焉，夫何怪而不属也？又曰"战于千亩"者，吾益羞之。

（选自《柳宗元散文精选》，陈尚君、陈飞雪选注，东方出版中心，1998 年 11 月）

[注释] (1) 宣王：周宣王，姓姬，名靖，公元前 827 年—公元前 782 年在位。(2) 不藉千亩：不遵循天子亲耕千亩的古制，藉，《国语》中作"籍"。籍田用以奉祀宗庙，并寓劝农之意。《诗经·周颂·载芟》郑玄《疏》："藉田，甸师氏所掌，王载耒耜所耕之田。天子千亩，诸侯百亩。藉之言借也，借民之力治之，故谓之藉田。"(3) 虢文公：周文王同母弟虢仲的后裔，为周王卿士。(4) 用人：《国语》为"用民"，柳宗元避唐太宗讳，故作"人"。(5) 千亩：春秋时地名，在今山西介休县南。(6) 急：急需。(7) 启蛰：节气名。昆虫冬日蛰伏，至春复出，故称启蛰；又指夏历正月。(8) 猥：众多，盛壮。(9) 京庾：京：高岗；庾：露天的谷仓。(10) 三推：《礼记·月令》："孟春之月，……乃择元辰，天子亲载耒耜，措之参乘保介之御间，率三公、九卿、诸侯、大夫，躬耕帝藉。天子三推，三公五推，卿大夫九推。"

**思考**

### 柳宗元为什么对《国语》中那些坚守礼制的行为大加驳斥，认为是不顾春秋现实的十分不当的行为？ 你是如何理解的？

柳宗元最反对饰礼以欺民，这也是针对中唐时期的社会现状，出于革新运动的目的，有感而发。中唐时期，政府官员过多地重视繁文缛节，极少真正关心生民的疾苦，政令过繁也只是追求一个关注民生的令名。这反而大为扰民，使人民不知所从，故而柳宗元对这些繁缛的礼节痛加批判。以至于苏轼说："柳子之学，大率以礼乐为虚器。"这种观点，在《非〈国语〉》中集中反映在《不籍》一章。

"古之必藉千亩者，礼之饰也。其道若曰：'吾犹耕云尔。'又曰：'吾以奉天地宗庙。'则存其礼诚善矣。"然而柳宗元认为劝农不能只注重无用的形式。要在切实的政治措施中，真正做到鼓励农耕，做到了后者，那作为形式的礼节，即"三推之道"便可有可无了。说理严密，义正言辞，对中唐时期的不正之风是一个巨大的打击。然而柳氏的这种批判对《国语》来说是否同样中肯呢？是否又符合春秋时期的历史实际呢？这恐怕是值得商榷的。

春秋时期诸侯攻伐、战乱不已。《国语》编者认为这一切的根源就在于传统道德体系的瓦解，礼崩乐坏。所以要恢复和平有序的社会秩序，必须恢复西周以来的礼制传统。只有统治者严格遵循礼的规范，认真执行礼的内在要求，整个社会才能稳定下来。所以，在作者看来，是否守"礼"就变成了预言国家及个人祸福的一个重要依据。"礼"有外在形式和内在内容之分,外在形式就是所谓的仪式,二者虽有一定的差异,但内在统一性是不言而喻的。就上述材料来看,籍田是"礼"的形式,而内在要求则是重农节用。这正如何焯所说:"籍田犹不能躬亲,则时使节用者,其又何望焉? 柳子立论,大抵欲快一时之见,伸一夫之说,而不纠其源流者也。"何焯所说很有道理,就难易而论,遵守"礼"的外在仪式要比遵守内在要求容易的多。连籍田之礼的外在形式都懒得去理会,又何谈用民以时,鼓励农耕呢? 考之《国语》《左传》,不遵守仪式而被斥为无礼的有之,如楚公子围、卫孙林父;严格遵守仪式而被斥为无礼的有之,如鲁昭公。然而,不遵守仪式却能守礼之内在要求,而被誉为有礼的,绝对没有。

可见,在春秋时期,"礼"绝不像柳氏所说是政治的装饰物,可有可无,而是约束世人行为的一条重要依据,也是儒家用来恢复社会秩序的一件重要工具。柳氏的观点在中唐时期是有其进步意义的,而放在春秋时代则是完全行不通的。柳氏完全误解了《国语》对这些材料的编撰目的。

## 集评

1. 何焯:"'然而存其礼之为劝乎农也'至'不劝而劝矣',若曰'存其礼',而又能推行是政,则诚善矣。藉田犹不能躬亲,则时使节用者其又何望焉。柳子立论,大抵欲快一时之见,伸一夫之说,而不究其源流者也。"(《义门读书记·河东集》)

2. 沈作喆:"宣王不藉千亩。子厚曰:'藉千亩礼之饰也。若曰吾犹耕云尔,不若时使节用,则不劝而劝矣。启蛰得其耕,时雨得其种,苗之猥大得其耘,实之坚好得其获,取之均以薄,则三推之道,存乎亡乎,皆可以为国矣。'子沈子曰:先王之为是礼也,盖以身先天下驱以归诸本,不可废也。如宗元之言,是圣王之典礼举为无用也,亡之可也。男女居室足矣,何必婚礼也;仰天俯地而祭之足矣,何必南北郊也;饮食酹之足矣,何必禘祫蒸尝也。如是则夷狄而已矣,左氏征战于千亩则诬矣。"(《寓简》卷二)

## 浅析

《国语》是先秦时期的一部国别体历史著作。它以记言为主,按周、鲁、齐、晋、郑、楚、吴、越的顺序,分别记载了自西周穆王到战国初期的史事和言论。相对于被称作《内传春秋》的《左传》来说,《国语》"其文不主于经"(韦昭《国语解》)。从司马迁到宋以前,人们多认为《国语》为左丘明所作。

柳宗元作为古文运动的领袖之一,主张"文者以明道"。这个"道",就是儒家五经的本义。他在《答韦中立论师道书》中说自己写文章是以之"羽翼夫道",即"本之《书》以求其质,本之《诗》以求其恒,本之《礼》以求其宜,本之《春秋》以求其断,本之《易》以求其动。"然而,《国语》所记之事,所论之义,不尽与"道"合,并且其广博深邃的意趣可能使人沉溺其中。所以,柳宗元对《国语》中不合于"道"的某些记述进行了批驳,以防谬种流传。柳宗元在《与吕道州温论非〈国语〉书》中说:"近世之言理道者众矣,率由大中而出者咸无焉。其言本儒术,则迂回茫洋,而不知其适。其或切于事,则苛峭刻覈,不能从容,卒泥乎大道。甚者好怪而妄言,推天引神,以为灵奇;恍惚若化,而终不可逐。"作者"常欲立言垂文,则恐而不敢。今动作悖谬,以为僇于世,身编夷人,名列囚籍,以道之穷也,而施乎事者无日。故乃挽引,强为小书,以志乎中之所得焉。尝读《国语》,病其文胜而言,好诡以反伦。其道舛逆,而学者以其文也,咸嗜悦焉。伏膺呻吟者,至比六经,则溺其文必信其实,是圣人之道翳也。余勇不自制,以当后世之讪怒,辄乃黜其不臧,救世之谬,凡为六十七篇,命之曰《非〈国语〉》。"他在《答吴武陵论非〈国语〉书》中也说:"拘囚以来,无所发明,蒙覆幽独。……若非《国语》之说,仆病之久,尝难言于世俗,今因其闲也而书之。"这些,都说明了柳宗元写作《非〈国语〉》的意旨。

## 习法

### 习法 1

1. 解释下列句中加点的词。

 (1) 宣王不藉千亩

 (2) 节用而不殚其财

 (3) 礼之饰也

 (4) 然而存其礼之为劝乎农也

2. 下列句中加点词的用法和意义相同的两项是(  )(  )

 A. 将何以求福用人

 B. 吾以奉天地宗庙。

 C. 取之也均以薄

 D. 我特以是劝

3. 用现代汉语翻译下列句子。

 (1) 启蛰也得其耕,时雨也得其种。

 (2) 夫福之求,不若行吾言之大德也。

4. 你对柳宗元非《国语》这种行为,有何看法?

## 习法2

**阅读下面的文字,完成习题。**

### 邕州柳中丞作马退山茅亭记<sup>(1)</sup>

柳宗元

① 冬十月,作新亭于马退山之阳。因高丘之阻以面势,无欂栌节棁<sup>(2)</sup>之华。不斫椽,不剪茨,不列墙,以白云为藩篱,碧山为屏风,昭其俭也。

② 是山**峚**<sup>(3)</sup>然起于莽苍之中,驰奔云矗,亘数十百里,尾蟠荒陬,首注大溪,诸山来朝,势若星拱,苍翠诡状,绮绾绣错。盖天钟秀于是,不限于遐裔<sup>(4)</sup>也。然以壤接荒服<sup>(5)</sup>,俗参夷徼<sup>(6)</sup>,周王之马迹不至,谢公之屐齿不及,岩径萧条,登探者以为叹。

③ 岁在辛卯,我仲兄以方牧之命,试于是邦。夫其德及故信孚,信孚故人和,人和故政多暇。由是尝徘徊此山,以寄胜概。乃壁乃涂,作我攸宇<sup>(7)</sup>,于是不崇朝而木工告成。每风止雨收,烟霞澄鲜,辄角巾鹿裘,率昆弟友生冠者五六人,步山椒而登焉。于是手挥丝桐,目送还云,西山爽气,在我襟袖,以极万类,揽不盈掌。

④ 夫美不自美,因人而彰。兰亭也,不遭右军,则清湍修竹,芜没于空山□。是亭也,僻介闽岭,佳境罕到,不书所作,使盛迹郁湮,是贻林间之愧。故志之。

〔注释〕 (1)柳宗元被贬广西任柳州刺史时,其二兄柳宽亦任职邕州(现今南宁)。(2)欂(bó)栌节棁(zhuō):欂栌,斗拱。棁,梁上的短柱。(3)峚(zú):险峻。(4)裔:边远的地方。(5)荒服:古代五服之一,指离京畿二千五百里的地区,为五服中最远之地。(6)徼(jiǎo):边界。(7)攸宇:安适的房屋。

**1.** 概括第①段的内容。

**2.** 赏析第②段画线句。

**3.** 下列可填入第④段方框中的虚词是( )

    A. 也         B. 耳         C. 矣         D. 者

**4.** 下列对第③段的理解不正确的一项是( )

    A. 柳宗元的二兄因为实施了德治,所以得到百姓的信任。

    B. 本段写景简练传神,可与第②段的"以为叹"相呼应。

    C. 本段文字体现了山川之美与士子俊逸相得益彰的情趣。

    D. 本段文字可看出柳宗元的二兄不留恋官场而纵情于山水。

**5.** 结合本文内容,探究作者的写作意图。

## （一）柳宗元的思想和性格特点

唯物无神的宇宙观；重"势"的社会历史观；兴圣人之道，利安元元的政治思想；统合儒释。（郭预衡《中国古代文学史长编3·隋唐五代卷》，首都师范大学出版社，1992年，第287—289页）

柳宗元的政治思想基本上是儒家的民本思想。他认为官吏是人民的仆役，并非人民是官吏的奴仆。他指出人民"出其十一"雇佣官吏来为他们服务，而有些官吏却不仅"受其直怠其事"，甚至还盗取人民的财富。他认为人民对他们所以不敢怒而斥退，只是因势力不敢而已。他在《答元饶州论政理书》中已经认识到当时社会中贫与富的对立，而且试图探求贫富不均的根源。它一方面反映了"两税法"实行以来只是剥削方式的改变，并没有解决任何根本问题；同时，也反映了他基于对人民的同情而产生的土地权利的平均主义的空想。他的《封建论》，对古代社会的分封制度作了细致的分析，并提出了自己的政治见解。他严厉地抨击封建藩镇的割据局面，以及世族大夫的"世食禄邑"和由此而产生的"不肖居上，贤者居下"的不合理现象。他认为一种社会制度是不依任何个人或少数人的意志为转移的。在"势"支配下，就是"圣人"也无力兴废，而完全取决于"生人之意"，这就从根本上否定了封建帝王"受命于天"的谬说。他以历史事实说明了郡县制比封建制相对的优越性，把社会发展由"家天下"走向"公天下"看作是必然之势，有力地批判了许多封建统治者企图恢复分封制"与三代比隆"的倒退思想。所有这些都表现了柳宗元先进的历史观。

柳宗元先进的政治思想是和他的朴素唯物论有密切联系的。他在为《天问》而作的著名的《天对》中，探索自然现象，认为宇宙最初"惟元气存"，一切现象都是自然存在，"无功无作"，"非余之为"，表现了唯物主义的宇宙观。他以这种无神论历史观来观察一切礼乐刑政，对于那些以宗教迷信作掩饰的观点和作法，都给予严厉的批判。在这些批判和斗争中，他把自己无神论历史观的战斗性，做了系统的发挥。但柳宗元的思想也不可免地存在着局限性。比如他有时在解答一些难以解答的问题时，往往表现了偶然论的思想，基本上也并未完全跳出儒家的正统思想。但尽管如此，他在中国思想史上的光辉地位是不可磨灭的。（游国恩《中国文学史》第二册，人民文学出版社，2002年，第172页）

柳宗元具有独特的心性气质。从本质上说，柳宗元是位性格激切、甚至有些偏狭的执着型诗人。他思想深刻，有着极敏锐的哲学洞察力，但却不具备解决自身困境的能力。面对沉重的人生忧患，他读佛书，游山水，并幻想归田，希望获得超越；但他激切孤直的心性似乎过于根深蒂固了，他对那场导致自己终身沉沦的政治悲剧始终难以忘怀，因而很难超拔出来。在谪居永州的十年中，他"闷即出游"，而且也有"时到幽树好石，暂得一笑"的时候，但紧随这"一笑"之后而来的却是那百忧攻心的"已复不乐"这种忧乐交替、以忧为主的心态，使得柳宗元的大量纪游诗染上一层浓郁的幽清悲凉色彩。（袁行霈《中国文学史》第1卷，高等教育出

版社,2005年,第272—273页)

## （二）柳宗元的文学思想

文以明道,褒贬讽喻;修养志行,深入社会;主张文道统一,反对浮藻夸饰;旁推交通,各取其长。(郭预衡《中国古代文学史长编3·隋唐五代卷》,首都师范大学出版社,1992年,第289—291页)

柳本好佛,虽论文也主宗经,而其思想范围则较韩愈为广阔而深厚。柳氏虽一再以"明道"为言,然而他对于道的解释,较韩愈所说的要广泛得多。他觉得一面要在古书里求圣人之道,同时又要求其辞。求诸辞而遗其道固然不可,只求诸道而遗其辞,也是不可。柳宗元的道,一是古人所讲的道德的道,一是古人所文的艺术之道。(刘大杰《中国文学发展史》中卷,复旦大学出版社,2006年,第11页)

柳宗元也强调"文"与"道"的关系。他在《报崔黯秀才论为文书》中指出:"圣人之言,期以明道,学者务求诸道而遗其辞。辞之传于世者,必由于书。道假辞而明,辞假书而传,要之之道而已耳。"意思就是说,写文章的目的是"明道",读文章的目的是"之道",文辞只是传达"道"的手段、工具。在《答韦中立论师道书》中,他更明确提出"文者以明道"的原则,在《答吴武陵论〈非国语〉书》中,他又要求文章有"辅时及物"的作用,即能够针对现实,经世致用。

柳宗元也对骈文持批判态度。他推崇的也是先秦两汉之文。大体上说,柳宗元的散文理论与韩愈很相近。在评价骈文时不无偏激,在强调以道为根本时难免忽视文学的独立价值,但同时却也很重视文辞气势等艺术性方面的考虑。至于他的文章,同样不完全受他的理论的限制。(章培恒、骆玉明《中国文学史》中卷,复旦大学出版社,1996年,第198—199页)

## （三）柳宗元散文的艺术特色

这些都说明他在文学上的成就超过了韩愈,他的写作态度是细致而认真的,有人觉得他的气魄不及韩愈的大,可是他比韩愈谨严,他的文章的结构是紧密的,论断是明确的,有苗实,简洁,刚健的优点。(陆侃如、冯沅君《中国文学史简编》,作家出版社,1957年,第125页)

他的作品首先使我们注意的,是他的寓言。这些寓言大都是写动物故事,短小警策,意味深远,含蓄犀利,富于讽刺文学的特色。

寓言以外,柳宗元的短篇传记也是非常优秀的。这些短篇传记,不是取材于上层社会的英雄人物,而是描写一些市井细民和工农群众,通过他们,揭露了封建政治的黑暗和穷苦人民的苦痛。《宋清传》《种树郭橐驼传》《童区寄传》《捕蛇者说》等篇,是他的代表作。作者能在这些人物身上取材落墨,就已表现出他识见的杰出。特别是《捕蛇者说》,文末以"孰知赋敛之毒有甚是蛇"作结,对于剥削政治的无情谴责,尤具有强烈的现实意义。

柳宗元的山水文有两个特色:一,他不是客观的为了欣赏山水而写山水,而是把自己的生活遭遇和悲愤感情,寄托到山水里面去,使山水人格化感情化,因此在他的山水文里,仍然反映出作者在其他散文中一贯的思想内容;其次,他在山水的描写上,有细微的观察与深切的体验,运用最精炼的笔锋,清丽的语言,把山水的真实面貌,刻画出来。形象生动,色泽鲜明,诗情画意,宛然在目,成为山水散文的杰作。(刘大杰《中国文学发展史》中卷,复旦大学出版社,2006年,第11—14页)

散文内容:抨击世袭割据,主张中央集权;抨击吏治,主张任贤;反映民生疮痍,讽刺世俗时弊;抒写不幸遭遇,表达内心幽愤;刻画山水,寄寓情意。

散文成就:思想深刻,立意新奇,嬉笑怒骂,牢骚甚盛;雄深雅健,简明峻洁;杂文游记,尤擅胜场。(郭预衡《中国古代文学史长编3·隋唐五代卷》,首都师范大学出版社,1992年,第291—299页))

首先,韩愈比较偏重于散文中情感的直接表露,所谓"不平则鸣""愁思之声要妙"等都是指作者情感不加掩饰的宣泄,而柳宗元则比较偏重于情感的含蓄表达方式。就是说在创作中要平心静气,使内在情感深沉含蓄地表现。这里面有人生态度与宗教信仰的因素。因此,他虽然常常压抑不住心头激情而写出激烈的作品,但也常常克制自己,写一些感情深沉含蓄的散文。相比起来,他的作品在力度、气势上不如韩愈,但在隽永、含蓄、深沉上却超过了韩愈。其次,韩愈比较刻意于语言、形式上的革新与创造,为了突现感情的力度,他常在语言技巧上下功夫,而柳宗元相对地更重视内在涵意的表现。他的文风偏于自然流畅、清新隽永,更能令读者回味。

柳宗元的山水游记并不是单纯地去描摹景物,而是以全部感情去观照山水之后,借对自然的描述来抒发自己的感受,正如他在《愚溪诗序》中所说,他是以心与笔"漱涤万物,牢笼百态"。这山水便不仅仅是一种视觉、听觉的客观对象,而是投射了作者心境的活生生的亲切的自然。所以,他笔下的山水,都具有他所向往的高洁、幽静、清雅的情趣,也有他诗中孤寂、凄清、幽怨的格调。同时,柳宗元又以极其优美、凝炼、精致的语言通过对山水的描述,把这些感受表现得淋漓尽致。他极善于用各种传神的辞句来写各种各样的山林溪石,丰富的语汇和精微的观察,把山水写得各具形态、栩栩如生。而在布局谋篇时,他又极善于运用虚实相生、忽叙忽议的方法,使文章开阖变化,意趣无穷。此外,柳宗元的山水游记也汲取了骈文的长处,多用短句,节奏明快并且富于变化。当然,柳宗元古文在当时影响不如韩愈那么大,但是柳宗元以他与众不同的创作实践,为文风的改变开拓了一条新路。尤其是他的山水游记,突破了过去散体文偏重实用、以政治和哲理议论为主的局限,改变了散体文以先秦两汉诰誓典谟、史传书奏为典范的观念,创造了一种更文学化、抒情化的散文类型。他的寓言也是具有创造性的。在此之前,寓言大抵只是一篇文章中的一部分,主要用作论说的例证,柳宗元的寓言则摆脱了这种依附性质,而成为一种独立的文体。柳宗元散文的语言以"峻洁"著称,文字准确而简洁有力,又兼有含蓄、自然之长,体现出孤高脱俗的人生情调,是一种与人格相统一的散文风格。他的散文创作与韩愈的以奇崛雄放为特征的创作一道,为号为"古文"而实为新体散文的成功奠定了基础。(章培恒、骆玉明《中国文学史》中卷,复旦大学出版社,1996年,第199—204页)

柳宗元的传记散文,大都取材于封建社会中那些被侮辱被损害的下层人物,这是《史记》人物传记之后的一个发展,也标志着柳宗元的现实主义精神的发展。他的传记散文,和一般史传文不同,他往往借题发挥,通过某些下层人物的描写,反映中唐时代人民的悲惨生活,揭露尖锐的阶级矛盾,具有深刻的思想意义。他的作品往往突出地写出了人物的重要方面,反映出复杂的丰富的历史内容。柳宗元散文更著名的是他的山水游记。这类作品,往往在景物描写之中,抒写了他的不幸遭际和他对于现实的不满。他描写山水之乐,一方面借以得到精神安慰,同时也曲折地表现了他对丑恶的现实的抗议。柳宗元的山水游记,文笔清新秀美,富有诗情画意。(游国恩《中国文学史》第二册,人民文学出版社,2002 年,第 174—175 页)

议论之文,韩愈雄肆而尽,宗元辩核而裁;若论持之有故,言之成理,则韩不如柳。何者?韩愈善用奇以畅气势,宗元工为偶以相比勘。韩愈急言竭论,孤行一意以发其辞;宗元比事属辞,巧设两端以尽其理。韩愈辞胜于理,宗元理胜于辞。昔贤以为辩者,别殊类,使不相害;序异端,使不相乱:柳子有焉。若韩公则烦辞以相假,饰辞以相悖,巧譬以相移,引人声使不得及其意尔。

碑志之文,韩愈事多实叙而驶以奇,乃用太史公之传体;宗元语为虚美而凝以骈,厥承蔡伯喈之碑制;顾亦有袭徐庾体者,《南府君霬云睢阳庙碑》《张公舟墓志铭》,是也。而《南府君庙碑》特奇伟;入后震荡以议论,堆砌化为烟云,笔力横恣,徐庾之所未逮者焉。韩愈服膺儒者,而宗元兼通佛学。谈空显有,深入理奥,难在虚无寂灭之教,写以宏深肃括之文。其气安重以徐,其笔辨析而肆,钩赜索隐,得未曾有,此固韩愈之所不屑为,而亦韩愈之所不能为者也。(钱基博《中国文学史》全三册,中华书局,1996 年,第 343 页)

# 九、 欧阳修与《丰乐亭记》

陶雨婷

## 知人

欧阳修(1007年—1072年),生于北宋景德四年六月,字永叔,号醉翁、六一居士,吉州永丰(今江西省吉安市永丰县)人,北宋政治家、文学家,在政治上负有盛名。因吉州原属庐陵郡,以"庐陵欧阳修"自居。官至翰林学士、枢密副使、参知政事,谥号文忠,世称欧阳文忠公,与韩愈、柳宗元、苏轼、苏洵、苏辙、王安石、曾巩被世人称为"唐宋散文八大家"。

欧阳修是在宋代文学史上最早开创一代文风的文坛领袖。他领导了北宋诗文革新运动,继承并发展了韩愈的古文理论。他的散文创作的高度成就与其正确的古文理论相辅相成,从而开创了一代文风。欧阳修在变革文风的同时,也对诗风词风进行了革新。在史学方面,也有较高成就。

## 识时

欧阳修在中国文学史上有重要的地位,他大力倡导诗文革新运动,改革了唐末到宋初的形式主义文风和诗风,取得了显著成绩。由于他在政治上的地位和散文创作上的巨大成就,使他在宋代的地位有似于唐代的韩愈。他荐拔和指导了王安石、曾巩、苏洵、苏轼、苏辙等散文家,对他们的散文创作产生过很大影响。他的平易文风,还一直影响到元、明、清各代。

欧阳修对文与道的关系持有新的观点。首先,欧阳修认为儒家之道是与现实生活密切相关的:"六经之所载,皆人事之切于世者。"其次,欧阳修文道并重,他认为:"道纯则充于中者实,中充实则发为文者辉光。"此外,他还认为文具有独立的性质:"古人之学者非一家,其为道虽同,言语文章,未尝相似。"这种文道并重的思想有两重意义:一是把文学看得与道同样重要,二是把文学的艺术形式看得与思想内容同样重要,这无疑大大地提高了文学的地位。柳开等人以韩愈相号召,主要着眼于其道统,而欧阳修却重于继承韩愈的文学传统。

欧阳修自幼喜爱韩文,后来写作古文也以韩、柳为学习典范,但他并不盲目崇古,他所取法的是韩文文从字顺的一面,对韩、柳古文已露端倪的奇险深奥倾向则弃而不取。同时,欧阳修对骈体文的艺术成就并不一概否定,对杨亿等人"雄文博学,笔力有余"也颇为赞赏。这样,欧阳修在理论上既纠正了柳开、石介的偏颇,又矫正了韩、柳古文的某些缺点,从而为北宋的诗文革新确立了正确的指导思想,也为宋代古文的发展开辟了广阔的前景。

欧阳修的散文内容充实,形式多样。无论是议论还是叙事,都是有为而作,有感而发。他的议论文有些直接关系到当时的政治斗争,例如早年所作的《与高司谏书》,揭露、批评高若讷在政治上见风使舵的卑劣行为,是非分明,义正词严,充满着政治激情。又如庆历年间所作的

《朋党论》，针对保守势力诬蔑范仲淹等人结为朋党的言论，旗帜鲜明地提出"小人无朋，唯君子则有之"的论点，有力地驳斥了政敌的谬论，显示了革新者的凛然正气和过人胆识。这一类文章具有积极的实质性内容，是古文的实际功用和艺术价值有机结合的典范。欧阳修另有一类议论文与现实政治并无直接关系，但表达了作者对历史、人生的深刻思考。

欧阳修的记叙文也都言之有物，即使是亭台记、哀祭文、碑志文等作品，也都具有充实的内容，如《丰乐亭记》对滁州的历史故事、地理环境乃至风土人情都作了细致的描写。

欧阳修的散文有很强的感情色彩。他的政论文慷慨陈词，感情激越；史论文则低回往复，感慨淋漓；其他散文更加注重抒情，哀乐由衷，情文并至。在欧阳修笔下，散文的实用性质和审美性质得到了充分的显示，散文的叙事、议论、抒情三种功能也得到了高度的有机融合。

欧阳修对散文文体的发展也作出了很大的贡献。他的作品体裁多样，各得其宜。除了古文之外，辞赋和四六也是他擅长的文体。首先，欧阳修对前代的骈赋、律赋进行了改造，去除了排偶、限韵的两重规定，改以单笔散体作赋，创造了文赋。其名作如《秋声赋》，既部分保留了骈赋、律赋的铺陈排比、骈词俪句及设为问答的形式特征，又呈现出活泼流动的散体倾向，且增强了赋体的抒情意味。欧阳修的成功尝试，对文赋形式的确立具有里程碑的意义。其次，欧阳修对四六体也进行了革新。宋初的四六皆沿袭唐人旧制，西昆诸子更是严格遵守李商隐等人的"三十六体"。欧阳修虽也遵守旧制用四六体来写公牍文书，但他常参用散体单行之古文笔法，且少用故事成语，不求对偶工切，从而给这种骈四俪六的文体注入了新的活力。

欧阳修的语言简洁流畅，文气纡徐委婉，创造了一种平易自然的新风格，在韩文的雄肆、柳文的峻切之外别开生面。例如《醉翁亭记》的开头一段，语言平易晓畅、晶莹秀润，既简洁凝练又圆融轻快，毫无滞涩窘迫之感。深沉的感慨和精当的议论都出之以委婉含蓄的语气，娓娓而谈。这种平易近人的文风显然更容易为读者所接受，所以具有广阔的发展前景，其后宋代散文的发展历程就证明了这一点。

欧阳修的创作使散文的体裁更加丰富，功能更加完备。欧阳修散文创作的高度成就与其正确的古文理论相辅相成，从而开创了一代文风。

## 赏文

### 丰乐亭记

#### 欧阳修

修既治滁之明年，夏，始饮滁水而甘。问诸滁人，得于州南百步之近。其上则丰山，耸然而特立；下则幽谷，窈然而深藏；中有清泉，滃然而仰出。俯仰左右，顾而乐之。于是疏泉凿石，辟地以为亭，而与滁人往游其间。

滁于五代干戈之际，用武之地也。昔太祖皇帝，尝以周师破李景兵十五万于清流山下，生擒其皇甫晖、姚凤于滁东门之外，遂以平滁。修尝考其山川，按其图记，升高以望清流之关，欲求晖、凤就擒之所。而故老皆无在也，盖天下之平久矣。自唐失其政，海内分裂，豪杰并起而争，所在为敌国者，何可胜数？及宋受天命，圣人出而四海一。向之凭恃险阻，铲削消磨。百年之间，漠然徒见山高而水清；欲问其事，而遗老尽矣。今滁介江淮之间，舟车商贾、四方宾客之所不至，民生不见外事，而安于畎亩衣食，以乐生送死。而孰知上之功德，休养生息，涵煦于百年之深也。

修之来此，乐其地僻而事简，又爱其俗之安闲。既得斯泉于山谷之间，乃日与滁人仰而望山，俯而听泉；掇幽芳而荫乔木，风霜冰雪，刻露清秀，四时之景，无不可爱。又幸其民乐其岁物之丰成，而喜与予游也。因为本其山川，道其风俗之美，使民知所以安此丰年之乐者，幸生无事之时也。夫宣上恩德，以与民共乐，刺史之事也。遂书以名其亭焉。

（选自《欧阳修散文精选》，汪涌豪、汪习波选注，东方出版社，1999 年 1 月）

## 思考

### 1. 本文的行文线索是什么？

全文围绕"乐"而写：建亭取名为"乐"，是思乐；与滁人共游为"乐"，是享乐。乐在亭中，乐在山川，乐在和平安定的岁月。

### 2. 作者给此亭取名为"丰乐亭"，"乐"字有哪些含义？ 结合文本具体分析。

（1）处地之"乐"——自然与创造。

欧阳修能够在滁州饮到甘甜的泉水，赏到优美的景致，都是大自然所赐，当然乐；看景致，仅在距滁州百步的地方，上有"耸然而特立"的"丰山"，下有"窈然而深藏"的"幽谷"，中有"滃然而仰出"的"清泉"，能不乐？乐是乐，但作者不想只得一时之乐，也不愿独享其乐，于是在自然赐"乐"的基础上，又用人力去创造"乐"，去丰富"乐"——"疏泉凿石，辟地以为亭，而与滁人往游其间"。真可谓是由"乐"而造亭，由亭而生"乐"，"乐"何其多，人"丰乐"，亭也就叫"丰乐亭"了。

（2）处时之"乐"——机遇与幸运。

只有"乐"之地不能成就其"乐"，还必须处在"乐"之时。而作者和滁州百姓，正巧碰见了这"乐"时，这"乐"的机遇，能不感觉幸运吗？作者写处时之"乐"，是从四个方面来写的。一是"乐"之久。滁州在五代时就是兵家必争之地，没有什么安定可言，而宋太祖赵匡胤"尝以周师"平定此地。到了作者所处的时代，再想去寻战争的遗迹，也已经不可得，因为"故老皆无在也"，"天下之平久矣"，百姓"休养生息，涵煦于百年之深也"。二是"乐"之源。远源是"唐失其政，海内分裂，豪杰并起而争"，近源则是"宋受天命，圣人出而四海一"。说白了，这"乐"之源其实就是大宋皇帝，是他使得"向之凭恃险阻，铲削消磨。百年之间，漠然徒见山高而水清"。三是"乐"之况。既然处于"乐"之地，"乐"之时，那百姓到底是怎么个"乐"法呢？看吧，"今滁介江淮之间，舟车商贾、四方宾客之所不至，民生不见外事，而安于畎亩衣食，以乐生送死"。用现代一点的词语表达，就是"百姓丰衣足食，安居乐业，生老病死，顺其自然，一派田园风光"，于是作者"日与滁人仰而望山，俯而听泉；掇幽芳而荫乔木，风霜冰雪，刻露清秀，四时之景，无不可爱"，多么惬意呀！这是想当年陶渊明连做梦都想过的生活，现在让宋朝的欧阳修和滁州百姓过上了,这种"乐",局外人怎么能体会得到呢?四是"乐"之思。人常说:饮水思源。既然尝到了"乐"的甜头,那就一边"乐",一边思——让百姓"知上之功德","知所以安此丰年之乐者,幸生无事之时也"。而作者更没有忘记"宣上恩德"是自己的职责。在"乐"的过程中,让百姓思德报恩,懂得这"乐"来之不易,应当加倍珍惜,以拥护赵宋王朝。这也是本文的深层内涵。

(3) 处人之"乐"——井然与融洽。

作者欧阳修时为滁州刺史,是朝廷命官,如果他只知道自己享"乐",自己陶醉于山水之间,沉迷于美景之中,那就不是真正的"乐"。真正的"乐"在老百姓那里,在于民风民俗民愿民心,也就是孟子所说的"与民同乐"。欧阳修深知这一点,因此,他体察民情,关心百姓疾苦,将滁州治理得井然有序,与百姓相处和谐,关系融洽,于是他才得情致,"乐其地僻而事简,又爱其俗之安闲","又幸其民乐其岁物之丰成,而喜与予游也"。百姓喜欢与自己游,那怎么能不"乐"个痛快?

### 集评

1. 黄震:"《丰乐亭记》叙滁于五代被兵,而今无事,以归德于上。"(《黄氏日钞》卷六十一)

2. 茅坤:"太守之文。"(《唐宋八大家文钞》卷四十九)

3. 金圣叹:"记山水,却纯述圣宋功德;记功德,却又纯写徘徊山水。寻之不得其迹,曰:只是不把圣宋功德看得奇怪,不把徘徊山水看得游戏。此所谓心地浮厚,学问真到文字也。"(《天下才子必读书》卷十三)

4. 储欣:"唐人喜言开元事,是乱而思治。此'丰乐'二字,直以五代干戈之滁,形今日百年无事之滁,是治不忘乱也。一悲一幸,文情各极。"(《唐宋十大家全集录·六一居士全集录》卷五)

5. 林云铭:"州南偶作一亭耳,有何关系?若徒记其山水之胜,及与民同乐话头,又是《醉翁》旧套。此篇忽就滁州想出,原是用武之地。以为山川犹昔,幸而太平日久,民生无事,所以得遂其乐。非朝廷休养生息之恩,何以至此。迄今读之,犹见异平景况,跃跃纸上。古人往往于小题目中,做出大文字,端非后人所能措手。若文之流动婉秀,云委波属,则欧公得意之笔也。"(《古文析义》卷十四)

6. 吴楚材、吴调侯:"作记游文,却归到大宋功德休养生息所致,立言何等阔大。其俯仰今夕,感慨系之,又增无数烟波。较之柳州诸记,是为过之。"(《古文观止》卷十)

7. 吕留良:"若无中间感叹一段,但铺张丰乐之意,歌功颂德,成俗文矣。醉翁亦不过避熟就生耳。"(《古文精选·欧阳文》)

### 浅析

全文可分三段。首段简介建亭的缘起。文章一开始就特意点明时间,即他到滁的第二年,也就是初具政绩之时,其中已含乐意。滁地"山州穷绝,比乏水泉"。而当炎炎夏日,竟"偶得一泉于城之西南丰山之谷中,水味甘冷"(欧阳修《与韩忠献王书》),作者喜出望外,亲临考查:"俯仰左右,顾而乐之。"文章至此,正面点明"乐"字。于是喜悦之情,一气流注:"疏泉凿石,辟地以为亭。"而筑亭的目的,又是欲"与滁人往游其间"。由自我庆幸到与民同乐,在一片欢乐意绪中奠定题旨。

第二段通过对滁州历史的回顾和地理位置的介绍,歌颂了宋王朝结束战乱,使人民安居乐业的功德。为了突出主题,作者只写了宋朝以前战乱的历史,并通过今昔对比的手法来表现主题。"滁于五代干戈之际,用武之地也。昔太祖皇帝,尝以周师破李景兵十五万于清流山下,生擒其将皇甫晖、姚凤于滁东门之外,遂以平滁"这一段是写历史。表现了滁州过去的战事和宋太祖赵匡胤的勇武,赞扬了宋朝开国皇帝的武功。"修尝考其山川,按其图记,升高以望清流之关,欲求晖、凤就擒之所。而故老皆无在者,盖天下之平久矣"这一段是写当代。昔日的战场,如今已经难于考察其具体地点了。因为"故老"都已不在了,天下太平日子已经很久了,这是第一层对比。

从"自唐失其政"到"涵煦百年之深也"是第二层对比。这一段通过对人间沧桑的感慨,又一次颂扬了宋王朝统一国家、让人民休养生息的功德。作者俯仰今昔,反复抒发感叹,使文章充满了感情,这两层对比,也都是与文章题目和主题相照应的。写"滁于五代干戈之际,用武之地也",又写"自唐失其政,海内分裂,豪杰并起而争",都是为了说明当时的百姓不能"丰乐"。而"圣人出而四海一"以后,百姓能够丰足安乐,则是"上之功德"。进一步证明四海安乐的局面来之不易,弥足珍贵。

最后一段回应开端,具体写出"与滁人往游其间"之乐,归结主题。文中写作者"与滁人仰而望山,俯而听泉"的四时之景,凝练而生动;道滁地风俗之美,淳厚而安闲。段中,交错用了四个"乐"字,淋漓酣畅地抒写了欧公此时的愉悦情怀。首先作者庆幸自己远脱风波而"乐其地僻而事简,又爱其俗之安闲",一乐也;滁人"乐其岁物之丰成,而喜与予游",二乐也;作者纵谈古今,意在让人民了解"安此丰年之乐者,幸生无事之时也",三乐也;凡此种种,皆因"宣上恩德,以与民共乐",是地方官应做之事,四乐也。这就将首段"疏泉凿石,辟地以为亭"而"与滁人往游其间"之事,说得端庄入理。

这篇文章的最大特点是借写景而抒情,情景交融。文章用了大量笔墨写滁州的山水景色,从中流淌出作者丰富的情感。战乱之时,好山好水不过是为了割据称王的"凭恃险阻";在世事变迁的过程中,也只是"漠然徒见山高而水清";而在百姓安居乐业的当时,则"四时之景,无不可爱"。欧阳修写景有很深的功力。文中仅用"掇幽芳而荫乔木,风霜冰雪,刻露清秀"这十五个字就把一年四时之景的特点表现出来了。"掇幽芳而荫乔木"是通过人的动作来写春夏之景;"风霜冰雪,刻露清秀"则是用人的感受来写秋冬之色。文短情深,不仅反映出当时作者的心境,而且反映出作者高度的概括能力和精确的表达能力。

## 习法

### 习法1

1. 下列加点词的解释不正确的一项是(　　　)

A. 修尝考其山川,按其图记　　　　　　按:按照

B. 所在为敌国者,何可胜数　　　　　　数:计算,列举

C. 道其风俗之美　　　　　　　　　　　道:陈述,称道

D. 遂书以名其亭焉　　　　　　　　　　名:命名

**2.** 下列加点的词用法和意义相同的一项是(　　　)

A. 耸然而特立　　　　　　　　　　　　幽于粪土之中而不辞

B. 辟地以为亭　　　　　　　　　　　　不然,籍何以至此

C. 盖天下之平久矣　　　　　　　　　　又以悲夫古书之不存

D. 欲问其事,而遗老尽矣　　　　　　　吾其还也

**3.** 下列对原文有关内容的赏析,不正确的一项是(　　　)

A. 滁州介于江淮之间,此处环境优美,可以仰而望山,俯而听泉;也可以春采花草,夏纳清凉。虽有商贾往还,但四方宾客并不来此偏僻的丰乐亭。

B. 文章描写山泉景色之美,叙述建亭游赏之乐,文笔简洁生动。如用"耸然""窈然""潆然",就点出了景物的特点。

C. 滁州在五代时兵祸不断,至宋统一后才得以安定。

D. 作者反复指出"故老皆无在者""遗老尽矣",要人们记住"幸生无事之时",指出自己"宣上恩德,以与民共乐"的职责。

**4.** 用现代汉语翻译文中画线的句子。

(1) 问诸滁人,得于州南百步之近。



(2) 使民知所以安此丰年之乐者,幸生无事之时也。

# 习法 2

**阅读下面的文字,完成习题。**

## 画舫斋记

### 欧阳修

予至滑之三月,即其署东偏之室,治为燕私之居,而名曰画舫斋。斋广一室,其深七室,以户相通,凡入予室者,如入乎舟中。其温室之奥,则穴其上以为明;其虚室之疏以达,则槛栏其两旁以为坐立之倚。凡偃休于吾斋者,又如偃休乎舟中。山石崝嵲,佳花美木之植列于两檐之外,又似泛乎中流,而左山右林之相映,皆可爱者。因以舟名焉。

《周易》之象,至于履险蹈难,必曰涉川。盖舟之为物,所以济难而非安居之用也。今予治斋于署,以为燕安,而反以舟名之,岂不戾哉?况予又尝以罪谪,走江湖间,自汴绝淮,浮于大江,至于巴峡,转而以入于汉沔,计其水行几万余里。其羁穷不幸,而卒遭风波之恐,往往叫号神明以脱须臾之命者,数矣。当其恐时,顾视前后凡舟之人,非为商贾,则必仕宦。因窃自叹,以谓非冒利与不得已者,孰肯至是哉?赖天之惠,全活其生。今得除去宿负,列官于朝,以来是州,饱廪食而安署居。追思曩时山川所历,舟楫之危,蛟鼍之出没,波涛之汹欻,宜其寝惊而梦愕。而乃忘其险阻,犹以舟名其斋,岂真乐于舟居者邪!

然予闻古之人,有逃世远去江湖之上,终身而不肯反者,其必有所乐也。苟非冒利于险,有罪而不得已,使顺风恬波,傲然枕席之上,一日而千里,则舟之行岂不乐哉!顾予诚有所未暇,而舫者宴嬉之舟也,姑以名予斋,奚曰不宜?

**1.** 对下列句子中加点词的解释,不正确的一项是(　　)

A. 则穴其上以为明　　　　　　　　　穴:凿洞

B. 凡偃休于吾斋者　　　　　　　　　偃:安然

C. 追思曩时山川所历　　　　　　　　曩:从前

D. 今得除去宿负　　　　　　　　　　宿:住处

**2.** 下列各组句子中,加点词的意义和用法都相同的一组是(　　)

A. 则穴其上以为明　　　　　　　　　王之好乐甚,则齐国其庶几乎

B. 所以济难而非安居之用也　　　　　富而可求也

C. 盖舟之为物　　　　　　　　　　　闻道百以为莫己若者,我之谓也

D. 将乞大字以题于楣　　　　　　　　饰小说以干县令

**3.** 以下对文意的分析和理解,不正确的一项是(　　)

A. 作者以舟名斋为中心,从画舫斋的形状、构造,周围景物写起,再追忆过去经历,联想古人,层层剖析,抒写出作者复杂的内心世界。

B. 作者在文中回忆自己被贬谪的经过,历经淮河、长江、巴峡、汉水直到黄河,合计起来,走了几万里水路,足迹遍及大半个中国。

C. 文中用渡河比喻处境危难时,用船来摆渡,以此来作喻,指明自己从政治漩涡中摆脱出来,因而给住处命名画舫斋是合适的。

D. 文章的字里行间隐约流露出作者的失意和苦闷,但更多的是达观、开朗的情怀,表达了一种暂处平静而居安思危的思想。

**4.** 用现代汉语翻译下列句子。

(1) 今予治斋于署,以为燕安,而反以舟名之,岂不戾哉?

(2) 因窃自叹,以谓非冒利与不得已者,孰肯至是哉?

（3）顾予诚有所未暇，而舫者宴嬉之舟也，姑以名予斋，奚曰不宜？

5. 第二段中说："岂真乐于舟居者邪！"第三段又说："则舟之行岂不乐哉！"两种说法是否自相矛盾？谈谈你的看法。

6. 请分条概括作者命名"画舫斋"的原因。

7. 谈谈"《周易》之象，至于履险蹈难，必曰涉川"这句话在文中的作用。

## 链接

### （一）欧阳修的思想和性格特点

四岁而孤，以荻画地学书，锐意进取，勇于改革，思想上提倡道统，尤其推崇孟子的务实，而绝不同于理学家的惟言性理。他对佛老采取批判态度。他是一个正直敢言，态度十分鲜明的人，遭遇诬陷后能泰然处之。他关心政治，周达明事，反对因循，为人旷达，性格开朗。（郭预衡《中国古代文学史长编 4·宋辽金卷》，首都师范大学出版社，1992 年，第 113—115 页）

### （二）欧阳修的文学思想

欧阳修在文学思想方法，远与韩、柳，近与石、穆诸人，大致是相同的，但是他的特色，是重道又重文。欧阳修所提倡的文学改革运动，虽时时以明道、致用等口号相标榜，但仍有文道兼营、二者并重之意。他重视文与道的联系,也注意到道与文的区别。语言纯洁准确,逻辑性很强,有高度的表达能力。议论的是透辟,叙事的是生动,写景的是自然,抒情的是真实。通达流畅,气势纵横,为其显著的特色。(刘大杰《中国文学发展史》中卷,复旦大学出版社,2006年,第151页)

他强调文章和社会习尚的关系,以欧阳修为代表的诗文革新运动,正是由上而下,适应当时政治运动的要求而产生并为其服务的。也因为这样,所以欧阳修在嘉祐二年(1057)知贡举时,就通过科举考试来提倡平实朴素的文风。欧阳修诗文革新的理论是和韩愈一脉相承的。在文和道的关系上,他和韩愈一样,强调道对文的决定作用,认为道是内容,如金玉,文是形式,如金玉发出的光辉。(游国恩《中国文学史》第三册,人民文学出版社,2002年,第23页)

1. 先道德而后文章的文艺观,比较强调"道"的主导作用,他认为"文"如果脱离了"道",即失去了存在的价值。但其道更切于事实,进而提出"百事"即"道"的观点。他特别重视文学的实用价值。因而对不务实际的浮靡文风痛加批判。提倡追踪韩愈,进行诗文革新,只不过他的批判面更广,不但包括五代、西昆以来的不良文风,还包括新出现的太学体。虽然先道后文,但他不因此而轻文、废文。他提倡各种风格,最为推重平淡、"简约有法"的风格,反对险怪之风。

2. 重视感情因素,提倡穷工之说。

3. 提倡严肃的写作态度。欧阳修不但才华过人,而且写作态度十分严谨。(郭预衡《中国古代文学史长编4·宋辽金卷》,首都师范大学出版社,1992年,第116—120页)

在当时的条件下,他还有着比较合理,富有调和性、包容性的文学主张。北宋立国以来,由于约制个性的儒家伦理观念的强化,在文学方面以道统文、以道代文的理论盛张到空前的地步,它虽然触及北宋初以西昆体为代表的文学风气的某些弊病,但对文学生机,却在另一个方向上形成更强的扼制。而欧阳修的态度,一方面对这种占主流地位的文学思想在原则上表示赞同,承认道对文的决定作用,对石介、尹洙等人表示相当的尊重,另一方面也反对过分偏激的主张。在一些具体问题上,欧阳修的态度要更合理些。他认为骈文的缺点是在形式的严格限制下造成说理和叙述的不清晰,不畅通。所以,欧阳修所领导的文学变革虽有反对西昆体和骈文的一面,但它的核心问题,其实是怎样使文学在建立完善的社会秩序方面起到更积极更实际的作用。在这个基本前提下,他们维护了文学的存在权利,同时也维护了文学作为一种艺术创作活动的价值。同时,欧阳修他们也抵制了尊崇和效仿韩愈、走向僻怪险涩的文学风气。(章培恒、骆玉明《中国文学史》中卷,复旦大学出版社,1996年,第342—343页)

# 十、王安石与《上人书》

陈世东

## 知人

王安石（1021年—1086年），字介甫，号半山，汉族，临川（今江西抚州市临川区）人，北宋著名的思想家、政治家、文学家、改革家。庆历二年（1042年），王安石进士及第。历任扬州签判、鄞县知县、舒州通判等职，政绩显著。熙宁二年（1069年），任参知政事，次年拜相，主持变法。因守旧派反对，熙宁七年（1074年）罢相。一年后，被宋神宗再次起用，旋又罢相，退居江宁。元祐元年（1086年），保守派得势，新法皆废，郁然病逝于钟山（在今江苏南京），赠太傅。绍圣元年（1094年），获谥"文"，故世称王文公。哲学上，用"五行说"阐述宇宙生成，丰富和发展了中国古代朴素唯物主义思想；其哲学命题"新故相除"，把中国古代辩证法推到一个新的高度。文学上，具有突出成就：其散文论点鲜明、逻辑严密，有很强的说服力，充分发挥了古文的实际功用；短文简洁峻切、短小精悍，名列"唐宋八大家"；其诗"学杜得其瘦硬"，擅长于说理与修辞，晚年诗风含蓄深沉、深婉不迫，以丰神远韵的风格在北宋诗坛自成一家，世称"王荆公体"。有《王临川集》《临川集拾遗》等存世。

作为一个文学家，王安石不仅著作等身，而且具有个性鲜明的文学思想。

王安石兼擅散文、诗、词，取得很高成就，尤以论说、书序、记、墓铭、祭文为突出。但他的创作还不止于此。最近，《王安石全集》面世，其主编是王水照教授，他是中国宋代文学研究会荣誉会长、宋代文学专家，《王安石全集》所收录的王氏著作，综合了王安石的政见与文学创作，从中不难发现，王安石的散文理论与改革主张有一脉相承之处，两者互为渗透、密不可分。主要包括"务为有补于世""表里相济""文者言乎志""善为古文""文贯乎道"。

王水照对此作了剖析，比如王安石的文论，以重道崇经、济世致用为核心，强调"文"与"道""经""政"的一致性。"这些观点在我国散文理论史中并非罕见，但它却是当时社会政治改革思潮的产物，有着相应的时代背景"。比如，王安石的《上仁宗皇帝万言书》曾被梁启超称为"秦汉后第一大文"，此文以人才问题为中心，广泛涉及当时各类弊政，头绪纷繁又题旨集中，段段自为一意而互相勾联，呈现出网状结构形态，在奏书中可谓独创一格。王水照认为，宋代散文家的写作大都趋向平易婉转的风格，王安石却取径韩愈拗折刚劲、奇崛雄健一路。

不只是散文，王安石的诗词风格也独树一帜。《王安石全集》收录王安石现存诗歌1600多首，这在北宋诗人中位列前茅。王安石今存词29首，数量虽少，却颇具辨识度。"在当时一片倚红偎翠、浅斟低唱的词风弥漫词坛时，王安石笔下颇有豪放之风，难能可贵"，王水照如是评价。

## 识时

宋真宗天禧五年(1021年),王安石出生于临川,父亲王益,时任临川军判官。王安石自幼聪颖,酷爱读书,过目不忘,下笔成文。稍长,跟随父亲宦游各地,接触现实,体验民间疾苦。文章立论高深奇丽,旁征博引,始有移风易俗之志。

宋仁宗景佑四年(1037年),王安石随父入京,以文结识好友曾巩,曾巩向欧阳修推荐其文,大获赞赏。宋仁宗庆历二年(1042年),登杨寊榜进士第四名,授淮南节度判官。

皇祐三年(1051年),王安石任舒州通判,勤政爱民,治绩斐然。宰相文彦博以王安石恬淡名利、遵纪守道向宋仁宗举荐,请求朝廷褒奖以激励风俗,王安石以不想激起越级提拔之风为由拒绝。欧阳修举荐为谏官,王安石以祖母年高推辞。欧阳修又以王安石须俸禄养家为由,任命他为群牧判官。不久王安石出任常州知州,得与周敦颐相知,声誉日隆。

王安石主张对宋初以来的法度进行全盘改革,革除宋朝存在的积弊,扭转积贫积弱的局势。但宋仁宗并未采纳王安石的变法主张。

此后,朝廷多次委任王安石以馆阁之职,均固辞不就。士大夫们以为王安石无意功名,不求仕途,遗憾无缘结识;朝廷屡次想委以重任,都担心王安石不愿出仕。后朝廷任命王安石与人同修《起居注》,王安石辞谢多次才接受。

王安石提出"治国之道,首先要确定革新方法";勉励神宗效法尧舜,简明法制。神宗认同王安石的相关主张,要求其尽心辅佐,共同完成这一任务。王安石随后上《本朝百年无事札子》,阐释宋初百余年间太平无事的情况与原因,指出当时危机四伏的社会问题,期望神宗在政治上有所建树,认为"大有为之时,正在今日"。

熙宁三年(1070年),王安石任同中书门下平章事,位同宰相,在全国范围内推行新法,开始大规模的改革运动。

变法伊始,王安石对神宗提出奸佞之论,建议神宗要辨别小人并加以惩处。新法颁布后,王安石擢拔吕惠卿、章惇、蔡确等人参与变法的实施。

王安石变法的目的在于富国强兵,借以扭转北宋积贫积弱的局势。然而变法触犯了保守派的利益,遭到保守派的反对。法令颁行不足一年,围绕变法,拥护与反对两派就展开了激烈的论辩及斗争。

熙宁三年(1070年),司马光三次写信给王安石(《与王介甫书》),列举实施新法弊端,要求王安石废弃新法,恢复旧制。王安石回信(《答司马谏议书》),对司马光的指责逐一反驳,并批评士大夫阶层的因循守旧,表明坚持变法的决心。随后神宗欲起用司马光任枢密副使,司马光趁机复议废止新法,神宗没答应,司马光遂辞职离京。

后来,围绕变法利弊,皇宫与大臣意见的不一,王安石两度罢相,两度任相,在政治的旋涡里起伏沉浮。忠心一片,鞠躬尽瘁。

## 赏文

### 上人书

尝谓:文者,礼教治政云尔。其书诸策而传之人[(1)],大体归然而已[(2)]。而曰"言之不文,行之不远"云者,徒谓"辞之不可以已也"[(3)],非圣人作文之本意也。

自孔子之死久,韩子作[(4)],望圣人于百千年中,卓然也。独子厚名与韩并,子厚非韩比也,然其文卒配韩以传,亦豪杰可畏者也。韩子尝语人文矣[(5)],曰云云,子厚亦曰云云。疑二子者,徒语人以其辞耳[(6)],作文之本意,不如是其已也[(7)]。孟子曰:"君子欲其自得之也。自得之,则居安;居之安,则资之深;资之深,则取诸左右逢其原。"孟子之云尔,非直施于文而已,然亦可托以为作文之本意。

且所谓文者,务为有补于世而已矣;所谓辞者,犹器之有刻镂绘画也。诚使巧且华,不必适用;诚使适用,亦不必巧且华。要之以适用为本,以刻镂绘画为之容而已。不适用,非所以为器也。不为之容,其亦若是乎?否也。然容亦未可已也,勿先之,其可也。

某学文久,数挟此说以自治。始欲书之策而传之人,其试于事者,则有待矣。其为是非耶?未能自定也。执事,正人也,不阿其所好者,书杂文十篇献左右,愿赐之教,使之是非有定焉。

(选自《王安石散文精选》,高克勤选注,东方出版中心,1998 年 9 月)

[注释] (1) 书诸策:记录在史册之上。传之人:史册复又流传于人。(2) 归然:归结,归宿。已:止,这里是不要的意思。(3) 辞之不可以已也:语出《左传》;已:废除,废置。此谓言辞是不可以不讲究的。(4) 韩子:韩愈,字退之,河阳(今河南孟县)人。他是中唐散文革新运动的领袖。(5) 语人文:告诉他人作文之法。语:告诉。所谓"文以载道""文从字顺",都见于此。(6) 其辞:指韩柳谈如何锤炼言词的方法。(7) 不如是其已也:并非仅仅如此。

~~~~~~~~~~~~~~~~~~~~~~~~~~~~~~~~~~~~~~~~~~~~~~~

**思考**

#### 1. 本文题目有何含义?

| **点拨** | 书,是一种文体,书信。从文章末尾可见,此文是写给某人的信。

| **探索** | 由此可见,"上人书",应该是赠给某人的文章,或写给文友的信。本文应该可以理解为,王安石在文艺理论上与某文友的交流。

#### 2. 本文观点是什么?这与古文运动的观点有何联系与不同?为什么?

| **点拨** | 可从文章结构及归纳性语句入手思考。结构上尤其要注意开头与结尾。

| **探索** | 文章开头说,"'言之不文,行之不远'云者,徒谓'辞之不可以已也',非圣人作文之本意也"。引用圣人原文,以导入个人分析的重心——即这句话的"本意"。

文章第三节有句归纳语,不可错过:要之以适用为本,以刻镂绘画为之容而已。——这就是圣人该说的本意。

## 3. 文章是如何论证观点的?

| 点拨 | 围绕观点从论证内容与方法上探讨。

| 探索 | 第二节,举出前代名人关于文艺理论的探讨,又一分为二指出其("韩柳")的不足,再进一步引用孟子的名言,进行分析,以此得出个人的主张。第三节,作者又运用比喻论证,形象生动地论证了文章的"本意"。

### 集评

一种观点认为,王安石在"文"与"辞"的关系上把"辞"看作可有可无的东西,也即是说他对形式上和艺术上的东西看作是无关轻重的。

一种观点认为,他看出当时道学家由强调"文以载道"进而将"文"和"道"相对立,甚至走到"作文害道""重道而废文"的极端,故此他并不完全否定"巧且华"的文学修饰作用。他的主张十分明确:"容亦未可少也,勿先之。"即是在重视内容的前提下,形式也是重要的;但和文章的思想内容相比较,则文辞修饰始终不能放在首位。王安石对两者的位置摆法无疑是正确的。

一种观点认为,王安石的文论主张要一分为二地对待。王安石认为重视内容的前提下,形式也是重要的,此说可取。但是,由于自始至终他所提及的思想内容,仅仅是指礼教政治,则他对文章内容的认识也就未免显得过于拘狭。不过在当时的历史条件下,他能从文章的社会功用出发,探讨文章的内容和形式间的关系,从而得到如此独到和较时人深刻的见解,还是非常可贵的。

### 浅析

本文阐明了王安石文艺理论的主张及见解——注重文章反映社会的功能价值,对文章的内容及外在修辞形式的安排,提出了兼容并蓄的方法。

作者以《孟子·离娄下》的一段话来比喻写文章和作文的本意。他认为写文章首先要有明确的实用目的("自得之");目标明确,作家就会认真思考("居之安"),从而获得自己的见解("资之深")。见解深刻,而又内容充实的话,文章写起来就自然得心应手了("取诸左右逢其原")。之后王安石拿器物作比喻,说明文章"以适用为本"的道理。他认为言辞形式之美有如器物的外饰,虽不可完全废止,但总不能摆在首位。一件器物只要适用,不一定要华丽巧妙;不实用的器具,即使装饰再华巧,也失去了作为器物的本来意义。

文章的末段王安石自言"数挟此说以自治"。从他的写作实践看来,他的确能做到言行一致。以《上人书》为例,文章从"作文之本意"开始,最后落脚在如何处理"文""辞"的关系上,几经推演,中心突出,要言不烦,文笔既简练劲峭,又不失华采生动,语言极富表现力,能称得上是一篇上佳的议论文。而王安石重道崇经的思想,在他编选《四家诗》的过程中可说是表现得十分彻底。他在《四家诗》中编定四家的次序是杜甫、欧阳修、韩愈和李白。据《遯斋闲览》载,时人曾问他为何会将李白诗置于四家之末,王安石回答说:"白之诗歌豪放飘逸,人固莫及,然其格止于此而已,不知变也。"在《钟山语录》中,王安石对李白诗的批评说得更清楚:"白诗近俗,人易悦故也。白识见污下,十首九首说妇人与酒;然其才豪俊,亦可取也。"王安石把李白的诗歌置于欧阳修和韩愈之下,在今人的眼光看来固然不当;但从他对"作文之本意"的认识来看,他对李白的批评正符合他论文必须切合政治实用的宗旨,表现出他在文学批评方面的特色。当然,就如在他于《上人书》中对韩、柳二公文章的批评一样,我们便可看出王安石对艺术的理解,特别是浪漫主义作品的价值认识不足。另外,王安石于《上人书》中从礼教政治的观点出发,过分强调文章的实用精神,使他的文学观念过分偏狭和带上浓厚的功利主义色彩。

　　总括来说,王安石的《上人书》对"文""辞""道"三者作了较独到和深刻的理解。在文章内容和形式的关系上,他明确提出"容亦未可已也,勿先之"的观点,指出内容应先于形式,但艺术手法亦不可少的做法,二者相统一才符合"作文之本意"。这在当时"重文""重道"二派各执一端的情况下,有其进步之意义。

## 习法

### 习法1

1. 解释下列句中加点的词。
　　(1) 辞之不可以已也　　　　　　　(2) 徒语人以其辞耳

　　(3) 以刻镂绘画为之容而已　　　　(4) 书杂文十篇献左右

2. 解释下列句中"文"的含义。
　　(1) 言之不文,行之不远　　　　　(2) 尝谓:文者,礼教治政云尔

　　(3) 非圣人作文之本意也　　　　　(4) 某学文久

3. 用现代汉语翻译下列句子。
　　(1) 疑二子者,徒语人以其辞耳。

　　(2) 作文之本意,不如是其已也。

　　(3) 执事,正人也,不阿其所好者。

**4.** 这篇文章与我们学过的《游褒禅山记》同为王安石所写，其共同点就是"辩"，就此分析之。

**5.** 在本文里，作者阐明了他对文学的见解和主张，请依据题意先引用原句，再写出大意。

(1) 在文学与政治的关系上，他认为：

　　大意是：

(2) 在文学与社会的关系上，他认为：

　　大意是：

(3) 在文学的内容与形式的关系上，他认为：

　　大意是：

## 习法 2

**阅读下面的文字，完成习题。**

### 同学一首别子固

王安石

　　江之南有贤人焉，字子固[(1)]，非今人所谓贤人者，予慕而友之。淮之南有贤人焉，字正之[(2)]，非今人所谓贤人者，予慕而友之。二贤人者，足未尝相过也，口未尝相语也[(3)]，辞币未尝相接也[(4)]。其师若[(5)]友，岂尽同哉？予考其言行，其不相似者，何其少也！曰：学圣人而已矣。学圣人，则其师若友，必学圣人者。圣人之言行，岂有二哉？其相似也适然[(6)]。

　　予在淮南，为正之道子固，正之不予疑也。还江南，为子固道正之，子固亦以为然。予又知所谓贤人者，既相似，又相信不疑也。子固作《怀友》一首遗予，其大略欲相扳以至乎中庸而后已[(7)]。正之盖亦常云尔。夫安驱徐行，辅中庸之庭，而造于其室，舍二贤人者而谁哉？予昔非敢自必其有至也，亦愿从事于左右焉尔。辅而进之，其可也。

噫！官有守，私有系，会合不可以常也。作《同学》一首别子固，以相警，且相慰云。

[注释]　（1）子固：曾巩的字。曾巩是北宋著名的散文家，和作者同是江西人。（2）淮之南：淮河的南面。正之：孙侔的字。孙侔，吴兴（今浙江省湖州市吴兴区）人。（3）语：谈话。（4）辞：言词，指书信。（5）若：及、与、和。（6）适然：恰好这样。（7）扳：扭转。这里作帮助解。儒家认为"中庸"是道德的最高标准。

**1.** 解释下列句中加点的词。

　　（1）予慕而友之　　　　　　　　　　（2）足未尝相过也

　　（3）其师若友，岂尽同哉　　　　　　　（4）亦愿从事于左右焉尔

**2.** 解释下列加点的多义虚词。

　　（1）圣人之言行，岂有二哉？　　　　　辅而进之，其可也

　　（2）非今人所谓贤人者，予慕而友之　　其不相似者，何其少也

　　（3）辀中庸之庭，而造于其室　　　　　辅而进之，其可也

　　（4）子固亦以为然　　　　　　　　　　作《同学》一首别子固，以相警，

**3.** 用现代汉语翻译下列句子。

　　（1）圣人之言行，岂有二哉？其相似也适然。

　　（2）子固作《怀友》一首遗予，其大略欲相扳以至乎中庸而后已。

**4.** 文中"同学"的内涵是什么？其依据是什么？

**5.** 文中为了论证学习圣人的重要性,不从圣人本身值得学习的方面谈,而是从学习者的表现与态度方面入手,更生动深刻,请就此赏析。

## 链接

### (一) 历代名家关于王安石的评价

1. 少好读书,一过目终身不忘,属文动笔如飞,初若不经意,既成,见者皆服其精妙。议论高奇,能以辨博济其说,果于自用,慨然有矫世变俗之志。(郭预衡《中国古代文学史长编4·宋辽金卷》)

2. 王安石的政治思想可用《本传》中的三不足来概括。一是"天变不足畏",有朴素的唯物主义思想。二是"祖宗不足法",有强烈的变革精神,而不讳言法制和理财。三是"人言不足恤",有强烈的反潮流的精神。在出处进退上存在矛盾,晚年溺于佛老。(郭预衡《中国古代文学史长编4·宋辽金卷》)

3. 唐宋八家,惟安石为人风裁峻整,绝去一切声色绮纨之好,尤为素朴而纯实,所以见于文章,醇粹明白,语无枝叶。(钱基博《中国文学史》)

4. 王安石青年时代就有高度的政治热情,以太平宰相自许,后又以顽强的态度投入政治斗争,其理想决不是要做一个"文人"。(章培恒、骆玉明《中国文学史》中卷)

5. 王安石的散文大多是直接为其政治服务的,这些作品论点鲜明,逻辑严密,有很强的说服力。王安石的散文创作充分发挥了古文的实际功用,从而提高了这种文体的实用价值,这对古文的发展是大有裨益的。当然王安石的散文也有缺点,他过于注重逻辑说服力,而对艺术感染力重视不够。(袁行霈《中国文学史》第3卷)

6. 从思想内容上说,王安石的散文集中在指论国事的政论文上,少有写景与言情之作。散文风格是文如其人,处处显示出大政治家的胸襟气度和真知灼见。(郭预衡《中国古代文学史长编4·宋辽金卷》)

7. 大抵安石与曾巩学术相同,意气相投,文章不期而似。人只知南丰文字平正,而朱熹却道"更峻洁";人尽说荆公文字精悍,而朱熹却道"似南丰";骤听不解,而朱熹实见其深。其他称是,而所以为难能者,为其简老严重,而无害于笔力天纵,以折为峭,特峻而曲,辞简而意无不到,格峻而笔能驱转,愈峭紧,愈顿挫;此其似于巩者一也。安石之文,亦有洋洋大篇,浑灏流转,而抒以隽杰廉悍之笔,沉着顿挫者。深切迳举,使人读之激昂,讽咏不厌。(钱基博《中国文学史》)

8. 韩琦:安石为翰林学士则有余,处辅弼之地则不可。

9. 曾巩:巩之友有王安石者,文甚古,行称其文。

10. 司马光:人言安石奸邪,则毁之太过;但不晓事,又执拗耳。

11. 黄庭坚:余尝熟观其(王安石)风度,真视富贵如浮云,不溺于财利酒色,一世之伟人也。

12. 朱熹:以文章节行高一世,而尤以道德经济为己任……(然)卒之群奸嗣虐,流毒四海,至于崇宁、宣和之际,而祸乱极矣。

13. 梁启超:①若乃于三代下求完人,惟公庶足以当之矣。悠悠千年,间生伟人,此国史之光,而国民所当买丝以绣,铸金以祀也。距公之后,垂千年矣,此千年中,国民之视公何如,吾每读宋史,未尝不废书而恸也。②以不世出之杰,而蒙天下之诟,易世而未之湔者,在泰西则有克林威尔,而在吾国则荆公。

14. 列宁:王安石是中国十一世纪时的改革家,实行土地国有未成。

15. 毛泽东:(王安石)可谓有专门之学者矣,而卒以败者,无通识,并不周知社会之故,而行不适之策也。

## (二) 王安石名言

1. 往者已不及,尚可以为来者之戒。

2. 不以先进略后生,不以上官卑下吏。

3. 琴樽已寂寞,笔墨尚光辉。

4. 舍情欲说独无处,传与琵琶心自知。

5. 天下不可一日而无政教,故学不可一日而亡于天下。

6. 礼贵从宜,事难泥古。

7. 百年养不足,一日毁有余。

8. 浓绿万枝红一点,动人春色不须多。

9. 爆竹声中一岁除,春风送暖入屠苏。

10. 春风又绿江南岸,明月何时照我还?

11. 能使人知己、爱己者,未有不能知人、爱人者也。

12. 忠者不饰行以侥荣,信者不食言以从利。

13. 天变不足畏,祖宗不足法,人言不足恤。

14. 遥知不是雪,为有暗香来。

15. 修身洁行，言必由绳墨。

16. 种种春风吹不长，星星明月照还稀。

17. 贫者因书而富，富者因书而贵。

18. 仁足以使民不忍欺，智足以使民不能欺，政足以使民不敢欺。

19. 春色恼人眠不得，月移花影上栏杆。

20. 才有长短，取其长则不问其短；情有忠伪，信其忠则不疑其伪。

21. 不畏浮云遮望眼，自缘身在最高层。

22. 劲操比松寒不挠，忠言如药苦非甘。

# 十一、苏洵与《管仲论》

吴俊苓

## 知人

苏洵(1009年—1066年),字明允,自号老泉(苏洵家有老人泉,梅尧臣曾为之作诗,遂自号),眉州眉山(现在四川眉山)人,北宋著名散文家。据说27岁才发愤读书,经过十多年的闭门苦读,学业大进。宋仁宗嘉祐元年(1056)带领儿子苏轼、苏辙到汴京(现在河南开封),以所著文章22篇(《几策》二篇、《权书》十篇、《衡论》十篇)谒见翰林学士欧阳修。欧阳修很赏识这些文章,认为可以与贾谊、刘向相媲美,于是向朝廷推荐。一时公卿士大夫争相传诵,文名因而大振。嘉祐三年,仁宗召他到舍人院参加考试,他推托有病,不肯应诏。嘉祐五年,授职秘书省校书郎,后为霸州文安县主簿。参与修纂礼书《太常因革礼》一百卷,书成不久即去世,追赠光禄寺丞。

苏洵精于古文写作,尤长于策论,主张"言必中当世之过"。为文见解精辟,论点鲜明,论据有力,语言锋利,明快酣畅,纵横捭阖,雄奇遒劲,很有战国纵横家的风度。后人因其子苏轼、苏辙都以文学闻名,故称他为"老苏",并将他们父子三人合称"三苏",均列入唐宋散文八大家。著有《嘉祐集》十五卷。

## 识时

苏洵生活的北宋中期是宋朝最为繁荣的一段时期,时仁宗皇帝在位,鼓励发展文学艺术,不但"宰相须用读书人",而且主兵的枢密使等职也多由文人担任。这些措施使宋代文人的社会责任感和参政热情空前高涨,贤良之臣在位,杰出文士受到恩宠,朝廷一片升平的景象。

但是,北宋建国后,实行中央专制集权制度,由此导致官僚机构膨胀、官俸开支浩大,政府财政入不敷出。同时,政府实行不限制兼并的政策,土地集中现象严重,社会矛盾日益尖锐,积贫积弱的局面逐渐显现。

不少具有开明进步思想的官僚士大夫纷纷要求改革,"开口揽时事,议论争煌煌"是当时文人特有的精神面貌。文人们放言无惮,好发议论,论政、论兵、论史、论道。

这篇文章是作者针对当时的政治现实,针对国家需要有用的人才,提出举贤任能才是国家长治久安的根本。论点鲜明,论据有力,纵横恣肆,具有雄辩的说服力,给人一种雄健、刚强的感觉,极具鼓动性。

## 管仲论

管仲相威公[1]，霸诸侯，攘夷狄，终其身齐国富强，诸侯不叛。管仲死，竖刁、易牙、开方用[2]，威公薨于乱，五公子争立，其祸蔓延，讫简公，齐无宁岁。

夫功之成，非成于成之日，盖必有所由起；祸之作，不作于作之日，亦必有所由兆。故齐之治也，吾不曰管仲，而曰鲍叔；及其乱也，吾不曰竖刁、易牙、开方，而曰管仲。何则？竖刁、易牙、开方三子，彼固乱人国者，顾其用之者，威公也。夫有舜而后知放四凶[3]，有仲尼而后知去少正卯[4]。彼威公何人也？顾其使威公得用三子者，管仲也。

仲之疾也，公问之相。当是时也，吾意以仲且举天下之贤者以对。而其言乃不过曰竖刁、易牙、开方三子非人情[5]，不可近而已。呜呼！仲以为威公果能不用三子矣乎？仲与威公处几年矣，亦知威公之为人矣乎？威公声不绝于耳，色不绝于目，而非三子者则无以遂其欲。彼其初之所以不用者，徒以有仲焉耳。一日无仲，则三子者可以弹冠而相庆矣[6]。仲以为将死之言可以絷威公之手足耶？夫齐国不患有三子，而患无仲。有仲，则三子者，三匹夫耳。不然，天下岂少三子之徒？虽威公幸而听仲，诛此三人，而其余者，仲能悉数而去之耶？呜呼！仲可谓不知本者矣！因威公之问，举天下之贤者以自代，则仲虽死，而齐国未为无仲也。夫何患三子者，不言可也。

五伯莫盛于威、文[7]，文公之才，不过威公，其臣又皆不及仲；灵公之虐，不如孝公[8]之宽厚。文公死，诸侯不敢叛晋，晋袭文公之余威，得为诸侯之盟主者百有余年。何者？其君虽不肖，而尚有老成人焉。威公之薨也，一乱涂地，无惑也，彼独恃一管仲，而仲则死矣。

夫天下未尝无贤者，盖有有臣而无君者矣。威公在焉，而曰天下不复有管仲者，吾不信也。仲之书有记其将死[9]，论鲍叔、宾胥无之为人，且各疏其短，是其心以为数子者皆不足以托国，而又逆[10]知其将死，则其书诞谩[11]不足信也。吾观史鳅[12]以不能进蘧伯玉而退弥子瑕，故有身后之谏[13]；萧何且死，举曹参以自代[14]。大臣之用心，固宜如此也。夫国以一人兴，以一人亡，贤者不悲其身之死，而忧其国之衰，故必复有贤者而后可以死。彼管仲者，何以死哉？

（选自《苏洵全集》（一），张玉霞点校，时代文艺出版社，2001年10月）

[注释]（1）威公：即齐桓公。因避钦宗（赵桓讳），改为威公。（2）竖刁、易牙、开方：齐桓公宠幸的三个近臣。竖刁，为了进入宫廷做宦官，自割其生殖器；易牙，雍人，名巫，善于调味，相传曾烹其子为羹以献齐桓公；开方，卫公子，喜欢阿谀逢迎。管仲死后，三人专权。桓公死后，诸子争位，竖刁与易牙等杀害群臣，立公子无亏，太子昭奔宋，齐国因此发生内乱。（3）舜放四凶：旧传共工、驩（huān）兜、三苗（古族名，这里指其族首领）、鲧（gǔn）为尧时的四凶。他们贪残背义，行为凶险，天下恶之。舜征得尧的同意，对四凶族进行惩罚。（4）少正卯：春秋时期鲁国的大夫，官至少正，能言善辩。少正卯和孔丘都开办私学，招收学生。鲁定公14年，孔丘任鲁国大司寇，代理宰相，上任后7日就把少正卯以"君子之诛"杀死在两观的

东观之下。孔丘说少正卯是"小人之桀雄",有惑众造反的能力。(5)非人情:不合人情。指竖刁为进齐宫而自阉,易牙杀子而迎合君主,开方原本是卫国的公子,后来抛弃了父母来到齐国侍奉齐桓公。(6)弹冠而相庆:弹去帽子上的灰尘。比喻一个人做了官,其他人互相庆贺,将有官可做,多用于贬义。后指坏人得意的样子。(7)五伯莫盛于威、文:五伯,春秋五霸。威、文,齐桓公、晋文公。(8)孝公:指齐孝公,齐桓公之子。齐桓公死后,齐孝公在宋国的支持下夺得了王位。(9)仲之书:指《管子》。(10)逆:预料。(11)诞谩:荒诞无稽。(12)史鳅:字子鱼,也叫史鱼,春秋时期卫国大夫。(13)身后之谏:史鳅死后,让儿子不依照礼制停放尸体,国君如果问,便说自己未能进蘧伯玉而退弥子瑕。蘧(qú)伯玉:即蘧瑗,春秋时卫国大夫,卫灵公时贤臣,天下闻名,孔子很敬重他。弥子瑕(xiá):春秋时卫国大夫,善于奉承,曾深得卫灵公宠爱。身后之谏,指贤能之人,以天下为己任,一定要推选贤明的人,才安心死去。(14)萧何且死,举曹参以自代:萧何死前推举曹参为相。

**思考**

### 1. 文章是如何有力地论证观点的?

| 点拨 | 本文是一篇史论,结构清晰,论点鲜明,议论层层递进,很有说服力。可以从结构和论证方法两个方面入手,分析作者是如何围绕观点展开论述的。

| 探索 | 文章开篇即提出齐国内乱,虽由竖刁、易牙、开方起,但是,管仲负有不可推卸的责任的观点。然后分析管仲身为人臣,理当为国举贤,然而病危之际却只说此三人"非人情,不可近",并未举贤者以自代,由此导致齐国内乱。又以假设进一步申说,如果"因之问,举天下之贤者以自代",那么管仲虽死,齐国也不算是失去了管仲。接着,以晋国在文公死后有"老成人"执政为例做对照,再次强调国家动乱因无贤者相继。最后,再以史鳅荐蘧伯玉、萧何荐曹参对照,指出管仲严重的失职,和开头做呼应。

　　文章运用对比的论证方法。以晋文公死后晋国国事稳定和齐桓公死后齐国一乱涂地做对比,指出贤者继位才能绵延国祚。以史鳅荐蘧伯玉、萧何荐曹参作对比,指出齐国败乱,管仲之责无所逃脱。

### 2. 说说本文的语言特点。

| 点拨 | 本文辞风颖锐,极富雄辩恣肆的特点。

| 探索 | 多用问句,强烈批评管仲身为大臣,却不能举荐贤人,以致奸人祸乱国政。"仲与威公处几年矣,亦知威公之为人矣乎?"指出管仲应当了解威公为人;"仲以为将死之言可以絷威公之手足耶?""不然,天下岂少三子之徒?""而其余者,仲能悉数而去之耶?"用反问,指出管仲一旦身死,齐国小人掌权的必然性;最后又说:"彼管仲者,何以死哉?"以震耀耳目的反问,指出齐国有贤不用的局面正是管仲造成的。

　　文中又夹以"呜呼"等感情强烈的嗟叹,在夹叙夹议的文字中,流溢着强烈的情感和充沛的气势。

真德秀:韩非子言,管仲将死,荐隰朋,而桓公不能用也,似亦未可深罪仲矣。又此文,桓公旧皆改威公,盖避钦宗讳也。老泉生在靖康之前,不应预知庙讳,必传写者追改之耳,今正之。(《文章正宗·卷四》)

茅坤:通篇只罪管仲不能临没荐贤,起起伏伏,光景不穷。(《唐宋八大家文钞·卷一百十二》)

吴楚材、吴调侯:通篇总是责管仲不能临殁荐贤,起伏照应,开阖抑扬,立论一层深一层,引证一段紧一段,似此卓识雄文,方能令古人心服。(《古文观止·卷十》)

王应鲸:中段代管仲为谋,文章最高处。远远说起,逐节转换,逐层衬贴,逐段翻驳,千呼万唤,而后出之,遂使意无不尽,最可为学文楷范。"不知本"一句,是前后关键。前以鲍叔陪起,鲍见管子,知本者也。后以史、萧二人衬结,史、萧荐贤,知本者也。两头夹出一管仲之不知本,亦是从《春秋》澄本清源之法生来。(《唐宋八大家公眼录·卷四》)

沈德潜:以齐乱坐实管仲,固是深文;然咎其不能荐贤,自是正论。此老泉文之醇者。仲劝公勿用三子,后卒致乱。人皆服其先见,此独责其不能举贤自代,翻进一层。笔如老吏断狱,一字不可移易。(《唐宋八大家文读本》)

林纾:说三子之所以不能去,即去三子,尚有继三子而进之人;流弊在威公多欲而狎群小。语语皆切中威公之病。至谓"天下不复有管仲,而吾不信",则说得太容易矣。然非此亦不能自圆其说。妙在收处"管仲何以死哉"一语,奇极,耐人寻味不尽。(《古文辞类纂选本》)

## 浅析

本篇是苏洵评论历史名臣管仲的文章。文章主旨,是批评管仲临死未能荐贤自代的错误,以致造成竖刁、易牙、开方三个奸臣专权的局面,留下齐国内乱的祸根。文章层层翻驳,文句警策,新意频出,充分显示了苏洵严密的逻辑思维和独到见解,表现了苏洵文章纵横开合、锋利雄辩的特色。

文章开笔先承旧说,言管仲生前之功。即辅佐齐桓公,称霸诸侯,使齐国富强,诸侯不敢反叛。然后转言管仲死后齐乱之祸,五公子争立,"齐无宁岁"的灾祸,为下文立论张本。

接着笔锋延伸,发表议论,指出齐之治,功在鲍叔;齐之乱,过在管仲。作者指责管仲,却先不说管仲,而是劈面提出:"夫功之成,非成于成之日,盖必有所由起;祸之作,不作于作之日,亦必有所由兆。"作者以这种带有思辨色彩的哲理作为本段起笔,不仅醒豁警拔,而且还起着承上启下的作用。为了坐实这一点,又举舜和仲尼这两位古圣先贤除凶去害为佐证,深刻揭示管仲在世时不除三竖,以致酿成日后的祸乱,有其不可推卸的责任。由此推出"彼威公何人也? 顾其使威公得用三子者,管仲也"的断语。

然后,作者举管仲病危时桓公问相一事进一步论述管仲之过。桓公问相,说明这时他尚有求贤之心。作为一国宰相、辅弼重臣的管仲理应坦露心迹,荐贤以自代。但他只是说竖刁等三人不近人情之处。评论者认为"管仲罪处全在此段"。接着作者笔锋一折,代管仲划策,

"因威公之问，举天下之贤者以自代"。既责之以罪，又晓之以理，且酬之以谋，用心可谓良苦。本段收尾，甚为劲拔。

此后，作横向拓展，举晋文公之事进一步阐述国家的治乱全在于有无贤臣，进而点明管仲不荐贤自代罪不可恕，文章再次跃进一步，批驳更深一层。

最后，作者说天下有贤臣却不被所用，引管仲著作中论鲍叔、宾胥无为人的事实，批评管仲不能荐贤。最后用史鳅和萧何临殁进贤为证，指出"贤者不悲其身之死，而忧其国之衰"，才是自己的根本责任。而"彼管仲者，何以死哉"用反问，充满嘲讽和指责，以此收束全文，言辞冷峻，坚劲有力。

# 习法

## 习法 1

1. 给下面加点的字注音。

   （1）威公薨（　　　）于乱　　　　　（2）讫（　　　）简公

   （3）可以絷（　　　）威公之手足耶？

2. 解释下列加点的词。

   （1）攘夷狄　　　　　　　　　　　　（2）当是时也

   （3）而其言乃不过曰　　　　　　　　（4）彼其初之所以不用者

   （5）徒以有仲焉耳　　　　　　　　　（6）虽威公幸而听仲

   （7）不过威公　　　　　　　　　　　（8）其君虽不肖

   （9）夫天下未尝无贤者　　　　　　　（10）固宜如此也

3. 下列选项中，加点词的用法与其他三项不同的一项是（　　　）

   A. 而非三子者则无以遂其欲　　　　B. 举天下之贤者以自代

   C. 夫国以一人兴　　　　　　　　　D. 彼管仲者，何以死哉？

4. 下列选项中，加点词的用法与例句相同的两项是（　　　）（　　　）

   例：故齐之治也，吾不曰管仲，而曰鲍叔

   A. 有仲尼而后知去少正卯

   B. 彼独恃一管仲，而仲则死矣。

   C. 则三子者可以弹冠而相庆矣

   D. 盖有有臣而无君者矣

**5.** 用现代汉语翻译下列句子。

（1）夫功之成，非成于成之日，盖必有所由起；祸之作，不作于作之日，亦必有所由兆。

（2）虽威公幸而听仲，诛此三人，而其余者，仲能悉数而去之耶？

**6.** 苏洵长于策论，为文见解精辟，论点鲜明，论证有力，请以文章第三段为例，分析作者是如何展开论述的。

## 习法 2

**阅读下面的文字，完成习题。**

### 木假山记

苏 洵

① 木之生，或蘖而殇，或拱而夭；幸而至于任为栋梁，则伐；不幸而为风之所拔，水之所漂，或破折或腐；幸而得不破折不腐，则为人之所材，而有斧斤之患。其最幸者，漂沉汩没于湍沙之间，不知其几百年。而其激射啮食之余，或仿佛于山者，则为好事者取去，强之以为山，然后可以脱泥沙而远斧斤。而荒江之濆，如此者几何？不为好事者所见，而为樵夫野人所薪者，何可胜数？则其最幸者之中，又有不幸者焉。

② 予家有三峰。予每思之，则疑其有数存乎其间。且其蘖而不殇，拱而不夭，任为栋梁而不伐；风拔水漂而不破折不腐，不破折不腐，而不为人之所材，以及于斧斤，出于湍沙之间，而不为樵夫野人之所薪，而后得至乎此，则其理似不偶然也。

③ 然予之爱之,则非徒爱其似山,而又有所感焉;非徒爱之而又有所敬焉。予见中峰魁岸踞肆,意气端重,若有以服其旁之二峰。二峰者,庄栗刻削,凛乎不可犯,虽其势服于中峰,而岌然决无阿附意。吁!其可敬也夫!其可以有所感也夫!

**1.** 第①段加点词"最幸者""不幸者"分别指什么?

**2.** 赏析第②段画线句的表达效果。

**3.** 第③段中作者认为木假山"可敬"的原因是什么?

**4.** 下列表述不符合文意的一项是( )

    A. 第①段作者说经历风雨侵蚀后未曾腐朽,又能逃脱被樵夫砍伐厄运的树木十分少见。

    B. 第②段末尾感叹"其理似不偶然",表达了作者对造成树木种种不幸的天命的反抗。

    C. 第③段由家中所藏的木假山生发感慨,作者以木假山的山峰暗示自强自立的人格。

    D. 全文由树的生长写到木假山的特征,转合自如,最后以三个感叹号收束,引人深思。

**5.** 指出本文的主要表现手法,概括全文主旨。

**6.** 用现代汉语翻译下列句子。

    (1) 幸而至于任为栋梁,则伐。

    (2) 予每思之,则疑其有数存乎其间。

## 链接

    1. 为将之道,当先治心。泰山崩于前而色不变,麋鹿兴于左而目不瞬;然后可以制利害,可以待敌。(《权书·心术》)

    2. 吾尝论项籍有取天下之才,而无取天下之虑;曹操有取天下之虑,而无取天下之量;玄德有取天下之量，而无取天下之才。故三人者，终其身无成焉。且夫不有所弃，不可以得天下之势；不有所忍，不可以尽天下之利。是故，地有所不取，城有所不攻，胜有所不就，败有所不避。其来不喜，其去不怒，肆天下之所为而徐制其后，乃克有济。（《权书·项藉》）

3. 夫臣能谏，不能使君必纳谏，非真能谏之臣；君能纳谏，不能使臣必谏，非真能纳谏之君。（《谏论》）

4. 纯明笃实之君子，文博辩宏伟。（郭预衡《中国古代文学史长编4·宋辽金卷》，首都师范大学出版社，1992年，第170页）

5. 文学观可称述者三：一主"有为"，二主"自然"，美学观的核心；三主"个性"。（郭预衡《中国古代文学史长编4·宋辽金卷》，首都师范大学出版社，1992年，第172页）

6. 苏洵的散文以议论擅长，《权书》《衡论》等篇，纵谈古今形势及治国用兵之道，带有战国纵横家的色彩。（游国恩《中国文学史》第三册，人民文学出版社，2002年，第57页）

7. 散文以议论见长。内容上"大抵兵谋，权利，机变之言"，尤以言兵为擅场，指称古今形势，颇能切中时弊。其散文有"词辩宏伟"的纵横家的特点。其文章大多立论精辟，且能开门见山，发语惊人；论述开合变化，曲折深微，富有感情色彩和雄辩力；还善于"指事析理，引物托喻"；语言明朗畅达，警策犀利，踔厉风发，且多用排偶，既保留了策士、纵横家固有的色彩，又淘汰其过分的夸饰而揉进宋人畅朗的特点，形成质而实绮，简而多姿，古朴精炼的风格。（郭预衡《中国古代文学史长编4·宋辽金卷》，首都师范大学出版社，1992年，第173—176页）

8. 擅长于史论、政论，文章风格略带纵横家气，文笔老练而简洁，有《嘉祐集》，《六国论》为其名篇。（章培恒、骆玉明《中国文学史》中卷，复旦大学出版社，1996年，第348页）

9. 然洵之文，有学韩愈而极神似者：《张益州画像记》，有意为愈之峻重而不为驰骋，仿佛《柳州罗池庙碑》《郓州溪堂诗序》笔意。《木假山记》，有意为愈之盘郁而力跻诡变，仿佛《送廖道士序》《蓝田县丞厅壁记》笔意。而《送石昌言为北使引》《名二子说》，亦得韩愈崎之致；知其用力于韩者深也。特其所以异军突起而成一家之言者，自在《策论》；观之上古，验之当世，参以人事，而察盛衰之理，审权势之宜，洞爽轩辟。而晓畅戎机，尤善论兵。词约而意赅，天下之兵说，皆归其中，盖孙武以来所未见也。《六经论》，于经术甚疏，而《易》《乐》《诗》三论，持论不根，一说以臆；读之娓娓，若人之言固当然者。特以洞明世故，惬理餍情，而行文纵横，往往空中布景，绝处逢生，令人有凌云御风之意。欧阳修态有余妍，洵则笔有余劲。（钱基博《中国文学史》全三册，中华书局，1996年，第504页）

# 十二、苏轼与《超然台记》

韩立春

## 知人

苏轼(1037年—1101年),北宋文学家,眉州眉山(今属四川)人。字子瞻,一字和仲,自号东坡居士。嘉祐二年(1057年)进士,曾任翰林学士,官至礼部尚书,然仕途不顺,多次自请外调,出任杭州通判以及密州、徐州、湖州等地知州,其间被贬黄州、惠州、儋州等地,为官地方多惠政。谥文忠。

苏轼在诗词、文章、书法、绘画上皆有伟大的成就。其词开豪放一派,与辛弃疾并称"苏辛";其散文与欧阳修并称"欧苏";其诗与黄庭坚并称"苏黄";其书法名列北宋"苏黄米蔡"四大家之一;其画则开创了湖州画派。与父亲苏洵、弟弟苏辙皆以文学名世,世称"三苏",占"唐宋八大家"中的三席。就词而言,苏轼基于"诗词一体"的词学观念和"自成一家"的创作主张,在创作实践中对词体进行了全面的改革,最终突破了"词为艳科"的传统格局,提高了词的文学地位,开拓了词的境界,开启了豪放派的先河。就诗而言,苏轼善于从人生遭遇中总结经验,在客观事物中寻找规律,将极平常的人生感受转化为理性的反思,并通过生动、鲜明的艺术意象自然而然地表达出来,是宋诗"理趣"的代表。就文而言,苏轼同样主张文、道并重,推崇韩愈、欧阳修等人对古文的贡献,但他心目中的"道"又不仅仅局限于儒家之道,而是泛指事物的规律,因此他主张文章应像客观世界一样,文理自然,姿态横生。

初中教材收录了苏轼的《记承天寺夜游》,高中教材收录了《前赤壁赋》《石钟山记》《水调歌头》(明月几时有),通过这些作品的学习,我们可以大致了解苏轼的主要思想。我们还可以从苏轼的代表词作《定风波》《浣溪沙》和《如梦令》中看出他的思想性格,从而帮助我们进一步理解教材中所学的文章,兹录如下:

### 定风波

三月七日,沙湖道中遇雨,雨具先去,同行皆狼狈,余独不觉。已而遂晴,故作此词。

莫听穿林打叶声,何妨吟啸且徐行。竹杖芒鞋轻胜马,谁怕? 一蓑烟雨任平生。　料峭春风吹酒醒,微冷,山头斜照却相迎。回首向来萧瑟处,归去,也无风雨也无晴。

### 浣溪沙

山下兰芽浸短溪,松间沙土净无泥。萧萧暮雨子规啼。　谁道人生无再少,门前流水尚能西。休将白发唱黄鸡。

# 如梦令

水垢何曾相受,细看两俱无有。寄语揩背人,尽日劳君挥肘。轻手,轻手,居士本来无垢。

乐观豁达之情溢于纸上,让他成为了一个"不可救药的乐天派"!《如梦令》中的"垢"又何尝不是蒙蔽心灵的尘垢呢?心无尘垢,无论到哪里都是一身轻松。苏轼用"心似已灰之木,身如不系之舟。问汝平生功业,黄州惠州儋州"(《自题金山画像》)概括了自己的一生,贬谪生活中虽经无数磨难,却仍然能够用诙谐幽默的语言总结自己,足见胸怀之坦荡、性格之旷达。"问汝平生功业,黄州惠州儋州"既是自嘲,也是自我肯定,其实,贬谪在这三州期间是他政治上最为失败、生活上遭受苦难最多的时期,却是他文学创作的高峰时期,更是人生境界升华到极致,对人生意义哲思体会最为深刻的时期,也成全了苏轼伟大的人格。

苏轼曾向弟弟苏辙讲过一段著名的自我评价的话:"吾上可陪玉皇大帝,下可以陪卑田院乞儿。眼前见天下无一个不好人。"其实在他眼里,甚至可以说是"无一件不好事"。苏轼曾在《贾谊论》中对贾谊提出批评:"非才之难,所以自用者实难。惜乎!贾生,王者之佐,而不能自用其才也。"虽有不妥之处,却强调个人的能动性及作用,其中"天下无尧、舜,终不可有所为耶"也告诉我们应该积极行动,有所作为,让人想起他在地方任上的政绩。他在《留侯论》开篇就说:"古之所谓豪杰之士者,必有过人之节,人情有所不能忍者。匹夫见辱,拔剑而起,挺身而斗,此不足为勇也。天下有大勇者,卒然临之而不惊,无故加之而不怒,此其所挟持者甚大,而其志甚远也。"他还在《晁错论》中提出了"古之立大事者,不惟有超世之才,亦必有坚忍不拔之志"的警世名言。说法虽不一,指向却一致,这些似乎也成了他日后颠沛流离生活的指导思想。

"至今不贪宝,凛然照尘寰"是苏轼绝命诗的末二句。"至今不贪宝"标示他旷达、超脱的性格与东坡精神的内核,不仅不贪物质,精神上也做到了不贪,用"凛然照尘寰"来刻画他的一生再恰当不过。旷达、超脱造就了一个时代的巨人,苏轼也用他的魅力照亮了近千年来人们的精神世界。

## 识时

嘉祐二年(1057 年),苏轼以《刑赏忠厚之至论》获得主考官欧阳修的赏识,高中进士第二名,其弟苏辙同年进士。嘉祐六年(1061 年),苏轼应中制科考试,即通常所谓"三年京察",入第三等,授大理评事、签书凤翔府判官。后其父苏洵于汴京病故,丁忧扶丧归里。熙宁二年(1069 年),父丧守制期满还朝,仍授原职。宋神宗即位,任用王安石为相。苏轼的许多师友,因在新法的施行上与宰相王安石政见不合,被迫离京。苏轼因在返京途中见到新法对普通老百姓的损害,不同意王安石的做法,认为新法不能便民,便上书反对,并自求外放,调任杭州通判。三年任满后,又先后被调往密州、徐州、湖州等地任知州。

元丰二年(1079 年),苏轼到任湖州还不到三个月,有人故意把他的诗句扭曲,说他作诗讽刺新法。苏轼因"文字毁谤君相"的罪名被捕下狱,史称"乌台诗案"。苏轼坐牢 103 天,幸亏赵匡胤"不杀仕大臣"的国策,躲过杀头一劫,被降职为黄州团练副使,公余便带领家人开垦荒地补贴家用,得号"东坡居士"。

元丰七年(1084 年),苏轼奉诏赴汝州任职。由于路途遥远,且路费已尽,加之幼儿不幸夭折之痛,苏轼上书朝廷,请求暂不去汝州,先到常州居住,被批准。当他准备南返常州时,神宗驾崩,哲宗即位,高太后听政,司马光重新出任宰相。苏轼知登州,任未旬日,以礼部郎中被召还朝,在朝半月,升起居舍人,三个月后,升中书舍人,不久又升翰林学士知制诰,知礼部贡举。苏轼看到新兴势力拼命压制王安石集团的人物,尽废新法,再次向皇帝提出谏议。至此,苏轼既不能容于新党,又不能容于旧党,因而再度请求外调,以龙图阁学士的身份,再次回到杭州,出任太守,疏浚西湖,兴修水利,留下了永远的"苏堤"。元祐六年(1091 年),他又被召回朝,但不久又因政见不合,外放颍州,后知扬州、定州。

元祐八年(1093 年),哲宗亲政,新党再度执政,苏东坡被贬惠州;绍圣四年(1097 年),再贬儋州。元符三年(1100 年),调廉州安置、舒州团练副使、永州安置,后徽宗即位,遇赦北归。建中靖国元年(1101 年),文坛巨星陨落于常州。宋徽宗赵佶在"元祐党人碑"事件后,追赠其"龙图阁待制";宋高宗赵构为其平反,特赠"太师";宋孝宗赵昚恢复其端明殿学士、礼部尚书职位,并追加"文忠公"谥号。

## 赏文

### 超然台记

苏 轼

凡物皆有可观。苟有可观,皆有可乐,非必怪奇伟丽者也。铺糟啜醨皆可以醉,果蔬草木皆可以饱。推此类也,吾安往而不乐?夫所为求福而辞祸者,以福可喜而祸可悲也。人之所欲无穷,而物之可以足吾欲者有尽。美恶之辩战乎中,而去取之择交乎前,则可乐者常少,而可悲者常多。是谓求祸而辞福。夫求祸而辞福,岂人之情也哉?物有以盖之矣。彼游于物之内,而不游于物之外。物非有大小也,自其内而观之,未有不高且大者也。彼挟其高大以临我,则我常眩乱反覆,如隙中之观斗,又乌知胜负之所在。是以美恶横生,而忧乐出焉,可不大哀乎!

余自钱塘移守胶西,释舟楫之安,而服车马之劳,去雕墙之美,而庇采椽之居,背湖山之观,而行桑麻之野。始至之日,岁比不登,盗贼盈野,狱讼充斥,而斋厨索然,日食杞菊。人固疑予之不乐也。处之期年,而貌加丰,发之白者,日以反黑,予既乐其风俗之淳,而其吏民亦安予之拙也。于是治其园圃,洁其庭宇,伐安邱、高密之木以修补破败,为苟完之计。而园之北,因城以为台者旧矣,稍葺而新之。时相与登览,放意肆志焉。南望马耳、常山(1),出没隐见,若近若远,庶几有隐君子(2)乎?而其东则卢山,秦人卢敖(3)之所从遁也。西望穆陵,隐然如城郭,师尚父(4)、齐桓公之遗烈(5),犹有存者。北俯潍水,慨然太息,思淮阴(6)之功,而吊其不终。

125

台高而安,深而明,夏凉而冬温。雨雪之朝,风月之夕,予未尝不在,客未尝不从。撷园蔬,取池鱼,酿秫酒,瀹脱粟而食之,曰:乐哉游乎!

方是时,予弟子由适在济南,闻而赋之,且名其台曰超然。以见予之无所往而不乐者,盖游于物之外也。

(选自《苏轼散文选集》,崔承运选注,百花文艺出版社,2009年6月)

[注释] (1)马耳、常山:山名,秦汉间高士多隐于此。(2)隐君子:隐士。(3)卢敖:秦始皇让他求神仙,不得后逃避卢山。(4)师尚父:即太公望,武王尊之之称。(5)遗烈:功业。(6)淮阴:淮阴侯韩信。

## 思考

### 1. 文章第一段是如何论述超然物外的快乐的?

| 点拨 | 作者先从正面论述超然物外的快乐,指出一切物品都有可以满足人们欲望的作用,可以使人得到快乐,不一定非要是怪奇伟丽的东西。随后用实例加以证明,"铺糟啜醨皆可以醉。果蔬草木皆可以饱"是说物各有用,都可以满足欲求,给人快乐,因此人便可以随遇而安,无处不快乐了。接下去,从反面论述不超然必会悲哀的道理。求福辞祸本是人之常情,因为福可以使人高兴,祸会令人悲伤,但是,如果人不能超然物外,任随自己的欲望发展,必然陷入"游于物内"的困境。事物的假象常常令人头昏目眩,如果不超然于物外,就会盲目乱撞,结果必然招来灾祸。一正一反,有力地论证了"只有超然物外,才能无往而不乐"的道理。

### 2. 文章第二段在语言运用上有什么特点?

| 点拨 | 作者交待"移守胶西",用了三个对偶句,组成排比句式,语调抑扬起伏,使杭州与密州两地的情况形成鲜明的对比,说明自己舍逸就劳的遭遇,也为下文的议论留下伏笔。随后连用四字句,节奏紧促,与艰辛的生活相呼应,表明自己的"超然之乐"。最后多用典故,含蓄地表现了自己想超然物外,而实际上又很难完全超然的矛盾心情。

## 集评

唐顺之:"前发超然之意,后段叙事解意,兼叙事格。"(《苏文忠公文钞》卷二十五)

茅坤:"子瞻本色。与《凌虚台记》,并本之庄生。"(《唐宋八大家文钞》卷二十五)

黄震:"谓物皆可乐,人之所欲无穷,而物之可以足吾欲者有尽,无往而不乐者,盖游于物之外也。"(《黄氏日钞》卷六十二)

金圣叹:"台名超然,看他下笔便直取'凡物'二字,只是此二字已中题之要害。便以下横说竖说,说自说他,无不纵心如意也。须知此文手法超妙。全从《庄子·达生》《至乐》等篇取气来。"(《天下才子必读书》卷十五)

吴楚材、吴调侯:"是记先发超然之意,然后入事。其叙事处,忽及四方之形胜,忽入四时之佳景,俯仰情深,而总归之一乐,真能超然物外者矣。"(《古文观止》卷十一)

林云铭："台名超然,作文不得不说入理路去,凡小品文字说到理路,最难透脱。此握定无往不乐一语,归根于游物之外,得南华逍遥大旨,便觉愉然自远。其登台四望一段,从习凿齿与桓秘书脱化而出。与凌虚台同一机轴。"(《古文析义》卷十三)

## 浅析

本文先议后叙,叙议结合,从虚实两个方面阐明了"游于物之外"就"无所往而不乐"的主旨,反映了作者知足常乐、超然达观的人生态度。第一段先后从正反两方面有力地论证了"只有超然物外,才能无往而不乐"的道理,为下文记超然台的事实奠定了基础,采用的是由虚到实的写法。第二段先叙述自己移守胶西之事;再说生活初步安定之后自己"貌加丰,发之白者,日以反黑"的变化,以及修建超然台的情况;接着写登台四望,触景生情,因景思人,感情复杂;最后描写超然台的优点,"高而安,深而明,夏凉而冬温。雨雪之朝,风月之夕,予未尝不在,客未尝不从",流露出无比喜爱的感情,回到开头的"乐"字上。最后一段简要交代了其弟苏辙为此台命名并作赋的事,说明了"超然台"的得名缘由。结句"以见予之无所往而不乐者,盖游于物之外也",既照应开头,又与第一段的"游于物之内,而不游于物之外"的人形成对照,强调自己的观点。

## 习法

### 习法1

1. 解释下列加点词的意思。

(1) 又乌知胜负之所在

(2) 处之期年

(3) 洁其庭宇

(4) 时相与登览

(5) 庶几有隐君子乎

(6) 予弟子由适在济南

2. 下列各组句子中,加点词的意义和用法相同的一组是(　　)

A. 彼挟其高大以临我 / 作师说以贻之

B. 释舟楫之安,而服车马之劳 / 锄其直,遏其生气,以求重价,而江浙之梅皆病

C. 因城以为台者旧矣 / 蒙故业,因遗策

D. 自其内而观之 / 夏凉而冬温

3. 用现代汉语翻译下列句子。

(1) 始至之日,岁比不登,盗贼盈野,狱讼充斥。

（2）而园之北，因城以为台者旧矣，稍葺而新之。

4. 下列对文章内容的分析和概括，不正确的一项是（　　　　）

    A. 作者认为如果能超然物外，即使环境困苦也有可乐的东西。

    B. 作者详写的胶西生活体现了他超然物外、乐观旷达的思想。

    C. 文章写超然台的胜景是为了说明自己对超然台的喜爱之情。

    D. 文章篇末点题，表明自己面对困境的生活态度和豁达胸怀。

5. 分条简要概括本文中苏轼的"超然"之"乐"主要体现在哪些方面。

## 习法 2

1. 阅读下面的文字，完成习题。

### 方山子传

苏 轼

    方山子，光、黄[1]间隐人也。少时慕朱家、郭解[2]为人，闾里之侠皆宗之。稍壮，折节读书，欲以此驰骋当世，然终不遇。晚乃遁于光、黄间，曰岐亭。庵居蔬食，不与世相闻；弃车马，毁冠服，徒步往来山中，人莫识也。见其所著帽，方耸而高，曰："此岂古方山冠[3]之遗象乎？"因谓之方山子。

    余谪居于黄，过岐亭，适见焉。曰："呜呼！此吾故人陈慥季常也，何为而在此？"方山子亦矍然，问余所以至此者。余告之故。俯而不答，仰而笑，呼余宿其家。环堵萧然[4]，而妻子奴婢皆有自得之意。余既耸然异之。

    独念方山子少时，使酒好剑，用财如粪土。前十有九年，余在岐下[5]，见方山子从两骑，挟二矢，游西山。鹊起于前，使骑逐而射之，不获。方山子怒马独出，一发得之。因与余马上论用兵及古今成败，自谓一世豪士。<u>今几日耳，精悍之色犹见于眉间，而岂山中之人哉？</u>

    然方山子世有勋阀[6]，当得官，使从事于其间，今已显闻。而其家在洛阳，园宅壮丽，与公侯等；河北有田，岁得帛千匹，亦足以富乐。皆弃不取，独来穷山中，此岂无得而然哉？

    <u>余闻光、黄间多异人，往往阳狂垢污，不可得而见，方山子傥见之欤？</u>

    ［注释］ （1）光、黄：光州、黄州，两州连界。（2）朱家、郭解：西汉时著名游侠，事迹见《史记·游侠列传》。（3）方山冠：汉时为祭祀宗庙时乐工舞女所戴。唐宋时隐士多戴这种形状的帽子。（4）环堵萧然：引陶渊明《五柳先生传》"环堵萧然，不蔽风日"句，谓室内空无所有。

（5）余在岐下：岐下，即岐山，指凤翔。宋仁宗嘉祐七年，苏轼任凤翔府签判，时陈慥之父陈希亮知凤翔府。苏轼始与陈慥相识。（6）然方山子世有勋阀：苏轼《陈公弼传》说陈希亮（公弼）"当荫补子弟，辄先其族人，卒不及其子慥"。

（1）解释下列加点词的意思。

　　① 闾里之侠皆宗之　　　　　　　　② 折节读书

　　③ 见方山子从两骑　　　　　　　　④ 往往阳狂垢污

（2）下列各组句子中，加点词的意义和用法相同的一组是（　　）。

　　A. 欲以此驰骋当世／其后以博学宏词，授集贤殿正字

　　B. 余谪居于黄，过岐亭，适见焉／返而登舟，放乎中流，听其所止而休焉

　　C. 晚乃遁于光、黄间／己所不欲，勿施于人

　　D. 呼余宿其家／累于此者既佚矣，幸无患。吾其何择哉

（3）下列加点词中不存在古今异义的一项是（　　）

　　A. 欲以此驰骋当世　　　　　　　　B. 然终不遇

　　C. 徒步往来山中　　　　　　　　　D. 问余所以至此者

（4）用现代汉语翻译下列句子。

　　① 今几日耳，精悍之色犹见于眉间，而岂山中之人哉？

　　② 余闻光、黄间多异人，往往阳狂垢污，不可得而见，方山子傥见之欤？

（5）下列对文章内容的分析和概括，不正确的一项是（　　）

　　A. 方山子出身微贱，自幼苦读，意欲以此驰骋当世，但不得意，遂隐居光、黄一带。

　　B. 方山子少年时一身侠气，晚年时心境恬淡，作者在对比中表现了其形象的丰富性。

　　C. 尾段问方山子能否见到那些异人，可见作者对异人的仰慕和对方山子的赞扬之意。

　　D. 结合苏轼被贬黄州的处境可知，作者写方山子，也可以看成自己当时心态的折射。

（6）方山子身上最能打动苏轼的是他的"异"。根据文意，简要概括方山子的"异"表现在哪些方面。

**2.** 阅读下面的文字，完成练习。

### 稼说送张琥

苏　轼

　　① 曷尝观于富人之稼乎？其田美而多，其食足而有余。其田美而多，则可以更休，而地力得完。其食足而有余，则种之常不后时，而敛之常及其熟。故富人之稼常美，少秕而多实，久藏而不腐。今吾十口之家，而共百亩之田，寸寸而取之，日夜以望之，锄耰铚艾<sup>(1)</sup>，相寻于其上者如鱼鳞，而地力竭矣。种之常不及时，而敛之常不待其熟，此岂能复有美稼哉？

　　② 古之人，其才非有以大过今之人也，其平居所以自养，而不敢轻用以待其成者，闵闵焉如婴儿之望长也。弱者养之以至于刚，虚者养之以至于充。三十而后仕，五十而后爵，信于久屈之中，而用于至足之后；流于既溢之余，而发于持满之末，此古之人所以大过人，而今之君子所以不及也。

　　③ 吾少也有志于学，不幸而早得<sup>(2)</sup>，与吾子同年，吾子之得，亦不可谓不早也。吾今虽欲自以为不足，而众且妄推之矣。呜呼！吾子其去此而务学也哉！博观而约取，厚积而薄发，吾告子止于此矣。

　　④ 子归，过京师而问焉，有曰辙子由者，吾弟也，其亦以是语之。

　　[注释]　(1) 锄耰铚艾：四种农具。　(2) 得：此指中进士。

(1) 第①段中与"寸寸而取之"相反的农作方法是 ☐☐ 。

(2) 第②段作者写"闵闵焉如婴儿之望长也"这一句的目的是什么。



(3) 对"吾子其去此而务学也哉！"一句理解正确的一项是（　　）

　　A. 您离开这里以后一定要好好学习啊！

　　B. 您离开这里后想必会致力于学习吧！

　　C. 您要摆脱这种状况而致力于学习啊！

　　D. 您想必会摆脱这种状况好好学习吧！

(4) 本文与柳宗元的《种树郭橐驼传》在写作手法上有明显的相似之处，对此加以分析。



(5) 古人一般认为早中功名是一件幸运的事，作者却认为是"不幸"的，为什么？

## （一）苏轼的思想和性格特点

性格具有鲜明的两重性。一方面他是一个耿介正直,坦率直爽,绝不"缄口随众",宁失其意,而决不失其正的人,其性格有极认真,极执着的一面。另一方面,苏轼又是一个随缘自适,处逆如顺的人,性格中又有极随便,极通脱,极放达的另一面。另外,他还是一个热爱生活,善于和各类人亲密相处,且极幽默,风趣的人。(郭预衡《中国古代文学史长编4·宋辽金卷》,首都师范大学出版社,1992年,第189页)

苏轼的思想比较复杂,儒家思想和佛老思想在他世界观的各个方面往往是既矛盾又统一的。他平生倾慕贾谊、陆贽,在政治上他从儒家思想出发,排斥老庄为异端;然而老庄的"无为而治"思想又同他的"法相因则事易成,事有渐则民不惊"的政治主张有其一致之处。他少年时就爱好《庄子》的文章,后来又喜和僧人来往,在生活上他认为"游于物之外",则"无所往而不乐",要求以安然的态度应物"听其所为",而"莫与之争",更多地表现了佛、道二家超然物外,与世无争的洒脱态度。然而他从儒家出发的比较现实的生活态度,又使他对佛家的懒散和老庄的放逸有所警惕;因此他一生在政治上虽屡受挫折,在文艺创作上始终孜孜不倦,没有走向消极颓废的道路。苏辙说他谪居海南时"日啖薯芋而华堂玉食之念不存于胸中",又说他当时写的诗"精深华妙,不见老人衰惫之气",这是他和前代得罪远谪的士大夫如韩愈、柳宗元等表现不同的地方。(游国恩《中国文学史》第三册,人民文学出版社,2002年,第51页)

苏轼在北宋中期多年的政治斗争和权力倾轧中,一直扮演着一种奇怪的角色。正如他的侍妾朝云说他"一肚皮不合时宜",无论旧党还是新党上台,他都不讨好。但正是在这里,反映出他的为人品格的一个基本方面。苏轼从小研读经史,受儒学理想影响较深,"奋厉有当世志"。他的一生中,对国家的政治事务,不管其见解是否正确,总是敢于坚持自己的意见,"尽言无隐","不顾身害",不肯做圆滑的官僚,不盲从,不徇私,始终保持黑白分明、表里如一的精神。在地方官任上,他也始终关心民间疾苦,努力兴利除弊。作为一个富于社会责任感的士大夫,他具有坚定执着的品格。而另一方面,经历多年宦海风波和人生挫辱的苏轼,也清楚地看到政治斗争中不可避免的阴暗、卑琐和险恶,感受到人生的无奈。他因此从老庄哲学、佛禅玄理中追求超越的解脱,他把老庄哲学从无限的时间与空间的立场看待人生的苦难与欢乐及世间是非非的观照方法,与禅宗以"平常心"对待一切变故、顺乎自然的生活态度结合起来,求得个人心灵的平静。当种种不幸袭来之时,他都以一种旷达的宏观心理来对待,把这一切视为世间万物流转变化中的短暂现象;他不愿以此自苦,而更多地在"如寄"的人生中寻求美好的、可以令人自慰的东西。正是这种人生态度的表现。毫无疑问,苏轼上述心理中实际蕴藏着比一般直接流露的悲哀更深沉的悲哀,包涵着自我麻醉、苦中作乐的成分,这种心理使他的文学创作削弱了激情的强度,但同时也要看到:这不仅是时代文化的产物,而且毕竟表现出在更为高远的立场上观照社会与人生、处理个人不幸遭遇的宏达情怀。他既严正又平和,既坚持了士大夫积极入世、刚正不阿、恪守信念的人格理想,又保持了士大夫追求超越世俗、追求艺术化的人生境界与心灵境界的人格理想,把两者融为一体,巧妙地解决了进取与退隐、入世与出世、社会与个人那一类在士大夫心灵上历来相互纠结缠绕的矛盾,并在其文学作品中加以充分的表现。苏轼为后来在类似社会条件下生存的文人提供了一种典范,因而获得他们普遍的尊敬。(章培恒、骆玉明《中国文学史》中卷,复旦大学出版社,1996 年,第 370—372 页)

### (二) 苏轼的文学思想

苏轼的文学思想是文、道并重。他推崇韩愈和欧阳修对古文的贡献,认为韩愈"文起八代之衰,道济天下之溺",又认为欧阳修"论大道似韩愈""记事似司马迁"都是兼从文、道两方面着眼的。但是苏轼的文道观在北宋具有很大的独特性。首先,苏轼认为文章的艺术具有独立的价值,如"精金美玉,市有定价",文章并不仅仅是载道的工具,其自身的表现功能便是人类精神活动的一种高级形态:"物固有是理,患不知之,知之患不能达之于口与手。"其次,苏轼心目中的"道"不限于儒家之道,而是泛指事物的规律,例如"日与水居"的人"有得于水之道"。所以苏轼主张文章应像客观世界一样,文理自然,姿态横生。他提倡艺术风格的多样化和生动性,反对千篇一律的统一文风,认为那样会造成文坛"弥望皆黄茅白苇"般的荒芜。(袁行霈《中国文学史》第 3 卷,高等教育出版社,2005 年,第 56 页)

强调"辞达",说:"辞至于达,足矣,不可以有加矣。"即重视文章表达思想内容的本身作用,而没有像道学家那样把文章仅仅作为载道或明道的工具看。这又注意到文艺本身的美学价值。那么怎样才能辞达呢?这就是他说的"求物之妙",即追求能够表现事物特征的神妙之处。这里首先要求作者认真观察、研究描写的对象,清清楚楚地掌握它的特征;同时还要求作者有熟练的艺术技巧,在写作时能够得心应手,左右逢源。(游国恩《中国文学史》第三册,人民文学出版社,2002 年,第 52—53 页)

苏轼美学观的核心在于"和谐"。在文道观上,继承了"重道"的传统,强调文学作品的思想性,实用性,反对华而不实的文风。但他并不过分宣扬文学的道德作用,他能更自觉地强调文学艺术自身的美学价值。其文艺观是建立在求新求变的基础上,他认为只有求新求变才能创一家之风,但又反对过分地求新求奇以致走向怪辟。对"真"与"理"的追求是苏轼论述文艺自身规律的出发点和归结点,他所追求的"真"与"理"不但指生活、自然中的真与理,而且指艺术上的真与理。他从多方面探讨了达到真与理的艺术手段:一是重"意思","取其意思所到";二是要"得之于象外",才能咀嚼有味;三是既重视有我之境,多着自我之感情色彩,又重忘我,以便达到物我合一的境;四是既要苦于"经营",又要抓住"兔起鹘落"间产生的灵感;五是要有纯熟的艺术媒介和艺术动力,对文学来说既是"辞达";六是多方面培养艺术鉴赏力。空静观是苏轼文艺观中最具哲学意味的观点,它实际上是利用老庄和禅宗的思想来探讨对生活的深入和对生活的抽离之间的辩证关系。为此,他特别推崇平淡自然,独得神韵的意境。而这种平淡有韵的意境,决非像宋初诸人提倡平易只是为了实用而已,它已具备充实的美学内涵。(郭预衡《中国古代文学史长编 4·宋辽金卷》,首都师范大学出版社,1992 年,第 190—195

页）

苏轼并不把文章看成是单纯的"载道"之具,并不认为文学的目的只是阐发儒家道德理念;他常用迂回的方法,肯定文学在表现作者的生活情感、人生体验和哲理思考方面的作用,肯定文学作为一种艺术创造的价值。这种对文学的个人性的认识就更有其突破儒道狭隘范围的意义了。同时,苏轼对文学的艺术性是相当重视的。(章培恒、骆玉明《中国文学史》中卷,复旦大学出版社,1996年,第370页)

### （三） 苏轼散文的艺术特色

苏轼的散文呈现出多姿多彩的艺术风貌,他广泛地从前代的作品中汲取艺术营养,其中最重要的渊源是孟子和战国纵横家的雄放气势、庄子的丰富联想和自然恣肆的行文风格。

苏轼擅长写议论文。他早年写的史论有较浓的纵横家习气,有时故作惊人之论而不合义理,这些史论在写作上善于随机生发,翻空出奇,表现出高度的论说技巧,成为当时士子参加科场考试的范文,所以流传极广。苏轼早年的政论文也有类似的风格特点,但随着阅历的加深,纵横家的习气遂逐渐减弱,例如元祐以后所写的一些奏议,内容上有的放矢,言词则剀切沉着,接近于贾谊、陆贽的文风。

史论和政论虽然表现出苏轼非凡的才华,但杂说、书札、序跋等议论文,更能体现苏轼的文学成就。这些文章同样善于翻新出奇,但形式更为活泼,议论更为生动,而且往往是夹叙夹议,兼带抒情。它们以艺术感染力来加强逻辑说服力,所以比史论和政论更加具备美文的性质。

苏轼的叙事记游之文,叙事、抒情、议论三种功能更是结合得水乳交融。由于苏轼作文以"辞达"为准则,所以当行即行,当止就止,很少有芜词累句,这在他的笔记小品中表现得最为突出。(袁行霈《中国文学史》第3卷,高等教育出版社,2005年,第56—57页)

在散文写作方法方面,苏轼最重视的一点是"以意为主"。这些议论往往就常见的事实翻新出奇,从别人意想不到的角度切入,得出意料之外的结论,文笔在自然流畅中又富于波澜起伏,有较强的力度和感染力。而更能代表其散文成就的是随笔、游记、杂记、赋等感情色彩较浓厚的文体。这一类散文的一个重要特点,是写作手法比前人更自由,常打破各种文体习惯上的界限,把抒情、状物、写景、说理、叙事等多种成分糅合起来,以胸中的感受、联想为主,信笔写去,文章结构似乎松散,但却于漫不经心中贯穿了意脉。比之韩愈、柳宗元、欧阳修等人性质相近而体裁单纯、结构清楚的散文,显得更为自然、飘逸和轻松。

在语言风格方面,苏轼的散文不像韩愈那样拗折奇警,也不像欧阳修那样平易流转,他更重视通过捕捉意象,通过音声色彩的组合,来传达自己的主观感受,时常点缀着富于表现力的新颖词汇,句式则是骈散文交杂,长短错落。前面说到苏轼因受老庄佛禅的影响,常透过无限的宇宙时空框架来体验人生,观照自然,这种理性认识其实是很多人都有的;而苏轼的高明之处,就在于他能找到最佳的语言形式表现他在具体环境中的具体感受。

此外,苏轼还有一些小品文也是独具风韵的妙品。晚年的一些作品,尤其言简意深,内涵

丰厚。（章培恒、骆玉明《中国文学史》中卷，复旦大学出版社，1996年，第373—376页）

其一调适而鬯遂，抒其胸次之高旷，博揽物态，清旷自怡。而短札小记，涉笔成趣，著墨不多，自然韵流。盖欧阳修工于唱叹，虽颂美之文，亦发以唱叹；而轼则好为嬉笑，虽羁愁之文，亦出以嬉笑；萧然物外，逸趣横生，栩栩焉神愉而体轻，令人欲弃百事而从之游焉。

其一深切以往复，发其议论之宏辩，指陈利害，议论出入今古，事核理当，而笔力雄伟，抒词高朗，极纵荡变化之能，不可羁勒；而落韵甚轻，若行所无事。

其长处在援引史实，属辞比事，尤善譬喻，巧于构想。他人所百思不到者，既读之，而适为人人意中所有。轩爽洞达，如与晓事人语，表里粲然，中边俱澈。苏洵以申韩之峭刻，变苏张之纵横，其气放，其笔拗；轼则以庄生之驰宕，化孟子之激切，其辞达，其势旷。苏洵瘦硬通神，轼则潇潇自得。

然轼之文，工于策论，疏于碑传。策论则横放侧出，实能以条鬯臻雄恣，焯有波澜。碑传则平铺直叙，未能以振提出精神，实伤冗絮。（钱基博《中国文学史》全三册，中华书局，1996年，第504页）

# 十三、苏辙与《上枢密韩太尉书》

王　蕾

## 知人

苏辙(1039年—1112年),字子由,一字同叔,晚号颍滨遗老,眉州眉山(今属四川)人,北宋文学家、诗人、宰相,"唐宋八大家"之一。

仁宗嘉祐二年(1057)与其兄苏轼同登进士科。神宗朝,为制置三司条例司属官,因反对王安石变法,出为河南推官。哲宗时,召为秘书省校书郎,元祐元年为右司谏,历官御史中丞、尚书右丞、门下侍郎。因事忤哲宗及元丰诸臣,出知汝州,贬筠州,再谪雷州安置,移循州。徽宗立,徙永州、岳州,后复太中大夫,晚年罢居许州颍滨(今河南许昌)。自号颍滨遗老。卒,谥文定。"唐宋八大家"之一,与父洵、兄轼齐名,合称"三苏"。

作为"唐宋八大家"之一的苏辙,是一位天赋极高,颇具实力和影响力的古文家,与其父兄共同成就了眉山苏氏的辉煌,也共同推进了北宋的诗文革新运动,他的文学作品再现了宋代一个游走于官场和田园的士人的人生经历和复杂的感情世界。

## 识时

宋仁宗嘉祐二年(1057年),苏辙登进士第,初授试秘书省校书郎、充商州军事推官。宋神宗时,任制置三司条例司属官,因反对王安石变法,出为河南推官。此后随张方平、文彦博等人历职地方。宋哲宗即位后,召苏辙为秘书省校书郎。元祐元年(1086年),任右司谏,历官御史中丞、尚书右丞、门下侍郎。绍圣元年(1094年),因上书劝阻起用李清臣而忤逆哲宗,落职知汝州。此后连贬数处。崇宁年间,蔡京当国,再降朝请大夫,遂以太中大夫致仕,筑室于许州,号颍滨遗老。政和二年(1112年),苏辙去世,年七十四,追复端明殿学士、宣奉大夫。宋高宗时累赠太师、魏国公,宋孝宗时追谥"文定"。

苏辙与父亲苏洵、兄长苏轼齐名,合称"三苏"。生平学问深受其父兄影响,以散文著称,以儒学为主,最倾慕孟子而又遍观百家。他擅长政论和史论,在政论中纵谈天下大事,如《新论》(上)说"当今天下之事,治而不至于安,乱而不至于危,纪纲粗立而不举,无急变而有缓病",分析当时政局,颇能一针见血。《上皇帝书》说"今世之患,莫急于无财",亦切中肯綮。史论同父兄一样,针对时弊,古为今用。《六国论》评论齐、楚、燕、赵四国不能支援前方的韩、魏,团结抗秦,暗喻北宋王朝前方受敌而后方安乐腐败的现实。《三国论》将刘备与刘邦相比,评论刘备"智短而勇不足",又"不知因其所不足以求胜",也有以古鉴今的寓意。苏轼称其散文"汪洋澹泊,有一唱三叹之声,而其秀杰之气终不可没"。其诗力图追步苏轼,风格淳朴无华,文采少逊。

## 上枢密韩太尉书(1)

辙生好为文,思之至深。以为文者气之所形(2),然文不可以学而能(3),气可以养而致(4)。孟子曰:"我善养吾浩然之气。"今观其文章,宽厚宏博,充乎天地之间,称(5)其气之小大。太史公行天下,周览四海名山大川,与燕、赵间豪俊交游,故其文疏荡(6),颇有奇气。此二子者,岂尝执笔学为如此之文哉?其气充乎其中(7),而溢乎其貌,动乎其言,而见(8)乎其文,而不自知也。

辙生十有九年矣。其居家所与游者,不过其邻里乡党之人;所见不过数百里之间,无高山大野可登览以自广;百氏之书,虽无所不读,然皆古人之陈迹,不足以激发其志气。恐遂汩(9)没,故决然舍去,求天下奇闻壮观,以知天地之广大。过秦、汉之故都,恣观终南、嵩、华之高;北顾黄河之奔流,慨然想见古之豪杰。至京师,仰观天子宫阙之壮,与仓廪府库、城池苑囿之富且大也,而后知天下之巨丽。见翰林欧阳公,听其议论之宏辩,观其容貌之秀伟,与其门人贤士大夫游,而后知天下之文章聚乎此也。

太尉以才略冠(10)天下,天下之所恃以无忧,四夷之所惮以不敢发,入则周公、召公,出则方叔、召虎。而辙也未之见焉。且夫人之学也,不志(11)其大,虽多而何为?辙之来也,于山见终南、嵩、华之高,于水见黄河之大且深,于人见欧阳公,而犹以为未见太尉也;故愿得观贤人之光耀(12),闻一言以自壮,然后可以尽天下之大观而无憾者矣。

辙年少,未能通习吏事(13)。向(14)之来,非有取于斗升之禄(15),偶然得之,非其所乐。然幸得赐归待选,使得优游(16)数年之间,将以益治其文,且学为政。太尉苟以为可教而辱(17)教之,又幸矣!

(选自《栾城集》,孙虹选注,百花文艺出版社,2009年6月)

[注释] (1)选自《栾城集》。(2)形:显露、表现。(3)能:善。(4)致:得到,获得。(5)称:相合。(6)疏荡:疏放跌荡,即洒脱不受拘束之意。(7)中:内心。(8)见:通"现",表现。(9)汩:埋没。(10)冠:超出众人,居第一位。(11)志:有志于。(12)光耀:犹言风采。(13)吏事:政事,官务。(14)向:昔日。(15)斗升之禄:指微薄的俸禄。(16)优游:悠闲自得。(17)辱:谦词,承蒙。

**思考**

《上枢密韩太尉书》是宋代文学家苏辙于嘉祐二年(1057年),写给太尉韩琦的一封信。本文虽为期望识拔而作,但重点是论述养气与作文的关系,阐述了自己"文不可以学而能,气可以养而致"的基本观点,认为"气"是人的气质和品格,它来源于作家的生活阅历和身心修养。同时表达了求见韩琦并得到指教的热切愿望。文章立言得体,而少年英锐之气自然流露其间。

## 1. 这是一封求见的书信，本义意在谒见。 为何不径直提出，却要从大谈"为文"的见解入手？

**| 点拨 |** 这叫"言此意彼"的手法。"养气"除读书外，当寻访"天下奇闻壮观"；而得见太尉"可以尽天下之大观而无憾"，这样求见韩太尉之意就自然地表露出来了。

这封信的目的一是要求见太尉；二是要表现出自己的不同流俗，从而引起韩琦的重视。但又不能写得非常狂傲，以免引起韩琦的反感。这样，这封信在立论、布局方面就需下一番功夫，苦心经营。作者找到了一个求见太尉的突破口，这个突破口就是从写文章谈体会说起，从而涉及了作文与养气的关系、养气与阅历的关系、阅历与求见太尉的关系。

## 2. 作者如何层层深入阐述自己为文的观点？

**| 点拨 |** 《上枢密韩太尉书》的宗旨是求见太尉，文章不从实处落笔，不从求见太尉入手，而是从虚处发端，即文章第一段首先提出的养气观点，然后再从养气的两个途径：内心修养和外在阅历进行论证。关于内心修养，举了孟子的例子；关于外在阅历，举了司马迁的例子。

第二段着重从外在阅历方面来阐述自己的经历，如见终南、嵩、华等高山，见"大且深"之黄河，见议论宏辩、容貌秀伟的文坛宗师欧阳公，逼出未见"才略冠天下"的韩太尉之遗憾。这又使第一段的议论(虚)逐渐过渡到实——求见；由一般议论转到有所专指。作者从名山说到大川，又从大川说到京师，又从京师说到欧阳修。这样一一陪衬，层层深入铺垫，由物及人，最终到了第三段，文章之意真正落到了实处，提出求见太尉的具体要求。

## 3. 结合课文和自己的实际，简单谈谈对"气"的理解。

**| 点拨 |** 文中的"气"当是指胸襟气度、识见情趣、学问阅历等，"文"不过是"气"的一种表现形式，"气"因作者修养的提高、阅历的丰富而形成，孟子因"善养吾浩然之气"而写出"宽厚宏博"的文章，司马迁因"行天下，周览四海"而"其文疏荡，颇有奇气"。因此，我们在平时的写作实践中，应该涉猎好的作品，广泛接触社会、自然，积极主动地去思考感悟，从"养气"入手，方是根本之道。

**集评**

吴楚材、吴调侯：意只是欲求见太尉，以尽天下之大观，以激发其志气，却以得见欧阳公，引起求见太尉。以历见名山大川、京华人物，引起得见欧阳公。以作文养气，引起历见名山大川、京华人物，注意在此，而立言在彼，绝妙奇文。(《古文观止》)

金圣叹：上书大人先生，更不作喁喁细语，一落笔便纯是一片奇气。此一片奇气最难得。若落笔时写不得着，即此文通篇都无有。(《天下才子必读书》)

过珙："养气"二字，为一篇骨子，以下观名山大川，及求见贤豪长者，皆是助其养气处。从山水陪出欧公，从欧公陪出太尉，一过一束，高奇豪迈，的是规摹史公处。(《古文评注》)

余诚:通体绝无一干求仕进语,而纡徐婉曲中,盛气足以逼人。的是少年新得意文字。本传称子由为人沉静简洁,为文汪洋淡泊,而有秀杰之气。读此具足窥见一斑云。(《重订古文释义新编》)

**浅析**

　　枢密韩太尉,当时掌管全国军事,相当于秦三公之一的"太尉"之职,故称之。当年,苏辙考中进士之后,未得见身居要职、诗文并擅的韩琦,就写了这封才气横溢的自荐信求见。写这封请谒书时,苏辙年方十九,涉世未深、名节未显,怎样才能说动名满天下的韩琦呢? 聪敏的苏辙没有屈心抑志、阿谀奉承,而是独从作文之道入手,一路跌宕蓄势,高蹈奇崛,巧妙地把干谒求进之事纳入文学活动的范围,显得高雅拔俗,这不能不让韩琦对这位初出茅庐的后生刮目相看。文中,苏辙提出的"文气说",强调后天实践对文学创作的重要性,丰富和发展了中国古代关于"文气"的文学理论。

　　第一段:阐述自己的文学主张。作者提出"以为文者气之所形,然文不可以学而能,气可以养而致",明确"气"对于为文的重要性,并以孟子和司马迁为例来佐证。第二段:写实践自己文学主张的情况。说自己去乡远游饱览了名山大川、秦汉故都、天子宫阙,顿时眼界大开,尤其提到见到欧阳修后的感慨,自然引出想见韩琦的愿望。第三段:进一步申述想见韩琦的迫切愿望。第四段:回应开头,重申"生好为文"的志气,并以求教之语作结,含蓄得体。

## 习法

### 习法 1

**1.** 解释下列加点的词。

(1) 辙生好为文

(2) 辙生十有九年矣

(3) 气可以养而致

(4) 充乎天地之间,称其气之小大

(5) 以为文者气之所形

(6) 与燕、赵间豪俊交游

(7) 虽无所不读

(8) 虽多而何为

(9) 故决然舍去

(10) 然文不可以学而能

(11) 太尉以才略冠天下

(12) 太尉苟以为可教而辱教之

**2.** 对下列词语的解释,不正确的一项是(　　)

A. 充乎天地之间,称其气之小大。　　　　称:相称,符合

B. 思之至深,以为文者气之所形。　　　　气:人的气质、修养、精神力量

C. 太尉以才略冠天下　　　　　　　　　冠:位居第一

D. 将以益治其文,且学为政。　　　　　益:增

**3.** 下列选项中的"其"与"不足以激发其志气"中的"其"指代内容相同的一项(　　)

A. 称其气之小大　　　　　　　　B. 听其议论之宏辩

C. 与其门人贤士大夫游　　　　　　D. 偶然得之,非其所乐

**4.** 用现代汉语翻译下列句子。

(1) 以为文者气之所形,然文不可以学而能,气可以养而致。

(2) 太尉苟以为可教而辱教之,又幸矣。

**5.** 根据文章内容说说"气"指的是什么? 怎样才能"养气"?

## 习法 2

阅读下面的文字,完成习题。

### 墨竹赋

苏　辙

与可以墨为竹,视之良竹也。客见而惊焉,曰:"今夫受命于天,赋形于地。涵濡雨露,振荡风气。春而萌芽,夏而解弛。散柯布叶,逮冬而遂。性刚洁而疏直,姿婵娟以闲媚。涉寒暑之徂变,傲冰雪之凌厉。均一气于草木,嗟壤同而性异。信物生之自然,虽造化其能使? 今子研青松之煤,运脱兔之毫。睥睨墙堵,振洒绡纻。须臾而成,郁乎萧骚。曲直横斜,秾纤庳高。穷造物之潜思,赋生意于崇朝。子岂诚有道者耶?"

与可听然而笑曰:"夫予之所好者道也,放乎竹矣。始予隐乎崇山之阳,庐乎修竹之林。视听漠然无概乎予心朝与竹乎为游莫与竹乎为朋饮食乎竹间偃息乎竹阴观竹之变也多矣。<u>若夫风止雨霁,山空日出。</u>猗猗其长,森乎满谷。叶如翠羽,筠如苍玉。澹乎自持,凄兮欲滴。

蝉鸣鸟噪,人响寂历。忽依风而长啸,眇掩冉以终日。笋含箨而将坠,根得土而横逸。绝涧谷而蔓延,散子孙乎千亿。至若丛薄之余,斤斧所施。山石犖埆,荆棘生之。蹇将抽而莫达,纷既折而犹持。气虽伤而益壮,身已病而增奇。凄风号怒乎隙穴,飞雪凝沍乎陂池。悲众木之无赖,虽百围而莫支。犹复苍然于既寒之后,凛乎无可怜之姿。追松柏以自偶,窃仁人之所为。此则竹之所以为竹也。始也余见而悦之,今也悦之而不自知也。忽乎忘笔之在手,与纸之在前。勃然而兴,而修竹森然。虽天造之无朕,亦何以异于兹焉?"

客曰:"盖予闻之:庖丁,解牛者也,而养生者取之;轮扁,斫轮者也,而读书者与之。万物一理也,其所从为之者异尔。况夫夫子之托于斯竹也,而予以为有道者,则非耶?"与可曰:"唯唯。"

**1.** 对下列句子中加点词的解释,不正确的一项是(　　)

　　A. 信物生之自然　　　　　　　　　信:诚然,确实

　　B. 庐乎修竹之林　　　　　　　　　庐:搭建茅庐

　　C. 绝涧谷而蔓延　　　　　　　　　绝:横穿

　　D. 蹇将抽而莫达　　　　　　　　　达:达到

**2.** 下列各组句子中,加点词的意义和用法相同的一项是(　　)

　　A. 嗟壤同而性异　　　　　　　　　人非生而知之者,孰能无惑

　　B. 与可以墨为竹　　　　　　　　　愿以十五城请易璧

　　C. 猗猗其长,森乎满谷　　　　　　以吾一日长乎尔

　　D. 而养生者取之　　　　　　　　　久之,能以足音辨人

**3.** 下列对原文的赏析,不正确的一项是(　　)

　　A. 《墨竹赋》是以对话体结构全篇的一篇赋作。赋中借客之口赞美竹子,将竹子的禀赋与道德人格结合起来写,既表现了竹子的特性,又展示了个人的胸襟。

　　B. 与可指出画竹必须心随竹转,情与竹游,发掘竹的深层次的美韵。这段文字既是展示竹的神韵的美,也是表现画家胸襟的美,同时又是表现艺术构思的过程,情、理、物象结合得天衣无缝。

　　C. 爱竹的与可留心观察竹子的变化,熟悉竹子的各种姿态,将求道之心、好道之心全放置于竹子。

　　D. 文末借助客人之口,用庖丁解牛和轮扁斫轮这两个典故,把题旨升华到了"万物一理"这个社会生活根本原则上。

**4.** 用"/"给下列句子断句。

视 听 漠 然 无 概 乎 予 心 朝 与 竹 乎 为 游 莫 与 竹 乎 为 朋 饮 食 乎 竹 间 偃 息 乎 竹 阴 观 竹 之 变 也 多 矣

**5.** 用现代汉语翻译下列句子。

　　(1) 若夫风止雨霁,山空日出。

(2) 虽天造之无朕,亦何以异于兹焉?

**6.** 对"与可以墨为竹,视之良竹也"一句的大意理解正确的是( )

    A. 与可把墨做成了竹子,一看就真是好竹子

    B. 与可用墨水画竹子时,参照好的竹子描摹

    C. 与可用墨画出的竹子,看样子确像真竹子

    D. 与可认为用墨画竹子,就能够画出好竹子

**7.** "客"认为与可墨竹的艺术价值在于( )

    A. 受命于天,赋形于地        B. 研青松之煤,运脱兔之毫

    C. 曲直横斜,秾纤庳高        D. 穷造物之潜思,赋生意于崇朝

**8.** 与可说"夫予之所好者道也",其中的"道"可以概括为:

(1) 全身心投入竹的世界;

(2)

(3)

**9.** 文末一段包含了深刻的道理,请从两个角度加以评析。

### 🌀 链接

#### （一） 苏辙的思想和性格特点

    性格沉静简洁,为文汪洋淡泊,似其为人,不愿人知之,而秀杰之气终不可掩,其高处殆与兄轼相迫。晚年笃信佛老。与兄进退出处,无不相同,患难之中,友爱弥笃,无少怨尤,近古罕见。（郭预衡《中国古代文学史长编4·宋辽金卷》,首都师范大学出版社,1992年,第177页）

#### （二） 苏辙散文的艺术特色

    苏辙将自己的文章与兄苏轼相比,称"子瞻之文奇,余文但稳耳"(《栾城遗言》)。有《栾城集》,《黄州快哉亭记》为其名篇。（章培恒、骆玉明《中国文学史》中卷,复旦大学出版社,1996年,第348页）

    苏辙在文学主张上推崇养气说。散文艺术风格以平稳淡泊中时见波澜疏宕为主;议论反复曲折,穷尽事理,还常能做到铺陈譬喻,情理兼到;写景上传神写意,疏宕有致。（郭预衡《中

国古代文学史长编 4·宋辽金卷》,首都师范大学出版社,1992 年,第 178—180 页)

今观其文疏于叙事,而善议论,辨明古今治乱得失,出以坦迤,抑扬爽朗,语无含茹,而亦不为钩棘;策论特其所长,碑传则其所短,与轼蹊径略同,而波澜不如;气不如轼之舒,笔不如轼之透。(钱基博《中国文学史》全三册,中华书局,1996 年,第 528 页)

苏辙的议论文不如父兄,记叙文却纡徐曲折,饶有情致,如《黄州快哉亭记》《武昌九曲亭记》等。苏轼说他"汪洋澹泊,有一唱三叹之声,而其秀杰之气,终不可没"(见《答张文潜书》),是善于形容他文章的风格的。(游国恩《中国文学史》第三册,人民文学出版社,2002 年,第 57 页)

# 十四、曾巩与《醒心亭记》

肖 彦

## 知人

曾巩(1019 年—1083 年),字子固,世称"南丰先生"。汉族,建昌南丰(今属江西)人,后居临川(今江西抚州市西)。祖曾致尧,父曾易占。祖父官至尚书户部郎中,父亲官至太常博士。曾巩天资聪慧,记忆力非常强,幼时读诗书,脱口能吟诵,嘉祐二年(1057 年)进士。北宋政治家、散文家,"唐宋八大家"之一,为"南丰七曾"(曾巩、曾肇、曾布、曾纡、曾纮、曾协、曾敦)之一。在学术思想和文学事业上贡献卓越。

## 识时

曾巩是北宋诗文革新运动的积极参与者,宋代新古文运动的骨干。他接受了欧阳修在古文创作上的主张,在古文理论方面主张先道后文,文道结合,主张"文以明道"。他的散文大都是"明道"之作,文风以"古雅、平正、冲和"见称。其文风则源于"六经",又集司马迁、韩愈两家之长,古雅本正,温厚典雅,章法严谨,长于说理,为时人及后辈典范。曾巩为文,自然淳朴,而不甚讲究文采。

曾巩在同时代和后代古文家的心目中地位是不低的。他的成就虽然不及韩、柳、欧、苏,但有相当的影响。曾巩的思想属儒学体系,他赞同孔孟的哲学观点,强调"仁"和"致诚",认为只要按照"中庸之道"虚心自省、正诚修身就能认识世界和主宰世界。在政治上他反对兼并政策,主张发展农业和广开言路。他在任地方官时,以"仁"为怀。

曾巩在王安石变法期间主张在不失先王意旨的前提下,对法制作必要的改革。在行动上,他能够维护新法,在齐州为官时,能力行保甲之法,使州人安居乐业。他师承司马迁、韩愈和欧阳修,主张"文以明道",把欧阳修的"事信、言文"观点推广到史传文学和碑铭文字上。他强调只有加强道德修养,才足以发难显之情,写"明道"之文。

## 赏文

### 醒心亭记

滁州之西南,泉水之涯,欧阳公作州之二年,构亭曰"丰乐",自为记,以见其名之意。既又直丰乐之东几百步,得山之高,构亭曰"醒心",使巩记之。

凡公与州之宾客者游焉,则必即丰乐以饮。或醉且劳矣,则必即醒心而望,以见夫群山之相环，云烟之相滋，旷野之无穷，草树众而泉石嘉，使目新乎其所睹，耳新乎其所闻，则其心洒然而醒，更欲久而忘归也，故即其事之所以然而为名，取韩子退之《北湖》之诗云。噫！其可谓善取乐于山泉之间，而名之以见其实，又善者矣。

虽然，公之乐，吾能言之，吾君优游而无为于上，吾民给足而无憾于下。天下之学者，皆为材且良；夷狄、鸟兽、草木之生者，皆得其宜，公乐也。一山之隅，一泉之旁，岂公乐哉？乃公所寄意于此也。

若公之贤，韩子殁数百年而始有之。今同游之宾客，尚未知公之难遇也。后百千年，有慕公之为人，而览公之迹，思欲见之，有不可及之叹，然后知公之难遇也。则凡同游于此者，其可不喜且幸欤！而巩也，又得以文词托名于公文之次，其又不喜且幸欤！

庆历七年八月十五日记。

（选自《曾巩散文选集》，高克勤编，百花文艺出版社，2005 年）

**思考**

**1. 前四段文字，从表达方式上看有何特点？**

| 点拨 | 一段以记叙为主，二段议论描写相结合，三、四段议论为主兼有抒情。

**2. 结合全文，你如何理解"吾君优游而无为于上，吾民给足而无憾于下"？**

| 点拨 | 这句话描绘出的正是一幅"天下安康，人民幸福"的安乐图。统治者"无为而治"，老百姓安居乐业，自然和谐，天下太平，寄予了欧阳修的政治追求与向往。

**3. 全文是怎样寄情于景的？**

| 点拨 | 全文寄情于景。如第二段描写"群山之相环，云烟之相滋，旷野之无穷，草树众而泉石嘉"的美景，与"吾君优游而无为于上，吾民给足而无憾于下。天下之学者，皆为材且良；夷狄、鸟兽、草木之生者，皆得其宜"的政治"清明图"相映衬，欧阳修希望老百姓安居乐业，自然和谐，天下太平的宏大的政治抱负。

**集评**

《宋史·曾巩传》："立言于欧阳修、王安石间，纡徐而不烦，简奥而不晦，卓然自成一家，可谓难矣。"

欧阳修："其大者固已魁垒，其于小者亦可以中尺度。"

王安石："曾子文章众无有，水之江汉星之斗。""爱子所守卓，忧予不能攀。"

苏轼："曾子独超轶，孤芳陋群妍。"

苏辙："儒术远追齐稷下，文词近比汉京西。"

朱熹："予读曾氏书，未尝不掩卷废书而叹，何世之知公浅也。""爱其词严而理正，居尝诵习。"

钱锺书:"在唐宋八大家中,曾巩的诗歌远比苏洵父子好,绝句的风致更比王安石有过而无不及。"

## 浅析

"醉翁之意不在酒,在乎山水之间也"。(欧阳修《醉翁亭记》)曾巩的《醒心亭记》则借助记游醒心亭,抒发了儒家关心政治与积极的人生意识,写景记游不是作者真正的写作目的。醒心亭空亭翼然,吐纳云气的空灵之美;登高远眺,"群山之相环,云烟之相滋,旷野之无穷,草树众而泉石嘉"之美,也并不是欧阳修真乐之所在。欧阳修的真乐是"吾君优游而无为于上,吾民给足而无憾于下。天下之学者,皆为材且良;夷狄、鸟兽、草木之生者,皆得其宜",描绘出的正是一幅"天下安康,人民幸福"的安乐图。欧阳修被贬滁州,仍然忧国忧民,他悠闲游览醒心亭时,心中却澎湃着激越的政治豪情,得意门生曾巩对恩师的内心世界了解得很清楚。

以丰乐亭和醒心亭作对比。在丰乐亭饮酒,在醒心亭醒观景,当然观景不是目的。欧阳修的"真乐"在于对政治的关注,对统治者"无为而治"和老百姓安居乐业生活的追求和向往。作者重在对"醒心"的叙写。

以景物衬托心境,是古代作家一贯的表现形式。"群山之相环,云烟之相滋,旷野之无穷,草树众而泉石嘉"的美景,与"吾君优游而无为于上,吾民给足而无憾于下。天下之学者,皆为材且良;夷狄、鸟兽、草木之生者,皆得其宜"的政治"清明图"相映衬,"江山如此多娇,引无数英雄竞折腰"。欧阳修澎湃于胸中的宏大的政治抱负就不难理解了。

# 习法

### 习法1

**1.** 解释下列句子中加点的词。

(1) 群山相环,云烟之相滋 　　　　　　(2) 滁州之西南,泉水之涯

(3) 吾民给足而无憾于下 　　　　　　　(4) 韩子殁数百年而始有之

**2.** 下列各组句子中,加点词的意义和用法相同的一项是(　　　)

A. 自为记,以见其名义 　　　　　　　所谓华山洞者,以其乃华山之阳名之也

B. 凡公与州宾客者游焉 　　　　　　　世与我而相违,复驾言兮焉求?

C. 今同游之宾客,尚未知公之难遇也 　吾所以为此者,以先国家之急而后私仇也

D. 则其心洒然而醒 　　　　　　　　　徐而察之

**3.** 下列各句编成了四组,全部表现"公之乐"的一组是(　　　)

① 则其心洒然而醒,更欲久而忘归也 　② 一山之隅,一泉之旁

③ 天下之学者,皆为材且良 　　　　　④ 夷狄、鸟兽、草木之生者

⑤ 则凡同游于此者,其可不喜且幸欤

A. ①②⑤        B. ①③④        C. ②③④        D. ③④⑤

**4.** 思考与探究。

(1) 从第一、第二段看,曾巩写作《醒心亭记》的原因是什么?

(2) 能够让作者感到"醒心"的具体自然景象表现在哪里?

## 习法 2

**阅读下列文字,完成习题。**

### 墨池记

#### 曾 巩

临川之城东,有地隐然而高,以临于溪,曰新城。新城之上,有池洼然而方以长,曰王羲之之墨池者,荀伯子《临川记》云也。羲之尝慕张芝,临池学书,池水尽黑,此为其故迹,岂信然邪?

方羲之之不可强以仕,而尝极东方,出沧海,以娱其意于山水之间;岂其徜徉肆恣,而又尝自休于此邪? 羲之之书晚乃善,则其所能,盖亦以精力自致者,非天成也。然后世未有能及者,岂其学不如彼邪? 则学固岂可以少哉,况欲深造道德者邪?

墨池之上,今为州学舍。教授王君盛恐其不章也,书"晋王右军墨池"之六字于楹间以揭之。又告于巩曰:"愿有记。"推王君之心,岂爱人之善,虽一能不以废,而因以及乎其迹邪? 其亦欲推其事以勉其学者邪? 夫人之有一能而使后人尚之如此,况仁人庄士之遗风余思被于来世者何如哉!

庆历八年九月十二日,曾巩记。

**1.** 解释下列加点的词。

(1) 方羲之之不可强以仕        (2) 岂其学不如彼邪

(3) 羲之之书晚乃善           (4) 有池洼然而方以长

(5) 后世未有能及者

**2.** 下列句子中与"其亦欲推其事以勉学者邪"中的"以"用法相同的一项是(     )

A. 有池洼然而方以长

B. 而尝极东方,出沧海,以娱其意于山水之间

C. 盖亦以精力自致者

D. 方羲之之不可强以仕

3. 用现代汉语翻译下列句子。

(1) 岂有徜徉肆恣，而又尝自休于此邪？

(2) 盖亦以精力自致者，非天成也。

(3) 则学固岂可以少哉？况欲深造道德者邪？

4. 作者认为王羲之能在书法方面取得巨大成就的原因是什么？其写作目的又是什么？

## 链接

### （一） 曾巩的性格和思想特点

他自称"迂阔"，儒学正统气味较重，所为古文被认为"本原六经，斟酌于司马迁韩愈"（《宋史》本传）。实际他既没有司马迁对历史人物的批判态度，也很少有韩愈那种针对现实鸣其不平的精神，因此他的作品一般以"古雅"或"平正"见称，而缺乏新鲜感或现实感。（游国恩《中国文学史》第三册，人民文学出版社，2002 年，第 28 页）

他的思想比较正统。（章培恒、骆玉明《中国文学史》中卷，复旦大学出版社，1996 年，第 346 页）

具有正统的儒家思想，且有一定的理学气，但终不同于理学家。（郭预衡《中国古代文学史长编 4·宋辽金卷》，首都师范大学出版社，1992 年，第 166 页）

### （二） 曾巩散文的艺术特色

他文学观上主张先道后文。散文上以杂记，序文，书启等体裁成就最高。曾巩的散文受欧阳修的影响较大，以古雅平正，雍容冲和见称，有欧阳修委婉舒和一面，但缺少欧文疏宕俊逸的另一面,具体表现在:(1) 善于叙事,能根据内容需要或详赡周密,或简洁凝练;(2) 长于说理。论点明确,论据周详而层层深入,还常常寓说理于叙事之中,或借历史故事来说明现实问题;(3) 风格刚柔相济。柔者委婉含蓄,刚者颇具气势;(4) 结构谨严,章法精妙。(郭预衡《中国古代文学史长编 4·宋辽金卷》,首都师范大学出版社,1992 年,第 167—170 页)

## （三） 佳句摘抄

1. 腆然省惧,岂敢皇宁。

2. 一番桃李花开尽,唯有青青草色齐。

3. 秀色未饶三谷雪,清香先得五峰春。

4. 举世不知何足怪? 力行无顾是豪雄。

5. 官无虚名,职无废事。

6. 雨过横塘水满堤,乱山高下路东西。

7. 拙己从谏,仁心爱人,可谓有天下之志。

8. 天下之事,其可忧者甚众,而当世之患,莫大于人不能言与不肯言,而甚者或不敢言也。

# 桐城余音

　　古文到明清，呈现蓬勃发展之势，数量众多，流派纷呈，为后人所熟知的主要有唐宋派、公安派、竟陵派、桐城派等。他们继承前人优点，尤其是唐宋古文运动的理念，同时又形成了自己独特的风格。比如，明代的唐宋派反对以文采取代"道统"，主张恢复唐宋八大家的散文传统，力主"文道合一"。其代表人物归有光，崇尚唐宋古文，散文风格朴实，感情真挚，被称为"今之欧阳修"。"公安""竟陵"两派散文以袁宏道为代表，强调要直接抒发人的性灵，表现真实情感，追求个性风格。清代桐城派散文，崇尚义理、考据与辞章，语言力求简明达意，条理清晰，"清真雅正"，方苞的《狱中杂记》《左忠毅公逸事》，姚鼐的《登泰山记》，刘大櫆的《论文偶记》等，都是著名的代表作品。清朝末年，龚自珍、梁启超的散文，内容上呈现出近代意识，富有现实意义，语言活泼多样，开创了中国散文新路。

（王志斌）

# 十五、 归有光与《先妣事略》

张洛绮

## 知人

归有光(1507年—1571年),字熙甫,号震川,昆山(今江苏昆山市)人。明代优秀散文家,九岁能文,二十岁通五经三史诸书。1540年(嘉靖十九年)举乡试,第二年,徙居嘉定境内的安亭(今属上海市)。前后八次参加会试,均不第。以读书讲学为业,教书授徒二十余年,从学者常达数百人。至1565年(嘉靖四十四年,年60岁)始中进士,授浙江长兴知县。因得罪上司,三年后改调顺德府(今河北邢台市)通判,专管马政,实为明升暗降。1570年(隆庆四年),大学士高拱、赵贞吉引荐为南京太仆丞,留掌北京内阁制敕房修《世宗实录》,次年病死。

## 识时

明代自开国之初的刘基、宋濂等留下一些好文章后,文坛上就开始弥漫起一股浮饰摹古的风气。从永乐到成化的几十年间,久居馆阁的"三杨"(杨士奇、杨荣、杨溥)统领文坛,提倡昌明博大的文体,作文雍容华贵、内容空泛,号称"台阁体"。于是有以李梦阳、何景明为首的"前七子"起来反对"台阁体"。他们主张"文必秦汉,诗必盛唐",句摹字拟,以佶屈聱牙为高古。李、何七子致力于诗,散文并非其所长,但是声势之盛,曾左右一世。到了嘉靖年间,李攀龙、王世贞等"后七子"又继"前七子"而起,推波助澜,变本加厉,摹古之风愈演愈烈。王慎中、茅坤、唐顺之等人起而抵制,提倡唐宋古文,被称为唐宋派,其魁首实为归有光。时王世贞为文坛宗师,声势煊赫,归有光贬斥说:"盖今世之所谓文者,难言矣。未始为古人之学,而苟得一二妄庸人为之巨子,争附和之,以抵排前人。""至于宋元诸名家,其力足以追数千载之上而与之颉颃,而世直以蚍蜉撼之,可悲也。"(《项思尧文集序》)在诗论上,归有光也批判复古倾向说:"今世乃惟追章琢句,模拟剽窃,淫哇浮艳之为工,而不知其所为。"反之,他认为那种"率口而言,多民俗歌谣,悯时忧世之语,盖大雅君子之所不废者"(《沈次谷先生诗序》)。他的基本观点是:以《史记》为代表的秦汉文章虽好,但唐宋间名文未尝不佳,前、后七子标榜"文必秦汉,诗必盛唐",实则泥古成风,走入歧途。他主张"变秦汉为欧曾",属文时应"出于意之所诚……非特求绘藻之工为文章"(《答俞质甫书》)。

归有光的散文"家龙门而户昌黎"(钱谦益《新刊震川先生文集序》),博采唐宋诸家之长,继承了唐宋古文运动的传统,同时又在唐宋古文运动的基础上有所发展。他进一步扩大了散文的题材,把日常生活中的琐事引进了严肃的"载道"之古文中来,使之更密切地和生活联系起来。这样就容易使文章写得情真意切,平易近人,给人以清新之感。尤其是一些叙述家庭琐事或亲旧的生死聚散的短文,写得朴素简洁、悱恻动人,"使览者恻然有隐"。

# 先妣事略

先妣<sup>(1)</sup>周孺人<sup>(2)</sup>，弘治元年二月二十一日生，年十六来归。逾年，生女淑静，淑静者，大姊也；期而生有光；又期而生女、子，殇<sup>(3)</sup>一人，期而不育者一人；又逾年，生有尚，妊十二月；逾年，生淑顺；一岁，又生有功。

有功之生也，孺人比乳他子加健。然数颦蹙<sup>(4)</sup>顾诸婢曰："吾为多子苦。"老妪以杯水盛二螺进，曰："饮此后妊不数矣。"孺人举之尽，喑<sup>(5)</sup>不能言。

正德八年五月二十三日，孺人卒。诸儿见家人泣，则随之泣，然犹以为母寝也。伤哉！于是家人延画工画，出二子，命之曰：鼻以上画有光，鼻以下画大姊。以二子肖母也。

孺人讳<sup>(6)</sup>桂。外曾祖讳明。外祖讳行，太学生。母何氏。世居吴家桥，去县城东南三十里，由千墩浦而南，直桥并小港以东，居人环聚，尽周氏也。外祖与其三兄皆以赀雄，敦尚简实<sup>(7)</sup>，与人姁姁<sup>(8)</sup>说村中语，见子弟甥侄，无不爱。

孺人之吴家桥，则治木棉。入城，则缉纑<sup>(9)</sup>，灯火荧荧，每至夜分。外祖不二日使人问遗。孺人不忧米盐，乃劳苦若不谋夕。冬月，炉火炭屑，使婢子为团，累累暴阶下。室靡弃物，家无闲人。儿女大者攀衣，小者乳抱，手中纫缀不辍，户内洒然。遇僮奴有恩，虽至棰楚<sup>(10)</sup>，皆不忍有后言。吴家桥岁致鱼蟹饼饵，率人人得食。家中人闻吴家桥人至，皆喜。

有光七岁与从兄有嘉入学。每阴风细雨，从兄辄留，有光意恋恋，不得留也。孺人中夜觉寝，促有光暗诵《孝经》，即熟读，无一字龃龉<sup>(11)</sup>，乃喜。

孺人卒，母何孺人亦卒。周氏家有羊狗之痾<sup>(12)</sup>。舅母卒，四姨归顾氏，又卒，死三十人而定。惟外祖与二舅存。

孺人死十一年，大姊归王三接，孺人所许聘者也。十二年，有光补学官弟子。十六年而有妇，孺人所聘者也。期而抱女，抚爱之，益念孺人。中夜与其妇泣，追惟<sup>(13)</sup>一二，仿佛如昨，余则茫然矣。世乃有无母之人，天乎！痛哉！

（选自《归有光散文选集》，张家英编，百花文艺出版社，2004年）

[注释]（1）先妣（bǐ）：亡母。妣，母，后只用于称亡母。《礼记·曲礼》："生曰父，曰母，曰妻；死曰考，曰妣，曰嫔。"（2）孺人：古代贵族、官吏之母或妻的封号，明清时用以封赠七品以下官员的母亲或妻子的名号。（3）殇：早逝，还没有成年就死去。（4）颦蹙（pín cù）：皱眉头。（5）喑（yīn）：哑。（6）讳：名。封建时代不应直称尊长的名字，称讳。（7）敦尚简实：注重简易朴实。（8）姁姁（xū）：和蔼亲切的样子。（9）缉纑（lú）：把麻搓成线，准备织布。纑，麻缕。（10）棰（chuí）楚：杖责。棰，杖；楚，荆木。棰楚，这里当动词用。（11）龃龉（jǔ yǔ）：生疏而不流畅。原指牙齿上下不对齐。（12）羊狗之痾（ē）：由羊、狗等家畜传染的疾病。（13）追惟：追思。

## 思考

### 1. 文章在选材上有何特点?

| 点拨 |　选取的事例皆是一些平时生活中繁琐的细微之事。例如:通过记叙亡母让仆人将炭屑做成炭团晒于台阶来表现其勤俭持家,通过描写亡母常常劳作到半夜来表现其勤劳,通过诉说亡母善待而不轻易责罚仆人来表现其善良淳朴,以及通过描写亡母监督作者的学业来表现其严于教子的形象等等。细节描写,于日常细微之处见精神,作者在不动声色中使读者深受感动。

### 2. 为什么要写外祖父家情况?

记叙其外祖父的家境能衬托其母的品德高尚,虽出身富贵之家,但贵而不娇,待人和气,勤俭持家,善待奴婢。

## 集评

董说:"无一字移得别人家用,愈琐愈妙。"(归有光《震川先生集》,康熙间归庄刻本,清鲍倚云批校)

成维崧:"琐屑零碎处叙得妙,零零星星,断断续续,其零星处学左氏,其断续处学子长。"(《先妣事略》评语)

鲍倚云:"约略点缀,而母之贤,子之痛,涌现毫端,涕泪满纸,事略至此,可称神品。"(归有光《震川先生集》,康熙间归庄刻本,清鲍倚云批点)

王锡爵:"所为抒写怀抱之文,温润典丽,如清庙之瑟,一唱三叹。无意于感人,而欢愉惨恻之思,溢于言语之外。嗟叹之,淫佚之,自不能已已。"(《太仆寺丞归公墓志铭》)

黄宗羲:"余读震川文为女妇者,一往情深,每以二三细事见之,使人欲涕。盖古今来事无巨细,唯此可歌可泣之精神,长留天壤。"(《张节母叶孺人墓志铭》)

方苞:"其发于亲旧及人微而语无忌者,盖多近古之文,至事关天属,其尤善者,不俟修饰而情辞并得,使览者恻然有隐,其气韵盖得之子长,故能取法于欧曾,而稍更其形貌耳。"(《书〈归震川文集〉后》)

## 浅析

本文与《项脊轩志》相同,亦是透过描写母亲生前于家中日常琐碎小事,来表达对先母的真挚悼念之情。文中述及作者先母十六岁嫁入归家,连年怀孕,以"多子为苦"之情状,并借记忆中之几件琐事来表现母亲理家之勤俭,与对子女、家人之善良慈爱,最后写了母亲过世后子女的情况和作者的哀伤之情。作者描述慈母督子甚严之处,写年仅七岁之自己"意恋恋而不得留"。整篇文字简洁省净,作者没有抒情,不加渲染,只是简略地叙事,但文字生动自然,情感含蕴多藏,字里行间流动着极其悲痛的心情,寄深味于平易质朴之中。本文表达作者对慈母的怀念之情,亦明白展现归有光散文之特殊风格。

# 习法

## 习法1

**1.** 解释下列加点的词。

(1) 年十六来归

(2) 期而生有光

(3) 然数颦蹙顾诸婢曰

(4) 于是家人延画工画

(5) 以二子肖母也

(6) 去县城东南三十里

(7) 外祖不二日使人问遗

(8) 室靡弃物

(9) 吴家桥岁致鱼蟹饼饵

(10) 率人人得食

**2.** 下列各组句子中,加点词的意义和用法相同的一组是(　　)

A. ① 孺人之吴家桥,则治木棉　　② 陈涉少时,尝与人佣耕,辍耕之垄上

B. ① 吴家桥岁致鱼蟹饼饵　　② 女行无偏斜,何意致不厚

C. ① 以二子肖母也　　② 垣墙周庭,以当南日

D. ① 乃劳苦若不谋夕　　② 尔其无忘乃父之志

**3.** 下列四组句子中,全都体现母亲勤劳品德的一组是(　　)

① 孺人之吴家桥,则治木棉

② 儿女大者攀衣,小者乳抱,手中纫缀不辍

③ 炉火炭屑,使婢子为团

④ 灯火荧荧,每至夜分

⑤ 吴家桥岁致鱼蟹饼饵,率人人得食

⑥ 孺人中夜觉寝,促有光暗诵《孝经》

A. ①②③　　　　　B. ②⑤⑥　　　　　C. ①②④　　　　　D. ③④⑥

**4.** 下列表述,不符合原文意思的一项是(　　)

A. "诸儿见家人泣,则随之泣,然犹以为母寝也"是用儿时的无知来反衬今日的深切悲痛。

B. "追惟一二,仿佛如昨,余则茫然矣"中"余则茫然矣"道出了自己当时因年幼,对母亲事迹记忆不多,所以感情也有点模糊。

C. "家中人闻吴家桥人至,皆喜"从侧面道出了母亲对下人的宽厚。

D. "十六年而有妇,孺人所聘者也"这一笔道出了母亲去世前牵挂幼子的慈爱。

**5.** 用现代汉语翻译下列句子。

（1）遇僮奴有恩，虽至棰楚，皆不忍有后言。

（2）孺人中夜觉寝，促有光暗诵《孝经》，即熟读，无一字龃龉，乃喜。

# 习法2

**阅读下面的文字，完成习题。**

## 宝界山居记

归有光

太湖，东南巨浸也。广五百里，群峰出于波涛之间以百数，而重涯别坞，幽谷曲隈，无非仙灵之所栖息。天下之山，得水而悦；水或束隘迫狭，不足以尽山之奇。天下之水，得山而止；山或孤孑卑稚[(1)]，不足以极水之趣。太湖潆森澒洞[(2)]，沉浸诸山，山多而湖之水足以贮之，意唯海外绝岛胜是，中州无有也。故凡屏列于湖之滨者，皆挟湖以为胜。

自锡山过五里湖，得宝界山。在洞庭之北，夫椒、湫山之间。仲山王先生居之。先生早岁弃官，而其子鉴始登第，亦告归。父子并中年失偶，而皆不娶。日以诗画自娱。因长洲陆君，来请予为山居之记。

余未至宝界也，尝读书万峰山，尽得湖滨诸山之景，虽地势不同，无不挟湖以为胜，而马迹、长兴，往往在残霞落照之间，则所谓宝界者，庶几望见之。昔王右丞辋川别墅，其诗画之妙，至今可以想见其处。仲山之居，岂减华子冈、欹湖诸奇胜？而千里湖山，岂蓝田之所有哉？摩诘清思逸韵，出尘壒[(3)]之外，而天宝之末，顾不能自引决，以濡羯胡[(4)]之腥膻。以此知士大夫出处（chǔ）有道，一失足遂不可浣，如摩诘，令人千载有遗恨也。今仲山父子嘉遁于明时[(5)]，则其于一切世分若太空浮云，曾不足入其胸次矣。何可及哉！何可及哉！

（选自《归有光散文选集》，有删节）

［注释］（1）卑稚：矮小。（2）潆森澒洞（hòng tóng）：水势广阔浩荡，相连不断。（3）壒（ài）：灰尘。（4）羯胡：匈奴人的别称，此处代指安禄山。（5）明时：政治清明的时代。

**1.** 对下列句子中加点词的解释，不正确的一项是（ 　 ）

A. 水或束隘迫狭　　　　　　　　　或：如果

B. 不足以极水之趣　　　　　　　　极：穷尽

C. 顾不能自引决　　　　　　　　　顾：转折，却

D. 令人千载有遗恨也　　　　　　　恨：痛恨

**2.** 根据文意，下列句子全部直接写太湖的一组是（ 　 ）

① 广五百里　　　② 重涯别坞，幽谷曲隈　　　③ 天下之水，得山而止

④ 山或孤子卑稚　　　⑤ 潃森颎洞,沉浸诸山　　　⑥ 唯海外绝岛胜是,中州无有也
A. ①②⑤　　　　　　B. ①③⑥　　　　　　C. ②④⑤　　　　　　D. ③④⑥

**3.** 概括第二段的主要内容。



**4.** 作者在第一段描写太湖的用意是什么?



**5.** 第三段中的王右丞指的诗人是谁? 作者写他的故事是为了说明什么?



**6.** 作者写王仲山父子"嘉遁于明时",感叹"何可及哉! 何可及哉"的意图是什么? 请做简要分析。



## 链接

### (一) 归有光的文学思想

归有光既对文学复古的主张不满,对模拟的文风尤其斥之甚厉,为文主张根于六经,宣扬道德,这是人们把他列入"唐宋派"的主要原因。但是,归有光与唐顺之、王慎中等人的不同之处仍是很明显的。首先,他所主张的道,仍然是传统的儒家之道,对宋代理学并无太多兴趣;其次,他在散文方面酷好司马迁,爱讲"龙门家法",同时对宋、元文也不排斥;再有,他对文学的抒情作用也比较重视,曾说:"夫诗者,出于情而已矣。"又认为"圣人者,能尽天下之至情者也",而"至情"就是"匹夫匹妇以为当然"。这和唐、王的观点有一定距离。(章培恒、骆玉明《中国文学史》下卷,复旦大学出版社,1996 年,第 250 页)

### (二) 归有光散文的艺术特色

在归有光的文章里,最能表现他的特色,是抒情、记事一类的散文,都能以清淡朴素之笔,描绘平凡琐事,抒情真挚,记事生动,不事雕饰,而风味超然。归有光文论不多,而主要以创作

与拟古主义者抗,终于在散文上取得了较高的成就。(刘大杰《中国文学发展史》下卷,复旦大学出版社,第 100 页)

归有光为世人传颂的作品,不仅有抒写家人父子之情的文字,还有类似于司马迁发愤著书一类的有关民生疾苦,以至为民请命的作品。(郭预衡《中国古代文学史长编 5·元明清卷》,首都师范大学出版社,1992 年,第 141 页)

正因为归有光肯定"匹夫匹妇"的"至情",在日常生活中捕捉印象深切的感受,娓娓道来,却寄托着感慨和深情,是归有光这一类散文的长处。语言十分简练精洁,材料讲究剪裁,可以看出作者写作时是很用心的。这种散文在当时的文坛上显得很突出。但应该指出,在归有光的文集中,这类散文所占比率是很小的,大量的文章还是散发着迂腐的说教气息。这也反映出明中期文学的复杂情况。(章培恒、骆玉明《中国文学史》下卷,复旦大学出版社,1996 年,第 250—252 页)

# 十六、方苞与《狱中杂记》

王新燕

## 知人

方苞(1668 年—1749 年),字灵皋,一字凤九,晚年号望溪,安徽桐城人,是清代散文家,桐城派散文的创始人,与姚鼐、刘大櫆合称"桐城三祖"。

方苞治学以儒家经典为基础,尊奉程朱理学,日常生活都遵循古礼。他首创"义法"说,倡"道""文"统一。方苞在《史记评语》里说:"义即《易》之所谓言有物也,法即《易》之所谓言有序也。以义为经,而法纬之,然后为成体之文。"论文提倡"义法",为桐城派散文理论奠定了基础。后来桐城派文章的理论,即以方苞所提倡的"义法"为纲领,继续发展完善,形成清代文坛的桐城派,影响深远,至今仍为全国学术界重视,方苞也因此被称为桐城派的鼻祖。有《左忠毅公逸事》《狱中杂记》等名篇。

## 识时

康熙五十年,《南山集》案发,《南山集》为桐城人戴名世所著。戴名世在《南山集》的《与余生书》一文中提出写历史时应给明末几个皇帝立"本纪"。此事被御史赵申乔揭发,戴名世全家及其族人牵累定死罪者甚多。而方苞因给《南山集》作序,被株连下江宁县监狱。不久,解到京城下刑部狱,定为死刑。在狱中两年,仍坚持著作,著成《礼记析疑》和《丧礼或问》。

康熙五十二年,因重臣李光地极力营救,康熙皇帝亲笔批示"方苞学问天下莫不闻",遂免死出狱,以平民身份入南书房作皇帝的文学侍从,后来又移到养蒙斋编修《乐律》。康熙六十一年,充武英殿修书总裁。雍正九年(1731 年)解除旗籍,授詹事府左春坊左中允,次年迁翰林院侍讲学士。雍正十一年,提升为内阁学士,任礼部侍郎,充《一统志》总裁。雍正十三年,充《皇清文颖》副总裁。清乾隆元年(1736 年),再次入南书房,充《三礼书》副总裁。乾隆四年,被遣革职,仍留三礼馆修书。乾隆七年,因病告老还乡,乾隆帝赐翰林院侍讲衔。从此,他在家闭门谢客著书至死。

## 赏文

### 狱中杂记

康熙五十一年三月[1],余在刑部狱,见死而由窦[2]出者日三四人。有洪洞令杜君者,作而言曰:"此疫作也。今天时顺正,死者尚稀,往岁多至日十数人。"余叩所以,杜君曰:"是疾易传染，邃者[3]虽戚属，不敢同卧起。而狱中为老监者四，监五室。禁卒居中央，牖其前以通明，屋极有窗以达气。旁四室则无之，而系囚常二百余。每薄暮下管键，矢溺[4]皆闭其中，与饮食之气相薄；又隆冬，贫者席地而卧，春气动，鲜不疫矣。狱中成法，质明启钥[5]，方夜中，生人与死者并踵顶而卧[6]，无可旋避，此所以染者众也。又可怪者，大盗积贼，杀人重囚，气杰旺，染此者十不一二，或随有瘳[7]。其骈死，皆轻系及牵连佐证法所不及者。"

余曰："京师有京兆狱，有五城御史司坊，何故刑部系囚之多至此？"杜君曰："迩年狱讼，情稍重，京兆、五城即不敢专决；又九门提督所访缉纠诘[8]，皆归刑部；而十四司正副郎好事者及书吏[9]、狱官、禁卒，皆利系者之多，少有连，必多方钩致[10]。苟入狱，不问罪之有无，必械手足，置老监，俾困苦不可忍，然后导以取保，出居于外，量其家之所有以为剂，而官与吏部分焉。中家以上皆竭资取保；其次，求脱械居监外板屋，费亦数十金；唯极贫无依，则械系不稍宽，为标准以警其余。或同系，情罪重者，反出在外，而轻者无罪者罹其毒。积忧愤，寝食违节，及病，又无医药，故往往至死。"

余伏见圣上[11]好生之德，同于往圣，每质狱辞，必于死中求其生。而无辜者乃至此。傥仁人君子为上昌言："除死刑及发塞外重犯，其轻系及牵连未结正者，别置一所以羁之，手足毋械。"所全活可数计哉！或曰："狱旧有室五，名曰现监，讼而未结正者居之。傥举旧典，可小补也。"杜君曰："上推恩，凡职官居板屋；今贫者转系老监，而大盗有居板屋者，此中可细诘[12]哉！不若别置一所，为拔本塞源[13]之道也。"余同系朱翁、余生[14]及在狱同官僧某，遘疫死，皆不应重罚。又某氏以不孝讼其子，左右邻械系入老监，号呼达旦。余感焉，以杜君言泛讯之，众言同，于是乎书。

凡死刑狱上，行刑者先俟于门外，使其党入索财物，名曰"斯罗"[15]。富者就其戚属，贫则面语之。其极刑，曰："顺我，即先刺心；否则，四肢解尽，心犹不死。"其绞缢，曰："顺我，始缢即气绝；否则，三缢加别械，然后得死。"唯大辟无可要[16]，然犹质其首。用此，富者略数十百金，贫亦罄衣装；绝无有者，则治之如所言。主缚者亦然，不如所欲，缚时即先折筋骨。每岁大决[17]，勾者[18]十三四，留者十六七，皆缚至西市待命。其伤于缚者，即幸留，病数月乃瘳，或竟成痼疾。

余尝就老胥而问焉："彼于刑者、缚者，非相仇也，期有得耳；果无有，终亦稍宽之，非仁术乎？"曰："是立法以警其余，且惩后也。不如此，则人有幸心。"主梏扑者[19]亦然。余同逮以木讯者三人：一人予三十金，骨微伤，病间月[20]；一人倍之，伤肤，兼旬愈；一人六倍，即夕行步如平常。或叩之曰："罪人有无不均，既各有得，何必更以多寡为差？"曰："无差，谁为多与者！"孟子曰："术不可不慎[21]。"信夫！

部中老胥，家藏伪章，文书下行直省，多潜易之，增减要语，奉行者莫辨也。其上闻及移关诸部犹未敢然。功令：大盗未杀人，及他犯同谋多人者，止主谋一二人立决；余经秋审，皆减等发配。狱辞上，中有立决者，行刑人先俟于门外。命下，遂缚以出，不羁晷刻[22]。有某姓兄弟，以把持公仓，法应立决，狱具矣。胥某谓曰："予我千金，吾生若。"叩其术，曰："是无难，别具本章，狱辞无易，但取案末独身无亲戚者二人易汝名，俟封奏时潜易之而已。"其同事者曰："是可欺死者，而不能欺主谳者[23]；傥复请之，吾辈无生理矣。"胥某笑曰："复请之，吾辈无生理，而主谳者亦各罢去。彼不能以二人之命易其官，则吾辈终无死道也。"竟行之，案末二人立决。主者口呿舌挢[24]，终不敢诘。余在狱，犹见某姓。狱中人群指曰："是以某某易其首者。"昚某一夕暴卒，人皆以为冥谪[25]云。

凡杀人，狱辞无谋、故者，终秋审入矜疑，即免死。吏因以巧法。有郭四者，凡四杀人，复以矜疑减等，随遇赦。将出，日与其徒置酒酣歌达曙。或叩以往事，一一详述之，意色扬扬，若自矜诩[26]。噫，溻恶吏忍于鬻狱[27]，无责也；而道之不明，良吏亦多以脱人于死为功，而不求其情。其枉民也，亦甚矣哉！

奸民久于狱，与昚卒表里，颇有奇羡[28]。山阴李姓，以杀人系狱，每岁致数百金。康熙四十八年，以赦出，居数月，漠然无所事。其乡人有杀人者，因代承[29]之。盖以律非故杀，必久系，终无死法也。五十一年，复援赦减等谪戍。叹曰："吾不得复入此矣！"故例，谪戍者移顺天府羁候，时方冬停遣，李具状求在狱，候春发遣，至再三，不得所请，怅然而出。

（选自《四部丛刊》本《望溪先生全集·集外集》）

［注释］（1）该文作于1712年（康熙五十一年）三月。（2）窦（dòu）：孔穴，这里指监狱墙上打开的小洞。（3）遘（gòu）者：得这种传染病的人。遘：遇、遭受，指染病。（4）矢溺：大小便。矢，通"屎"。溺，同"尿"。（5）质明：天正明的时候。启钥：开锁。（6）并踵顶而卧：并排睡一起。踵，脚后跟。顶，头顶。（7）或随有瘳（chōu）：有的人染上病也随即就痊愈了。瘳，病愈。（8）九门提督：全名是提督九门步兵统领，掌管京城九门督查职务的武官。九门，指正阳门、崇文门、宣武门、安定门、德胜门、东直门、西直门、朝阳门、阜城门。所访缉纠诘：所访查缉捕来受审讯的人。（9）十四司正副郎：清初刑部设十四司，每司正职为郎中，副职为员外郎。好事者：多事的人。书吏：掌管文牍的小吏。（10）钩致：钩取，即逮捕。（11）伏见：即看到。伏，表示谦卑。圣上：臣民对皇帝的尊称，这里指康熙皇帝。（12）细诘：深究。（13）拔本塞源：拔除弊端的根本，堵塞弊端的源头。（14）朱翁：不详。余生：名湛，字石民，戴名世的学生。（15）斯罗：也作"撕罗""撕掳"，排解、打理的意思。（16）大辟：斩首。要：要挟。（17）大决：即秋决。封建时代规定秋天处决犯人。（18）勾者：每年八月，由刑部会同九卿审判死刑犯人，呈交皇帝御决。皇帝用朱笔勾上的，立即处死；未勾上的为留者，暂缓执行。（19）主梏扑者：专管上刑具、打板子的人。（20）间月：一个多月。间，隔。（21）术不可不慎：语出《孟子·公孙丑上》："矢人岂不仁于函人哉？矢人惟恐不伤人，函人唯恐伤人，巫将亦然，故术不可不慎也。"术：技艺、技术，这里指职业。意谓选择职业不可不慎重。（22）不羁晷（guǐ）刻：不留片刻。晷刻，指很短的时间。（23）主谳（yàn）者：负责审判的官员。谳，审判定罪。（24）口呿（qū）舌挢（jiǎo）：张口结舌。呿，张口不能说话。舌挢，翘起舌头，形容惊讶的样子。（25）冥谪：受到阴曹地府的惩罚。（26）矜诩（xǔ）：炫耀。（27）溻（xiè）：污浊。鬻狱：出卖狱讼。（28）奇（jī）羡：赢余。（29）代承：代为承担。

---

**思考**

## 1. 文中主要揭露了哪些事实？

| **点拨** | 文中主要揭露了以下事实：

（1）狱吏与狱卒的工资收入微薄。狱吏每年只有工食银六两，按当时一般平民生活标准，只够四口之家一个月所用。这还是在册的狱吏，而不在册的就更低了，他们虽然收入这么低，但大多还通过各种关系，打通种种关节要来县衙当差（狱吏一般是违法进来的，没有通过科举考试，无法保证文化素质）。他们主要是靠山吃山。

（2）狱中瘟疫流行，死者相枕藉。到了夜间，死了的和活着的人脚碰头而躺着，无法转动，这样一来，瘟疫越传染越多。犯案多次的大盗贼、杀人重囚，生命力旺盛，而且因有心理准备，心态平稳，很难被传染。那些接踵并肩而死亡的，"皆轻系及牵连佐证法所不及者"，都是因轻罪被囚的以及被牵连、被捉来当证人的那些没有犯法的人。被牵连、被捉来当证人的人是冤屈的，又加之担心家里的亲人，精神已经崩溃，免疫力快速下降，发生瘟疫，最容易被传染。

（3）无所不用其极的敲诈勒索与贪赃枉法。为了增加敲诈钱财对象，狱吏们就想方设法株连，把与案件稍有牵连、沾点边的人统统抓进来，"不问罪之有无，必械手足，置老监，俾困苦不可忍，然后导以取保"。他们把这些清白无辜的人折磨得"呼号达旦"无法忍受，接着诱劝其倾家荡产交纳大笔保证金，一交来他们就私分，接着对贫穷无钱取保的人加倍折磨，以此警告不愿掏钱的人。结果是"情罪重者反出在外，而轻者、无罪者罹其毒，积忧愤，寝食违节，及病，又无医药，故往往致死"。罪魁祸首只要有钱取保，反而逍遥狱外，而众多涉案者和证人却被活活折磨死了。

有钱能使鬼推磨，犯人同是被捆绑，如果没钱贿赂，他们就在捆绑时被折断筋骨，甚至造成终身残废。同是遭受板子、夹棍刑讯，但因贿赂钱数差别大，造成伤害的后果差别也非常大："一人予三十金，骨微伤，病间月；一人倍之，伤肤，兼旬愈；一人六倍，即夕行步如平常。"因此，文中表现了老百姓"屈死不告状"的心态。

（4）对死刑犯进行偷梁换柱。最让作者震惊的是，只要肯掏大价钱，狱吏们连死刑犯也能偷梁换柱。有狱吏对判死罪的贪官说："给我千金，我让你活！"贪官问：你用什么办法让我活？狱吏说：这事不难！在判决书封奏之前，我把同案犯中没有亲戚家人的单身汉的名字和你换换位置！贪官问：你就不怕事后上级发现？狱吏说：发现了肯定要处死我，但也要罢主管领导的官，他们舍不得头上的乌纱帽，只能打掉牙齿肚里吞，暗暗叫苦而不敢声张，我的性命自然就也保住了。狱吏与狱卒们胡作非为，他们暴虐成性的嚣张气焰，一般人根本无法想象。

方苞通过描写自己在刑部狱中的所见所闻的大量事实，把狱吏与狱卒的残酷无情、暴虐成性的面目展现在读者面前，揭露了天子脚下的刑部狱的种种黑幕，百姓的横遭逮捕、冤死狱中，以及狱吏的敲诈勒索、受贿枉法、草菅人命等事实，反映了封建君主专制国家的司法机构的腐败与恐怖。

## 2. 牢狱生存条件之差表现在哪里？

| 点拨 | 二百多人挤在一排没有窗户的狭小暗室里，吃喝拉撒都在一处，人死后不能及时处理，传染病动辄流行。

**集评**

1. 姚鼐有言："阅太史公书(《史记》)，似精神不能包括其(方苞)大处、远处、疏淡处及华丽非常处。"(《与陈石士书》)

2. 袁枚早年评方苞文与王渔洋诗，有"一代正宗才力薄，望溪文集阮亭诗"之句。

3. 王源赞评方苞文："宋以后无此清深峻洁文心。"

4. 姚范："望溪文于亲懿故旧之间，隐亲恻至，亦见其笃于伦理。"

**浅析**

杂记，是古代散文中一种杂文体，因事立义，记述见闻。该文是"杂记"名篇，材料繁富，错综复杂，人物众多。作者善于选择典型事例重点描写，"杂"而有序，散中见整，中心突出。文章记狱中事实，在触目惊心的叙述中，间作冷峻深沉的议论。

全文可以分为五个部分。第一部分，自开头至"皆轻系及牵连佐证法所不及者"，写刑部狱中瘟疫流行情景，揭露造成瘟疫的根源；第二部分，自"余日"至"于是乎书"，写刑部狱中系囚之多的原因，揭露刑部狱官吏诈取钱财的罪恶；第三部分，自"凡死刑狱上"至"信夫"，写行刑者、主缚者、主梏扑者心狠手辣，揭穿刑部狱敲诈勒索的黑幕；第四部分，自"部中老胥"至"人皆以为冥谪云"，写胥吏放纵主犯，残害无辜，主谳者不敢追究，揭露清代司法机构的黑暗与腐败；第五部分，自"凡杀人"至结尾，写胥吏狱卒与罪犯奸徒勾结舞弊，揭露刑部狱成了杀人犯寻欢作乐牟取钱财的场所。

## 习法

### 习法1

1. 下列各组句子中，加点词的意义不同的一项是(　　　)

A. ① 旁四室则无之，而系囚常二百余
　　② 或同系，情罪重者，反出在外，而轻者、无罪者罹其毒

B. ① 主缚者亦然
　　② 其上闻及移关诸部，犹未敢然

C. ① 牖其前以通明
　　② 又某氏以不孝讼其子

D. ① 余叩所以
　　② 无可旋避，此所以染者众也

2. 下列各句中加点词的意思与现代汉语相同的一项是(　　　)

A. 今天时顺正　　　　　　　　　B. 生人与死者并踵顶而卧

C. 吾辈无生理矣　　　　　　　　D. 为标准以警其余

**3.** 下列各句中句式特点与例句相同的一项是（　　　）

例句：此所以染者众也

　　A. 因思昔日生长王谢　　　　　　　　B. 或叩以往事，一一详述之

　　C. 行刑者先俟于门外　　　　　　　　D. 项脊轩，旧南阁子也

**4.** 下列句子编为四组，全都写胥吏贪赃枉法的一组是（　　　）

　　① 少有连，必多方钩致　　　　　　　② 械系不稍宽，为标准以警其余

　　③ 文书下行直省，多潜易之　　　　　④ 其上闻及移关诸部，犹未敢然。

　　⑤ 中有立决者，行刑人先俟于门外　　⑥ 但取案末独身无亲戚者二人易汝名

　　A. ①②④　　　　　　　　　　　　　　B. ③⑤⑥

　　C. ①③⑥　　　　　　　　　　　　　　D. ②③④

**5.** 下列对原文的叙述分析，不正确的一项是（　　　）

　　A. 掌管刑狱的官员枉法作恶的现象，不仅普遍见于下级官吏，还涉及许多"部"级官员。可见在"康熙盛世"时，吏治腐败的问题已很严重。

　　B. 封建家长以"不孝"的罪名对子女提起诉讼，左右邻居也帮着把"忤逆"之人捆入牢房。为这样的事都能坐牢受罪，作者为此感慨不已。

　　C. 胥吏之所以胆敢篡改判决书的内容，就是因为他摸准了上级的心理：主审官宁可让案子错下去，也不愿因为事后追究错案的责任而丢官。

　　D. 作者在狱中了解到许多黑幕，对于那些从他人口中听来的事实，作者也向同牢的犯人一一印证，体现了桐城派作家注重考据的行文特点。

## 习法 2

**下列两段文字，描写同一个人物。对照阅读，完成习题。**

### 左忠毅公逸事

乡先辈左忠毅公视学京畿。一日，风雪严寒，从数骑出，微行入古寺。庑下一生伏案卧，文方成草。公阅毕，即解貂覆生，为掩户。叩之寺僧，则史公可法也。及试，吏呼名至史公，公瞿然注视，呈卷，即面署第一。召入，使拜夫人，曰："吾诸儿碌碌，他日继吾志事，惟此生耳。"

### 左忠毅公传

光斗为督学，可法以童子试（取得秀才资格的考试）见光斗，光斗奇之，曰："子异人也，他日名位当在吾上。"归，风寒雨雪，入可法室，见可法隐几假寐，二童子侍立于旁。光斗解衣覆之，勿令觉，其怜爱之如此。

**1.** "文方成草"句中的"方"字解释正确的是（　　　）

　　A. 将要　　　　　　B. 正当　　　　　　C. 方法　　　　　　D. 刚，才

**2.** "为掩户"句中省略一个虚词，这个虚词正确的选项是（　　　）

　　A. 以　　　　　　　B. 之　　　　　　　C. 于　　　　　　　D. 诸

**3.** 下列各项中的加点词与"即面署第一"中"面"的用法相同的一项是（　　　）

A. 函梁君臣之首

B. 楚左尹项伯者,素善留侯张良

C. 是以君子远庖厨也

D. 卒廷见相如

**4.** 同是描写左光斗解下自己衣服披在酣睡的史可法身上,两篇短文写法有所不同,认真比较原文,填空。

| 地点 | 情景 | 动作 |
|---|---|---|
| 古寺 | 庑下一生伏案卧,文方成草 |  |
|  |  | 解衣覆之 |

**5.** 同样是表现左光斗对史可法赏识的句子,前文是_____,后文是_____;前文从_____的角度写,后文从_____的角度写。

## 链接

### （一）方苞的文学思想

　　他树起"义法"说的大旗。"义即《易》之所谓'言有物'也,法即'言有序'也",合起来说是言之有物而文有条理。分开来说,"义"指文章的内容,以儒家经典为宗旨,而他自谓"学行继程朱之后",故具有明显的服务于当代政治的目的;"法"指文章的作法,包括形式、技巧问题,如布局、章法、文辞等。两者关系是义决定法,而法则体现义。他讲文章作法,或侧重于"虚实详略之权度",或追求"首尾开合,顺逆断续"之"脉络",或提倡用语"体要"和简洁,偏重文法,但他认为"义"即在其中,这是"法以义起而不可易者"。他要求内容醇正,文辞"雅洁"。他使古文用语典雅、古朴、简约,显然适应清统治者"清真古雅"的衡文要求,并给古文建立更严格的具有束缚性的规范。由于与制举之文相通,有利于维护理学道统,所以受到朝野的崇奉和欢迎,"义法"说也成了桐城派遵奉的论文纲领。(袁行霈《中国文学史》第4卷,高等教育出版社,2005年,第325—326页)

　　方苞一开始所提出的理论就具有明晰而系统的特点,他的方法是通过对一个核心概念——"义法"的多层面的阐释来建立自己的理论系统。所谓"义法",最基本的解释可以说得很简明:"义,即《易》之所谓'言有物'也;法,即《易》之所谓'言有序'也。"只是说言之有物而文有条理。若结合方氏其他论述作总体的归纳,则"义"主要指文章的意旨、论断与褒贬,"法"主要指文章的布局、章法与文辞。

　　但方苞所谓"义法"乃"古文"之"义法",也就是说必须依据儒家经典的宗旨来叙事论理,方有"义法"可言。这种古文又有它的历史统系,但在方苞看来,唐宋八家还有不够的地方,如柳宗元、苏氏父子经学根底都太差,欧阳修也嫌粗浅。这其实就是接过唐宋古文的"道统"旗号,再参取程朱一派理学家的意见,在"古文"中浓化经学气息,对学唐宋八家提出需要警戒的地方。

大致方苞是用"义法"说取代了前人的"文道"说。因为"文"与"道"容易分为两物,"义法"则密不可分。单独讲"义"与"法"内涵不同,但法从义生,义由法显,故两者就合一了。这把过去"文以载道"的理论更加严密化了,加上他对唐宋八家的批评,对文体和语辞所提出的戒条,这就为"古文"建立了比唐宋古文更为严格也更有束缚性的规范。(章培恒、骆玉明《中国文学史》下卷,复旦大学出版社,1996年,第438—439页)

"桐城派"古文的基本理论,是从方苞开始建立的。他继承归有光的"唐宋派"古文传统,提出"义"的主张:"义即易之所谓'言有物'也,法即易之所谓'言有序'也,义也为经,而法纬之,然后为成体之文"(《望溪先生文集·又书货殖传后》)。"义法"是方苞论文的唯一标准。他所谓"义",指文章的中心思想,实际是从维护封建统治的儒家思想出发的基本观点。他所谓"法",指的是表达中心思想或基本观点的形式技巧,包括结构条理,运用材料、语言等等。从这方面看,他是概括了向来古文家在章法、用语上的一些成就。(游国恩《中国文学史》第四册,人民文学出版社,2002年,第315页)

方苞的主张是:

1. 作文的目的,不仅是做一个文人,主要是通经明道。唐、宋八家的文章是好的,但是他们所用的道还是不够,得之于六经的根底还是不厚。柳宗元、苏轼比较重文,故见道不深。因此,作文必要重视义理,求其根源,继承孔、孟、程、朱的道统。

2. 道以文见,欲载道、明道,必须有好文章。要写好文章,必要学习古文的法则,在这里出现了一个与道统相依的文统。文统最早的根源是六经、《语》、《孟》,其次为《左传》《史记》,再次为唐、宋八家,最后是明朝的归有光。道统与文统的结合,是古文的最高标准。

3. 他把古文与诗词歌赋分开。他认为诗赋一类作品,与古文不同,是不能载道、明道的。其为流俗所不弃,法这是"瞑瞒于声色之中,曲得其情状"而已。

方苞这种观点,在其精神本质上,更明显地表现出要求文学为封建政治、道德服务的立场。他为了要把道统与文统结合为一,因而把义与法结合为一。他的义法说,是桐城派文论的重心。所谓义法,言有物,是说文章要有内容;言有序,是说文章要有条理要有方法,也就是要注重形式。不过,他所说的内容,是有关圣道伦常的内容。(刘大杰《中国文学发展史》下卷,复旦大学出版社,2006年,第245—246页)

## (二) 方苞散文的艺术特色

方苞的古文选材精当,以凝练雅洁见长,开桐城派风气。读史札记和杂说,如《汉文帝论》《辕马说》等简洁严整,无枝蔓芜杂之病。游记如《游雁荡记》,赠序如《送刘函三序》,碑铭如《先母行略》《兄百川墓志铭》《田间先生墓表》等,详略有致,具有法随义变的特点。《狱中杂记》以其亲身经历,揭露狱中种种奸弊、秽污、酷虐,事繁而细,条理分明,文字准确。最著名的《左忠毅公逸事》描绘左光斗形象,笔简语洁,史可法入狱相会一段,凛然正气,尤为感人。(袁

行霈《中国文学史》第 4 卷,高等教育出版社,2005 年,第 326 页)

　　方苞本人的文章,以碑铭、传记一类写得最为讲究,盖因叙事之文,最易见"义法"。其长处在剪裁干净,文辞简洁,有时尚能写出人物的性格与神情。但对人物的褒扬中,总是渗透了封建伦理意识,少数山水游记则板重绝伦。他的文章中最有价值的,应数《狱中杂记》,因是作者亲身经历,以往的忧惧和愤慨记忆犹新,文章记狱中种种黑暗现象,真切而深透,议论也较少迂腐气。虽名"杂记",却条理分明,文字准确有力,可以见出方苞文章的功力。但这在方苞散文中属于特例,不能代表其一般特点。(章培恒、骆玉明《中国文学史》下卷,复旦大学出版社,1996 年,第 439—440 页)

　　但方苞在政治迫害和实际生活的体验中,也写出了一些好文章,如《狱中杂记》《高阳孙文正逸事》《左忠毅公逸事》《辕马说》《田间先生墓表》《先母行略》等篇,都是较为优秀的作品。(刘大杰《中国文学发展史》下卷,复旦大学出版社,2006 年,第 247 页)

# 十七、 刘大櫆与《论文偶记》

王志斌

## 知人

刘大櫆(1698 年—1779 年),字才甫,又字耕南,号海峰。安徽桐城(今属安徽省枞阳县汤沟镇先进村)人。早年着意功名,但雍正中两登副榜,皆不获举;乾隆间一再受荐应试,亦被黜落。最后得到一个黟县教谕,做了没几年便告老还乡。晚年隐居枞阳,以耕读自娱。

少年时师同邑吴直,中年时又游方苞之门而传其古文义法,后又传之弟子姚鼐,因此,方、刘、姚成为古文中桐城派三祖,其中刘氏实是起了由道致文的承前启后作用。刘氏为文除习儒经外,兼集《庄》《骚》《左》《史》及韩、柳、欧、苏之长,"熔诸家为一体",其气肆,其才雄,雄豪壮阔,见其波澜,其文以奇诡雄豪胜,从而为古代散文开拓新的艺术境界。

"大櫆修干美髯,能引拳入口。纵声读古诗文,聆其音节,皆神会理解。"文字传神的《刘大櫆传》,见于《清史稿》——帅气的仪表,磁性的声音,刘大櫆是一个有特质的人。

著有《海峰先生文集》十卷、《补遗》一卷、《海峰先生诗集》八卷。有清刊本。编选《八家文钞》《七律正宗》《历朝诗约选》。

## 识时

明清易代,"桐城文派"因文学主张契合清廷而起为主流,桐城方苞功莫大焉。刘大櫆的出现,上承方苞,下启姚鼐,成为"桐城文派"链条中的重要且关键的环节。

刘大櫆最终与方苞、姚鼐跻身"桐城派三祖",前为其师,后为其徒。较之二者,刘大櫆对"桐城文派"盛行,影响更为直接。

纵观"桐城文派",流派特征并不明显,只有"教师"这一身份十分醒目。桐城的方苞、姚鼐、刘大櫆、吴汝纶、马其昶、姚永朴如此,桐城之外的管同、梅曾亮、张裕钊、林纾同样以执教为业。终身为官的张英、张廷玉、姚文然等桐城人,虽有文章传世,便不能归入"桐城文派"。"桐城文派"的显著特质,在于作者的职业身份——以教师为主体的作家群。

执教授馆的刘大櫆,职业需要他锁定科举的指挥棒,自己作文,再给学生讲文,文风必须介于"庙堂文学"与"山林文学"之间。刘大櫆式的"桐城文派"之文,迅即为其他山院所汲取,从而风行一时,从此"桐城文派"的地域特征淡去,成为普遍的文学现象,直到封建科举寿终正寝,才落下自己的帷幕。

"曾门四弟子"之一的张裕钊,讲过一则故事:刘大櫆身材魁梧,声音洪亮,喜欢将文章放声朗读。姚鼐的身体则比较羸弱,吐声亦小,对先生的先天气质很是羡慕,暗地里狠练过几次。但刘大櫆"能引拳入口",姚鼐事实上是做不到的。姚鼐欲对"桐城文派"再作贡献,显然需在刘大櫆之外另辟新径,集方、刘文章之大成。

## 赏文

### 论文偶记(1)

行文之道,神为主,气辅之。曹子桓、苏子由论文,以气为主(2),是矣。然气随神转,神浑则气灝(3),神远则气逸,神伟则气高,神变则气奇,神深则气静,故神为气之主。至专以理为主,则未尽其妙。盖人不穷理读书,则出词鄙倍空疏(4)。人无经济(5),则言虽累牍,不适于用。故义理、书卷、经济者,行文之实,若行文自另是一事。譬如大匠操斤(6),无土木材料,纵有成风尽垩手段(7),何处设施(8)?然有土木材料,而不善设施者甚多,终不可为大匠。故文人者,大匠也。神气音节者,匠人之能事也(9),义理、书卷、经济者,匠人之材料也。

神者,文家之宝。文章最要气盛,然无神以主之,则气无所附,荡乎不知其所归也。神者气之主,气者神之用。神只是气之精处。古人文章可告人者惟法耳,然不得其神而徒守其法,则死法而已。要在自家于读时微会之。李翰云:"文章如千军万马;风恬雨霁,寂无人声。"(10)此语最形容得气好。论气不论势,文法总不备。

文章最要节奏;譬之管弦繁奏中,必有希声窈渺处(11)。

神气者,文之最精处也;音节者,文之稍粗处也;字句者,文之最粗处也。然余谓论文而至于字句,则文之能事尽矣。盖音节者,神气之迹也;字句者,音节之矩也(12)。神气不可见,于音节见之;音节无可准(13),以字句准之。

音节高则神气必高,音节下则神气必下,故音节为神气之迹。一句之中,或多一字,或少一字;一字之中,或用平声,或用仄声;同一平字仄字,或用阴平、阳平、上声、去声、入声,则音节迥异,故字句为音节之矩。积字成句,积句成章,积章成篇,合而读之,音节见矣,歌而咏之,神气出矣。

文贵奇,所谓"珍爱者必非常物"(14)。然有奇在字句者,有奇在意思者,有奇在笔者(15),有奇在丘壑者(16),有奇在气者,有奇在神者。字句之奇,不足为奇;气奇则真奇矣;神奇则古来亦不多见。次第虽如此,然字句亦不可不奇、自是文家能事。扬子《太玄》《法言》(17),昌黎甚好之,故昌黎文奇。奇气最难识,大约忽起忽落,其来无端,其去无迹。读古人文,于起灭转接之间,觉有不可测识处,便是奇气。奇,正与平相对。气虽盛大,一片行去,不可谓奇。奇者,于一气行走之中,时时提起。太史公《伯夷传》可谓神奇(18)。

文贵简。凡文,笔老则简(19),意真则简,辞切则简(20),理当则简,味淡则简,气蕴则简(21),品贵则简(22),神远而含藏不尽则简。故简为文章尽境。程子云:"立言贵含蓄意思,勿使无德者眩,知德者厌。"(23)此语最有味。

文贵变。《易》曰:"虎变文炳,豹变文蔚。"(24)又曰:"物相杂,故曰文。"(25)故文者,变之谓也。一集之中篇篇变,一篇之中段段变,一段之之句句变,神变、气变、境变、音节变、字句变,惟昌黎能之。

文法有平有奇，须是兼备，乃尽文人之能事。上古文字初开，实字多，虚字少。典谟训诰[26]，何等简奥，然文法自是未备。至孔子之时，虚字详备，作者神态毕出。《左氏》情韵并美[27]，文采照耀。至先秦战国，更加疏纵[28]。汉人敛之，稍归劲质，惟子长集其大成[29]。唐人宗汉，多峭硬。宋人宗秦，得其疏纵，而失其厚懋，气味亦少薄矣。文必虚字备而后神态出，何可节损？然枝蔓软弱，少古人厚重之气，自是后人文渐薄处。史迁句法似赘拙，而实古厚可爱。

理不可以直指也，故即物以明理[30]，情不可以显出也，故即事以寓情。即物以明理，《庄子》之文也；即事以寓情，《史记》之文也。

凡行文多寡短长，抑扬高下，无一定之律，而有一定之妙，可以意会，而不可以言传。学者求神气而得之于音节，求音节而得之于字句，则思过半矣。其要只在读古人文字时，便设以此身代古人说话，一吞一吐，皆由彼而不由我。烂熟后，我之神气即古人之神气，古人之音节都在我喉吻间，合我喉吻者，便是与古人神气音节相似处，久之自然铿锵发金石声。

（选自《桐城明清散文选》，江小角，方宁胜主编，安徽美术出版社，2011年8月）

[注释]（1）《论文偶记》：刘大櫆阐述其文学思想的专著。（2）曹子桓：魏文帝曹丕，论文以气为主，见其《典论·论文》："文以气为主，气之清浊有体，不可力强而致。"苏子由：宋代散文作家苏辙。论文以气为主，见其《上枢密韩太尉书》："以为文者，气之所形。"（3）灏（hào）：浩大。（4）出辞鄙倍：《论语·泰伯》："出辞气，斯远鄙倍矣。"鄙倍，鄙陋背理。"倍"，通"背"。（5）经济：经世济民，治理国家的主张、办法。（6）大匠：技术高超的匠人。斤：斧头。（7）成风尽垩手段：《庄子·徐无鬼》："郢人垩慢其鼻端，若蝇翼，使匠石斫之。匠石运斤成风，听而斫之，尽垩而鼻不伤，郢人立不失容。"垩（è）：白土。慢，同"漫"，涂抹。斫：砍。（8）设施：设置安排。（9）能事：本领，才能。（10）李翰：唐代文学家，字子羽。引语见李德裕《文章论》："从兄翰常言'文章如千军万马：风恬雨霁，寂无人声。'盖调是矣。"（11）希声：极细微的声音。窈渺：美妙。（12）矩：标记。（13）准：测度。（14）"珍爱者必非常物"："韩愈《答刘正夫书》："足下家中百物，皆赖而用也，然其所珍爱者，必非常物。夫君子之于文，岂异于是乎？"（15）笔：笔法，笔力，如曲笔、伏笔等。（16）丘壑：指意境深远。（17）扬子：扬雄，西汉文学家、哲学家、语言学家，早年从事辞赋写作，后来认为这是"雕虫篆刻""壮夫不为"，转而研究哲学。曾仿《论语》作《法言》，仿《易经》作《太玄》，提出以"玄"作为宇宙万物根源的学说。（18）太史公：司马迁。《伯夷传》是《史记》列传中的一篇。（19）笔老：笔法老练。（20）辞切：言辞准确切要。（21）气蕴：文气含蓄深厚。（22）品贵：文风庄重。品，品格。（23）程子：北宋哲学家、教育家程颢、程颐兄弟，理学的奠基者，世称二程。引语见《二程全书遗书第二上》。（24）"虎变"二句：《易·革》："象曰：大人虎变，其文炳也。"又："象曰：君子豹变，其文蔚也。""文炳""文蔚"均指文采（原指虎、豹身上的花纹）鲜明、丰茂。《文心雕龙·原道》："虎豹以炳蔚凝姿。"（25）"物相杂"二句：语出《易·系辞下》。相杂，相互杂错。（26）典谟训诰：指《尚书》，典、谟、训、诰，皆《尚书》中的名目。（27）《左氏》：即《左传》。（28）纵：自由放纵。（29）子长：司马迁。（30）即物：就物，凭借具体事物。

**刘大櫆的《论文偶记》中从哪些方面论证了文章的主旨?**

| 点拨 | 试着从"文贵奇""文贵简""文贵变"几个方面去深入探究。

| 探索 | 刘大櫆师事方苞,受姚鼐推崇,论文强调"义理、书卷、经济",重视"神气""音节""字句"。所著《论文偶记》是桐城派最早的理论专著。全书大致分为两部分,一是论文总纲,二是为文细则。这里选取的,是为文细则十二项中的三项,值得注意的是其中的写作经验和灵动文风。

这三则偶记分谈"文贵奇""文贵简""文贵变"。

第一则分三层:先点明"文贵奇"的论说主旨;次说明"奇"体现在许多方面,而以"气奇"为最重要;最后阐明"气奇"的要领在"于一气行走之中"能"时时提起"。

第二则分两层:先指出"笔老"则简、"意真""辞切""理当""味淡""气蕴""品贵""神远而含藏不尽"则简。得出"简为文章尽境";然后引用程子的话,加强论证的说服力。

第三则分三层:首层点明"文贵变"主旨,并进而指出"变"是"文"的本义,且体现于神、气、境、音节、字句等各个方面。第二层是依次简述从《周易》到宋代各时期之文在"变"这个问题上的基本情况和得失。最后一层是强调在"变"的过程中,要保持厚重与疏纵的兼备。

在结构上,这三则偶记,皆先点题后分析,体制基本一样。在分析中,皆注重义理阐发,且讲究音节、字句,体现了刘大櫆一贯的为文主张。然而因为是"偶记",有感而发,随想随记,虽全文思路灵动,辞采华茂,但在具体层次安排上,也就是在"辞章"上,并未见出特别经心之处,故而不必深究。

---

**集评**

大櫆修干美髯,能引拳入口。纵声读古诗文,聆其音节,皆神会理解。(《清史稿》)

徐杰:刘大櫆的"神气""音节""字句"说,继方苞之后开辟了从纯粹形式上谈论散文写作的天地。(《论刘大櫆〈论文偶记〉"字句者,音节之矩"》)

戴小勇:由空谈变为求实,是清代学术思想的一大变迁,也是桐城派文论得以产生的重要前提。作为"桐城三祖"之一的刘大櫆的散文理论就是其中的典型代表。(《刘大櫆散文理论研究》)

张清真:刘大櫆的《论文偶记》集中体现了他的散文创作主张,他的这些主张虽然受到当时文人的批评与贬低,但刘大櫆并"不求并时之人人人知得",而是求后世有一二人知足矣。这是他"神气"升华凝练之源,是他修身养性所形成的浩然之气。他的"神气"说在《论文偶记》中有集中、凝练的阐释。(《浅析〈论文偶记〉中刘大櫆之"神气"说》)

---

**浅析**

三则"偶记",都是思路灵动、引文自由的短小说理文。从论文写作的角度看,其可借鉴之处大致有如下三点：

### 1. 在突出要点时要注意思想方法的辩证性

文章美，是一种多元综合的整体美，写论文谈文章美时，当然要强调某些要点，但切忌以此破坏整体美的统一性、和谐性，来片面夸大某些要素的意义。刘氏在"文贵奇"中强调"气奇"，但同时指出"奇"体现在各个方面，即使是字句"亦不可不奇"。他虽然强调奇、强调变，但同时指出，"文法有平有奇，须是兼备，乃尽文人之能事"。在谈这"三贵"中，作者总是先罗列每一种"贵"可能有的种种体现，然后通过比较来说明主次轻重，以免顾此失彼；而在谈到历代文章风格得失时，则更是肯定各家特长，决不能奉一尊而否定其他。类似这样的全面观点、辩证方法，在写作社会科学、人文科学论文时，是应当特别注重的，因为思想方法的偏激，不仅是文风问题，而且往往是学风和人品不正的体现。

### 2. 注意论理与材料的并举和统一

一般说来，论说文的论点主要是通过逻辑推理和事实材料来证明的，但事实材料往往比逻辑推理更有说服力。这三则偶记主要是谈怎样写文章的，因而这里的事实例证就不仅有说理之用，还有指导实践之效。刘氏所以一边说理，一边又从文学史中选取那么多作家作品来予以证明，就是为了让读者多接触一些既可以启发思维又可以指导实践的历史知识和感性材料，以求得真知。而这几则短文之所以会显得那么自由灵动而不空洞板重，也正是由于作者具有理论和实践相结合的知识结构和采用了论理与材料相结合的论说方法。这道理说起来很浅显，但却是每一个操笔者所必须特别用功之处，因为这里既须思理之深，又须功底之厚，否则何来结合，何来统一！

### 3. 思路灵动跳跃，语言简练明快

将谈艺论文写得凝滞枯燥，味同嚼蜡，确是对文论家的一种反讽。刘氏的这三则偶记，可读性非常强，这是它最值得称道之处。此乃得力于思路的灵动跳跃，语言的简练明快。论理与材料不断交错，自言和引言随时穿插，说古道今来来去去，正论反推开开合合，然而仍能保持文章意理之融贯无间者，此之谓思路灵动跳跃。而且灵动富于启迪，跳跃发人深思，把读者的思维也调动进去，读起来就有味道了。语句短小，不事修饰；判断句多，不重演绎；或排比、对偶，皆水到渠成；或断续、转承，皆势所必然；这都体现为语言的简练明快。此种语言，看似信手拈来，未曾经意，却恰恰是眼界、思路、文笔、语感皆经过长期修炼方能达到的自然结果。

## 习法

### 习法 1

1. 对下列句子中加点词的解释，不准确的一项是（    ）

    A. 盖人不穷理读书　　　　　　　　　　穷：洞彻

    B. 凡文，笔老则简　　　　　　　　　　凡：凡是

C. 然文法自是未备　　　　　　　　　　备:准备

D. 唐人宗汉,多峭硬　　　　　　　　　　宗:效法

2. 下列句子编为四组,都属于正面阐述作者创作主张的一组是(　　　)

① 故义理、书卷、经济者,行文之实。　　　② 珍爱者必非常物

③ 笔老则简,意真则简,辞切则简,理当则简　④ 故文者,变之谓也。

⑤ 上古文字初开,实字多,虚字少。　　　　⑥ 文必虚字备而后神态出,何可节损?

A. ①②⑤⑥　　　　　B. ②③④⑥　　　　　C. ①③④⑥　　　　　D. ①③⑤⑥

3. 下列对原文有关内容的理解和分析,不符合原文意思的一项是(　　　)

A. 曹子桓和苏子由关于文章的精神、气韵关系的观点与刘大櫆的观点基本一致。

B. 文章贵在奇特,但作者认为不能够追求字句方面的奇特,只有精神奇特才是真正的"奇"。

C. 语言简洁是创作在形式上的追求,但能否做到简洁却主要是由文章的内容决定的。

D. 作者认为虚词在创作中起着非常重要的作用,不可忽视,但如果因此而少了"厚重之气",也不可取。

4. 用现代汉语翻译下列句子。

(1) 奇气最难识,大约忽起忽落,其来无端,其去无迹。

(2) 文法有平有奇,须是兼备,乃尽文人之能事。

(3) 理不可以直指也,故即物以明理;情不可以显言也,故即事以寓情。

## 习法 2

**阅读下面的文字,完成习题。**

### 游三游洞记

#### 刘大櫆

出夷陵州治,西北陆行二十里,濒大江之左,所谓下牢之关也。路狭不可行,舍舆登舟。舟行里许,闻水声汤汤,出于两崖之间。复舍舟登陆,循仄径曲以上,<u>穷山之巅,则又自上縋危滑以下</u>。其下地渐平,有大石覆压当道,乃伛俯径石腹以出。出则豁然平旷,而石洞穹起,高

六十余尺、广可十二丈。二石柱屹立其口,分为三门,如三楹之室焉。

中室如堂,右室如厨,左室如别馆。其中一石,乳而下垂,扣之,其声如钟。而左室外小石突立正方,扣之如磬。其地石杂以土,撞之则逄逄然鼓音。背有石如床,可坐。予与二三子浩歌其间,其声轰然,如钟磬助之响者。下视深溪,水声泠然出地底。溪之外,翠壁千寻,其下有径,薪采者负薪行歌<sup>(1)</sup>,缕缕不绝焉。

昔白乐天<sup>(2)</sup>自江州司马徙为忠州刺史,而元微之<sup>(3)</sup>适自通州将北还,乐天携其弟知退<sup>(4)</sup>,与微之会于夷陵,饮酒欢甚,留连不忍别去,因共游此洞,洞以此三人得名。其后,欧阳永叔<sup>(5)</sup>及黄鲁直<sup>(6)</sup>二公皆以摈斥流离,相继而履其地,或为诗文以纪之。予自顾而嘻,谁摈斥予乎?谁使予之流离至于此乎?偕予而来者,学使陈公之子曰伯思、仲思。予非陈公,虽欲至此无由,而陈公以守其官未能至。然则其至也,其又有幸有不幸邪?

夫乐天、微之辈,世俗之所谓伟人,能赫然取名位于一时,故凡其足迹所经,皆有以传于后世,而地得因人以显。若予者,虽其穷幽陟险,与虫鸟之适去适来何异?虽然,山川之胜,使其生于通都大邑,则好游者踵相接也。顾乃置之于荒遐僻陋之区,美好不外见,而人亦无以亲炙其光。呜呼!此岂一人之不幸也哉!

〔注释〕(1)薪采者负薪行歌:樵夫们背着柴唱着歌。(2)白乐天:白居易,乐天是他的字。(3)元微之:元稹,微之是他的字。(4)知退:白行简的字。(5)欧阳永叔:欧阳修,永叔是他的字。(6)黄鲁直:黄庭坚,鲁直是他的字。

**1.** 对下列句子中加点词的解释,不正确的一项是(　　)

    A. 濒大江之左,所谓下牢之关也　　　　　　濒:靠近

    B. 复舍舟登陆,循仄径曲以上　　　　　　　仄:狭窄

    C. 而元微之适自通州将北还　　　　　　　　适:恰好

    D. 而人亦无以亲炙其光　　　　　　　　　　炙:炙烤

**2.** 下列各组句子中,加点词的意义和用法相同的一组是(　　)

    A. 而石洞穿起　　　　　　　　　　尝一龙机发而地不觉动

    B. 扣之,其声如钟　　　　　　　　　吾其还也

    C. 如三楹之室焉　　　　　　　　　　积土成山,风雨兴焉

    D. 因共游此洞　　　　　　　　　　　因宾客至蔺相如门谢罪

**3.** 下列对原文有关内容的分析和概括,不正确的一项是(　　)

    A. 作者详细记叙了由下牢关前往三游洞的行程,由舟而舆,由水而陆,由上而下,由下而上,由险而夷,由窄而广,经过一番波折才一睹三游洞的真面目。

    B. 作品以对三游洞得名原因的说明作为第一部分游记和第二部分议论的过渡,颇具匠心。它是记游必不可少的内容,对阐发本文主旨尤其有着重要作用。

    C. 三游洞景观奇特。触目皆石,不同石头还会发出种种悦耳的声音,此声与从地底发出的"泠然"水声交织在一起,使人仿佛置身于美妙的音乐殿堂。

    D. 这篇游记,手法与一般的写景游记不同,它既生动地记述了游历的经过,又在此基础上用一定的篇幅抒写了因游历而引起的"幸与不幸"的感慨。

**4.** 用现代汉语翻译下列句子。

（1）穷山之巅，则又自上缒危滑以下。

（2）若予者，虽其穷幽陟险，与虫鸟之适去适来何异？

## 链接

### （一）刘大櫆的文学思想

他对"义法"理论进行丰富和拓展，以"义理、书卷、经济"的"行文之实"扩大"言有物"的内容，是姚鼐"义理、考据、辞章"说的先导。他还认识到"行文自另是一事"，"必有待于文人之能事"，从而对"行文之道"的"神""气""音节"等要素给予重视，突破"言有序"的范围。他所说的"神""气"是作者精神气质在文中的表现，二者比较，"神"是首要的，居于支配地位，"气"是贯穿文章的气势韵味，"神为主，气辅之"。为了使"神""气"易于掌握而不至于无可捉摸，又提出因声求气说，由字句以求音节，再由音节以求声气，音节是行文的关键，诵读能体会文章的"神""气"，这就为探寻"义法"奥妙揭示出门径和方法，也使理论具有较强的实践性和可操作性。因此，在桐城文论发展上他的地位是不容忽视的。（袁行霈《中国文学史》第4卷，高等教育出版社，2005年，第326页）

他补充了方苞的理论，以为"义理、书卷、经济者"，是"行文之实"，是"匠人（文人）之材料"，而"神、气、音节者"，是"匠人之能事"。（游国恩《中国文学史》第四册，人民文学出版社，2002年，第316页）

其文论主要见于《论文偶记》，对方苞之说有新的阐发。他进一步探求了文章的艺术形式问题，讲究文章的"神气""音节""字句"及相互间的关系，有云："义理、书卷、经济者，行文之实；若行文自另是一事。"认为文章真正可以讲究的，是在"行文"的"文法"上。就文法而言，"神气者，文之最精处也；音节者，文字稍粗处也；字句者，文之最粗处也。……神气不可见，于音节见之；音节无可准，以字句准之。音节高则神气必高，音节下则神气必下，故音节为神气之迹。"他的意思，是以音节即文章的韵律感为关键，通过音节来表现神气。刘大櫆本人的文章，大都铿锵上口，音调高朗，有韵律之美。如《息争》《观化》等，均有此特色。这一种主张和文章特点，对后来桐城派文人的影响颇大。刘大櫆虽然并没有脱出方苞的范围（他是把"义理"作为毋庸置疑的前提来看的），但通过对"神气、音节"的强调，表现了对文章的美感因素的重视。（章培恒、骆玉明《中国文学史》下卷，复旦大学出版社，1996年，第440页）

惟其文论，稍与方苞不同。其重要部分，见于《论文偶记》。方苞重"义法"，刘大櫆则强调"法"。他说："故义理、书卷、经济者，行文之实；若行文自另是一事。譬如大匠操斤，无土木材料，纵有成风尽垩手段，何处施设？然即土木材料，而不善设施者甚多，终不可为大匠。故文人者匠也；神气音节者匠人之能事也；义理、书卷、经济者，匠人之材料也。"他认为义理固然重要，但只是材料，要把它写成好文章，必须重视方法和技巧。那法是什么呢？刘大櫆认为主要是音节字句。"近人论文，不知有所谓音节者，至语以字句，则必笑以为末事。此论似高实谬。作文若字句安顿不妙，岂复有文字乎？""然论文而至于字句，则文之能事尽矣。"他认为在音节字句的抑扬高下和起承转合之间，可以求得文章的神气和奇变。方苞兼论义法，刘大櫆则以法为主。而所论的法，也是偏于修辞一面而已。到了姚鼐，才汇合方、刘二人之论，发展成为自己的体系。（刘大杰《中国文学发展史》下卷，复旦大学出版社，2006 年，第 247 页）

## （二）刘大櫆散文的艺术特色

其文章抒发怀才不遇，指摘时弊，以"雄奇恣睢，铿锵绚烂"（吴定《刘海峰先生墓志铭》）称胜。游记文如《游晋祠记》《游大慧寺记》《游万柳堂记》等借景抒情，讽世刺时，近于雄肆奇诡，姚鼐评为"有奇气，实似昌黎"。（《海泊三集序》评语）《书荆轲传后》《送姚姬传南归序》《息争》等可看出其文章的音节之美。（袁行霈《中国文学史》第 4 卷，高等教育出版社，2005 年，第 327 页）

# 十八、姚鼐与《〈荷塘诗集〉序》

吴志锋

## 知人

姚鼐(1732年—1815年),字姬传,一字梦谷,自号书室"惜抱轩",人称惜抱先生。桐城人。清代著名教育家、散文家,桐城派三祖之一。文宗方苞,师承刘大櫆,主张"有所法而后能,有所变而后大",在方苞重义理、刘大櫆长于辞章的基础上,提出"文理""考据""辞章"三者不可偏废,发展和完善了桐城派文论。乾隆十五年(1750)中江南乡试,二十八年(1763)成进士,授庶吉士,三年后散馆改主事,曾任山东、湖南副主考,会试同考官。三十八年(1773)入《四库全书》馆充纂修官,三十九年秋借病辞官。旋归里,以授徒为生,先后主讲扬州梅花书院、安庆敬敷书院、歙县紫阳书院、南京钟山书院,培养了一大批学人弟子。一生勤于文章,诗文双绝,书艺亦佳。主要著述有《惜抱轩文集》16卷、《文后集》12卷、《惜抱轩诗集》10卷、《笔记》10卷、《尺牍》10卷、《九经说》19卷、《三传补注》3卷、《五七言今体诗钞》18卷,辑成《古文辞类纂》75卷。

## 识时

姚鼐是显赫的吴兴姚氏的后裔,其一世祖居麻溪(今安徽枞阳钱桥河南岸姚王集),五世祖姚旭明景泰年间迁居桐城城里。至姚鼐,其家族居桐城县城已300余年。姚鼐1732年1月17日出生于桐城南门。幼嗜学,伯父姚范授以经文,又从刘大櫆学习古文,刘大櫆对姚鼐特别器重,称其"时甫冠带,已具垂天翼","后来居上待子耳"。乾隆十五年(1750),他二十岁考中举人后,经过五次礼部会试均名落孙山,直到乾隆二十八年(1763)三十岁第六次应礼部试,才中进士,授庶吉士,3年以后,散馆改主事,分属兵部;旋又补礼部仪制司主事。后历任山东、湖南乡试副考官,会试同考官和刑部广东司郎中等职。乾隆三十八年(1773),清廷开四库全书馆,姚鼐被荐入馆充纂修官。此职本应翰林方可充任,独姚鼐与休宁戴东源、兴化伍大椿、歙县程晋芳等8人破格当选。《四库全书》成,姚鼐乞养归里,不入仕途,时年44岁。大学士于敏中、梁国治先后动以高官厚禄,均被辞却。

姚鼐与桐城派创始人方苞、刘大櫆并称为"桐城三祖",被盛誉为"中国古文第一人""中国古文的高峰"。他在继方、刘已有成就的基础上提倡文章要"义理""考证""辞章"三者相互为用。"义理""考据""辞章"对当时和后世都影响巨大。一方面,姚鼐实际上是站在维护理学的立场上,企图调和汉宋的争论,兼采考据的长处,以考据充实理学的空疏,从而提高桐城派古文的价值。一方面,这一主张如果推而广之,那么可以看作是对文章基本的要求。在今天同样有重要意义:"义理"要求言之有物,有思想性;"考据"要求立论扎实,有说服力;"辞章"要求字通句顺,有艺术性。

姚鼐以宋儒之学为治学之本,故指斥考据的汉学家为舍本逐末;但他也不废弃汉儒治经之长。姚鼐"为文高简深古,尤近欧阳修、曾巩,其论文根极于道德,而探源于经训,至其浅深之际,有古人所未尝言,鼐独抉其微,发其蕴,论者以为词迈于方,理深于刘"(《清史稿·文苑·姚鼐传》)。其为文"以神、韵为宗"(方宗诚《桐城文录序》),形成一种迂徐深婉,一唱三叹,而又耐人寻味,意蕴无穷的风格。近代学者章太炎谓之"谨",刘师培称之"丰韵",都是对其文风的富于韵味、言简意丰的高度评价。

## 赏文

### 《荷塘诗集》序

① 古之善为诗者,不自命为诗人者也。其胸中所蓄,高矣,广矣,远矣;而偶发之于诗,则诗与之为高广且远焉,故曰善为诗也。曹子建、陶渊明、李太白、杜子美、韩退之、苏子瞻、黄鲁直之伦,忠义之气,高亮之杰,道德之养,经济天下[1]之才,舍而仅谓之一诗人耳,此数君子岂所甘[2]哉?

② 志在于为诗人而已,为之虽工[3],其诗则卑且小矣。余执此以衡[4]古人之诗之高下,亦以论今天下之为诗者。使天下终无曹子建、陶渊明、李、杜、韩、苏、黄之徒[5]则已,苟有之,告以吾说,其必不吾非也[6]。

③ 适来江宁,识泾阳张君[7]。君以累世同居义门[8]之子,负刚劲之气,兼治烦[9]之才,虽为一令,廿余年屡经踬起[10],而志不可抑,今世奇士也。而耽于诗,政事道途之闲,不辍于咏。出其诗示余,余以为君之诗,君之为人也。取君诗与比之子建、渊明、李、杜、韩、苏、黄之美,则固有不逮者,而其清气逸韵,见胸中之高亮,而无世俗脂韦[11]之概,则与古人近,而于今人远矣。

④ 夫诗之至善者,文与质备,道与艺合;心手之运,贯彻万物,而尽得乎人心之所欲出。若是者,千载中数人而已。其余不能无偏:或偏于文焉,或偏于质焉。就二者而择之,愚诚短与识,以为所尚者盖在此而不在彼:惟能知为人之重于诗者,其诗重矣。张君殆[12]其伦欤!

(选自《方苞姚鼐文选译》,杨荣祥译注,巴蜀书社,1991年10月)

[注释] (1)经济天下:经世济民,治理国家。(2)甘:甘心,心服口服。(3)工:工整。(4)衡:衡量。(5)之徒:这样的人。(6)告以吾说,其必不吾非也:以吾说告之,其必不非吾也。把我的观点告诉他们,他们一定不会责怪我。(7)张君:张五典,字叙百,号荷塘,《荷塘诗集》的作者。(8)义门:仁义之门,封建社会特指以孝义著称,数代同堂而和睦相处的家庭。(9)治烦:治理政事。(10)屡经踬起:多次遭到挫折。屡,多次。(11)世俗脂韦:阿谀,圆滑。(12)殆:大概。

**1. 第①段和第③段都提到了曹子建、陶渊明、李太白、杜子美、韩退之、苏子瞻、黄鲁直这些人，作用分别是什么？**

| 点拨 | 第①段开头几句说的是：古代善于作诗的人，不会自命为诗人的。他们胸中所储藏的，是很高、很广阔、很深远的；偶尔抒发在诗上，诗也同时变得高、广阔并且深远了，所以说是善于作诗的。作者在这里举这些诗人是为了说明他们都是不以诗人自居，而是德才兼备。用他们来佐证自己开头几句的观点。第③段主要写张君，其中"取君诗与比之子建、渊明、李、杜、韩、苏、黄之美，则固有不逮者，而其清气逸韵，见胸中之高亮，而无世俗脂韦之概，则与古人近，而于今人远矣"几句非常明显可发现用这些诗人来衬托张君。

**2. 概述本文的主要观点，并对此观点作评析。**

| 点拨 | 本文是借题发挥，从普遍到一般，先论述人格决定诗作的品位，再以张君为例深入论证，最后得出结论：最好的诗应该是文采和义理兼备，内容和技巧结合，反映出作者崇高的人品。结合最后一段中"夫诗之至善者，文与质备，道与艺合""惟能知为人之重于诗者，其诗重矣"等语句，再结合前文的内容，可分析得出本文的观点：道德修养对于创作具有重要意义；只有知道做人要重于作诗的人，他的诗才会有力量。

**集评**

1. "所为文高简深古""辞迈于方，理深于刘"。（《清史稿·文苑传》）

2. 曾国藩："当乾隆中叶，海内魁儒畸士，崇尚鸿博，繁称旁证，考核一字，累数千言不能休。别立帜志，名曰'汉学'。深排有宋诸子义理之说，以为不足复存，其为文尤芜杂寡要。姚先生独排众议，以为义理、考据、词章，三者不可偏废，必义理为质，而后文有所附，考据有所归。"

3. 王先谦："姚姬传禀其师传，覃心冥追，益以所自得，推究间奥，开设户牖，天下翕然，号为正宗。承学之士，如蓬从风，如川赴壑，寻声企景，项领相望。百余年来，转相传述，遍于东南，由其道而名于文苑者，以数十计。"（《续古文辞类纂》序）

4. 姚莹："海峰出而大振，惜抱起而继之，然后诗道大昌。"（《桐旧集序》）

5. 刘师培："惟姬传之丰韵……则又近今之绝作也。"（《论近世文学之变迁》）

6. 管同："上究孔、孟，旁参老、庄，两氏之书，诸家之作，皆内咀含精蕴，而外觉浸其辞章。"（《公祭姚姬传先生文》）

**浅析**

《荷塘诗集》，作者张五典，字叙百，号荷塘。这是为诗人张五典的诗集作的序。序中主要论述诗人与诗歌创作的关系。作者认为，诗写得好不好，并非简单的技巧问题，而是与诗人的人品、才华、气质、修养有着密切的关系。作者列举历史上成就突出的诗人来说明这一点。并宣称："余执此以衡古人之诗之高下,亦以论今天下之为诗者。"可见这是作者诗歌批评的一条重要标准。作者还认为,好的诗作应该文质兼备,能道出人所欲言而不曾言之者。这些都是很有见地的。

# 习法

## 习法1

**1.** 下列加点字的解释不正确的一项是(　　　)

    A. 而耽于诗,政事道途之闲　　　　　　　　耽:耽误

    B. 其诗则卑且小矣　　　　　　　　　　　　卑:品位低

    C. 苏子瞻、黄鲁直之伦　　　　　　　　　　伦:类,辈

    D. 则固有不逮者　　　　　　　　　　　　　逮:到,及

**2.** 下列句中虚词的意义与用法相同的一项是(　　　)

    A. 之:使天下终无曹子建……苏、黄之徒则已　　　师道之不传也久矣

    B. 焉:或偏于文焉　　　　　　　　　　　　　　吾闻庖丁之言,得养生焉

    C. 者:若是者,千载中数人而已　　　　　　　　不者,若属皆且为所房

    D. 而:而其清气逸韵　　　　　　　　　　　　　浮图慧褒始舍于其址,而卒葬之

**3.** 下列对原文内容的分析与理解不正确的一项是(　　　)

    A. 从全文看来,作者反复强调了道德修养对创作的重要性。

    B. 第一段末作者以反问的方式突出了子建等人的道德、才能之高,强调为人对于为诗的重要。

    C. 作者认为泾阳张君的诗虽比不上子建等人的诗作,但其诗清雅逸人,显现出胸中高尚坚贞的情操,而没有世人庸俗、高傲的情态,这一点与古人接近,而与今人相比则离得很远。

    D. 作者认为达到高层次的诗人,其诗必是文辞和内容兼备,道理与手法相合的。

**4.** 用现代汉语翻译下列句子。

    (1) 古之善为诗者,不自命为诗人者也。

    (2) 苟有之,告以吾说,其必不吾非也。

179

(3) 惟能知为人之重于诗者,其诗重矣。张君殆其伦欤!

5. 从句式的角度,赏析第③段"君以累世同居义门之子,负刚劲之气,兼治烦之才,虽为一令,廿余年屡经踬起,而志不可抑,今世奇士也"一句的表达效果。

## 习法 2

阅读下面的文字,完成习题。

### 游媚笔泉记

#### 姚　鼐

桐城之西北,连山殆数百里,及县治而迤平。其将平也,两崖忽合,屏蔽墉回,崭横⑴若不可径。龙溪曲流,出乎其间。

以岁三月上旬,步循溪西入。积雨始霁,溪上大声泷然。十余里,旁多奇石、蕙草、松、枞、槐、枫、栗、橡,时有鸣巂。溪有深潭,大石出潭中,若马浴起,振鬣宛首而顾其侣。援石而登,俯视溶云,鸟飞若坠。复西循崖可二里,连石若重楼,翼乎临于溪右。或曰宋李公麟之"垂云沜"也。或曰:"后人求公麟地不可识,被而名之。"石罅生大树,荫数十人,前出平土,可布席坐。南有泉,明何文端公摩崖书其上,曰"媚笔之泉"。泉漫石上为圆池,乃引坠溪内。

左丈学冲于池侧方平地为室,未就,邀客九人饮于是。日暮半阴,山风卒起,肃振岩壁,榛莽、群泉、矶石交鸣。游者悚焉。遂还。

是日,姜坞先生与往,鼐从,使鼐为记。

〔注释〕(1)崭横:山势高峻绵长。

1. 解释下列加点的词。

(1) 连山殆数百里　　　　　　　　(2) 时有鸣巂

(3) 山风卒起　　　　　　　　　　(4) 游者悚焉

2. 下列各组句子中,加点词的用法和意义相同的一项是(　　　)

A. 及县治而迤平　　　　　　　　　涵淡澎湃而为此也

B. 或曰宋李公麟之"垂云沜"也　　　云霞明灭或可睹

C. 是日,姜坞先生与往　　　　　　方是时,予之力尚足以入

D. 使鼐为之记　　　　　　　　　　身死国灭,为天下笑

**3**. 用现代汉语翻译下列句子。

(1) 以岁三月上旬,步循溪西入。

(2) 连石若重楼,翼乎临于溪右。

**4**. 本文重点描写沿途的风光而非"媚笔泉"。请对这样的写作思路作简要分析。

## 习法 3

**阅读下面的文字,完成习题。**

### 赠钱献之序

姚 鼐

孔子没而大道微,汉儒承秦灭学之后,始立专门,各抱一经,师弟传受,侪偶怨怒嫉妒,不相通晓,其于圣人之道,犹筑墙垣而塞门巷也。久之,通儒渐出,贯穿群经,左右证明,择其长说。及其敝也,杂之以谶纬,乱之以怪僻猥碎,世又讥之。<u>盖魏晋之间空虚之谈兴以清言为高以章句为尘垢放诞颓坏迄亡天下然世犹或爱其说辞不忍废也</u>。自是南北乖分,学术异尚,五百余年。唐一天下,兼采南北之长,定为义疏,明示统贯,而所取或是或非,未有折衷。宋之时,真儒乃得圣人之旨,群经略有定说。元明守之,著为功令。当明佚君乱政屡作,士大夫维持纲纪,明守节义,使明久而后亡,其宋儒论学之效哉!

且夫天地之远,久则必变。是故夏尚忠,商尚质,周尚文。学者之变也,有大儒操其本而齐其弊,则所尚也贤于其故,否则不及其故,自汉以来皆然已。明末至今日,<u>学者颇厌功令所载为习闻</u>,又恶陋儒不考古而蔽于近,于是专求古人名物制度训诂书数,以博为量,以窥隙攻难为功。其甚者,欲尽舍程朱,而宗汉之士,枝之猎而去其根,细之蒐而遗其巨,夫宁非蔽与?

<u>嘉定钱君献之</u>,强识而精思,为今士之魁杰,余尝以余意告之,而不吾斥也。虽然,是犹居京师庞浍之间也。钱君将归江南而适岭表,行数千里,旁无朋友,独见高山大川乔木,闻鸟兽之异鸣,四顾天地之内,寥乎茫乎,于以俯思古圣人垂训教世先其大者之意,其于余论,将益有合也哉。

1. 对下列句子中加点词的解释,不正确的一项是(　　)

　　A. 孔子没而大道微　　　　　　　　　　　微:衰败

　　B. 自是南北乖分　　　　　　　　　　　　乖:乖违

　　C. 有大儒操其本而齐其弊　　　　　　　　齐:整齐

　　D. 以窥隙攻难为功　　　　　　　　　　　难:辩难

2. 下列各组句子中,加点词的意义和用法相同的一组是(　　)

　　A. 其于圣人之道　　　　　　　　　　　　寡人之于国也

　　B. 乱之以怪僻猥碎　　　　　　　　　　　樊哙侧其盾以撞

　　C. 学者之变也　　　　　　　　　　　　　之二虫又何知

　　D. 枝之猎而去其根　　　　　　　　　　　尔其无忘乃父之志!

3. 下列对原文有关内容的分析与概括,不正确的一项是(　　)

　　A. 姚鼐对汉学持绝对排斥的态度,责怪他们各家抱住一部经书,不肯互相交流理解彼此的学术,对于圣人的道理,就像相互之间建筑了墙垣,闭塞了门户里巷一样。

　　B. 宋代以后,真儒才领会了圣人的要旨,各种经书才大致有了确定的解释,并制定了求取功名的法令,这与"通儒渐出"有着很大关系。

　　C. 作者认为,明末以来学者以博洽来衡量学问,以相互挑毛病、相互批驳为努力的目标,想以汉儒为正宗全部抛弃程朱理学,太糊涂了。

　　D. 此文极力维护宋学,认为宋儒真正"得圣人之旨",批评汉学家"枝之猎而去其根,细之蒐而遗其巨",代表着桐城文家在汉宋之争中的基本态度。

4. 用"/"给下列句子断句。

盖 魏 晋 之 间 空 虚 之 谈 兴 以 清 言 为 高 以 章 句 为 尘 垢 放 诞 颓 坏 迄 亡 天 下 然 世 犹 或 爱 其 说 辞 不 废 也

5. 用现代汉语翻译下列句子。

(1) 学者颇厌功令所载为习闻,又恶陋儒不考古而蔽于近。



(2) 嘉定钱君献之,强识而精思,为今士之魁杰,余尝以余意告之,而不吾斥也。



链接

## (一) 姚鼐的文学思想

　　首先,他主张"道与艺合,天与人一","义理、考据、辞章"合一,让儒家道义与文学结合,天赋与学力相济,"义法"外增加考证,以求三者的统一和兼长,达到既调和汉学、宋学之争,又写出至善极美文章的目的。

其次，运用传统的阴阳刚柔说，将多种风格归纳为"阳刚"和"阴柔"两大类。他以生动形象的语言，细致描绘两者鲜明的特色，提出"统二气之会而弗偏""协合以为体"，追求刚柔相济，避免陷入"一有一绝无"的片面和极端，接触到文学审美风格的实质问题，对后世影响甚大。

最后，把文章的艺术要素提炼为"神、理、气、味"和"格、律、声、色"八字，前四者是内在的"文之精"，处在高层次，后四者是外在的"文之粗"，层次虽低但比较具体，精寓于粗，相互依存，从学习角度，由"粗"把握"精"，待融贯其"精"后再遗弃可见的"粗"的部分，摆脱"文之粗"的束缚，匠心独运，就使古文进入最高境地，细密和完善了刘大櫆因声求气说。他还纂辑《古文辞类纂》，以13类体裁选辑七百余篇自战国、秦汉、唐宋八大家到归有光、桐城派方苞、刘大櫆的古文，以为示范，确立古代散文发展的"正宗"文统，被桐城古文家奉为圭臬，影响甚广。（袁行霈《中国文学史》第4卷，高等教育出版社，2005年，第327页）

姚氏古文理论，并没有提供多少新的东西，他的长处是善于在前人的基础上作总结性、具体化的工作。

第一，他提出学问之事有义理、考证、文章三方面，"必兼收之，乃足为善"（《复秦小岘书》）。在古文理论中加入考证，这是对当时气势正盛的汉学的让步。姚氏本人也做考证研究，有《郡县考》等，但根底不深。他所说的"考证"涵义较广，主要是指做文章所需要的一种学养和辨明事实的功夫，而不专指作为学术研究的考证。

第二，他提出"所以为文者八，曰神、理、气、味、格、律、声、色"。前四者是"文之精"，后四者是"文之粗"，抽象的前四者要通过具体的后四者来体现和把握，并要在领悟前四者之后，摆脱后四者的束缚，而进入"御其精者而遗其粗者"（《古文辞类纂序目》）的境界。这基本上是归有光、方苞、刘大櫆的旧东西，姚鼐把它们进一步系统化和细密化了。

第三，姚鼐上承《典论·论文》《文心雕龙·体性》《诗品》《沧浪诗话》等对于艺术风格问题的探求，以简驭繁，将多种文风归结为"阳刚"和"阴柔"两端，在《复鲁絜非书》中，他以一系列的譬喻来描绘二者的不同。较之西洋美学概念，大致"阳刚"近于"崇高"，"阴柔"则近于"优美"。同时，他还指出阳刚、阴柔因不同程度的配合会产生各种变化，虽各有偏胜但不可极其一端，不能是绝对的阳刚或绝对的阴柔。这方面的论述涉及具有普遍意义的艺术美学问题，归纳简明而切实，对于后来的文学艺术风格的分析有很大影响。（章培恒、骆玉明《中国文学史》下卷，复旦大学出版社，1996年，第514—515页）

姚鼐论文，强调义理、考证、文章三者兼备。不过姚鼐自己，于考据根底不深，程、朱之学也很不精密，而他较有贡献的，是讨论文章作法和风格方面的意见。

值得我们注意的是，是他在理论上提出了"文章八要"的主张。姚鼐论文的重点。他所说的神、理、气、味，是指的文章内容和精神，这是文之精；格、律、声、色属于文章的形式，这是文之粗。无粗不能见精，但也不能因精而轻视粗。他认识到文章的内容和形式的相互关系，同时也体现了文章的内容和形式的精神区别。学习古人的过程，初步是掌握形式，其次是重视精神，最后达到"御其精者而遗其粗者"的境界。从理论上说，这具有概括创作艺术的特征，这是从他作文的体会和实践中得来,比起方苞空谈义理,强调雅洁,比起刘大櫆以义理为材料,专谈音节、字句的法则,姚鼐在这方面的理论,有了一些提高和发展;学习古人,主要在其精神,不在于形貌,韩愈善于法古,因为他善于变化,无迹可寻,显出他作品中的独创性。这一点前人虽也说过,他在这里加以强调,也还是有意义的;姚鼐在论文章的神、理、气、味和格、律、声、色的结合和精粗的关系以外,又指出了阴阳、刚柔的文章风格问题。以刚柔论文,前人早已有之,但到了姚鼐,论述较为完密。姚鼐首先认为文章的风格,可以划分为阴刚、阳柔两大范畴。如他所说,阳刚相当于豪放,阴柔相当于婉约。在作品中表现豪放风格的作家,其气魄偏于雄浑,表现婉约风格的作者,其性格大都近于柔情。因此,在作品的不同风格中,可以看出作家的不同性情。阳刚、阴柔为两大基本范畴,但在阴阳、刚柔的程度不同的互相结合下,又可以产生多种多样不同的风格,在这里显示出文章的各种变化;在这样的基础上,他进一步提出:文章风格不偏于阳刚,必偏于阴柔,但刚中必带有柔,柔中也必带有刚,所不同者,在于成分的多少。如果只有绝对的刚,或是绝对的柔,如他所说的"偏胜之极,一有一绝无";或是刚不足为刚,柔也不足为柔的,都不可以言文。前人论到风格的,司空图较为完密,但他的缺点,把二十四品平列起来,没有主次,同时也没有说明风格形成的根源。姚鼐在这方面有了发展。他从自然现象的体会,说明作家的性格和风格的各种关系;并把风格分为两大范畴,在阴阳刚柔的相互配合、相互调剂的基础上,产生千变万化的风格,但无论如何千变万化,基本上不偏于刚,必偏于柔,基本上离不开这两大范畴。姚鼐这种理论显出了他自己的特色。他在《海愚诗钞序中》,同样讨论了这个问题。但他这种"阳刚阴柔"说,对作家性格与文学风格的形成及其变化,未能深入分析,因之仍不免显得抽象。(刘大杰《中国文学发展史》下卷,复旦大学出版社,2006年,第247—248页)

到了姚鼐既欲合"义理""考据""文章"为一,又以为"神、理、气、味者,文之精也,格、律、声、色者,文之粗也"(《古文辞类纂序》):显然又是刘大櫆理论之补充。"桐城派"的古文理论体现了清中叶学术风气转移的特点。他们强调"义"或"义理",强调义理和文章的统一,特别强调文章的艺术形式,以纠正古文创作中空疏不实的流弊。(游国恩《中国文学史》第四册,人民文学出版社,2002年,第316页)

### (二) 姚鼐散文的艺术特色

姚鼐的古文以韵味胜,偏于阴柔,他生活于"乾嘉盛世",坐而论道,雍容俯仰,晚年以授徒为业,弟子遍及大江南北。他没有方苞的遭遇,也没有刘大櫆的不平,但学习传统眼界宽,对古文艺术体会深,散文成就比桐城派其他作家要高。《登泰山记》《游灵岩记》《泰山道里记序》等文,虽寓考据于辞章,却文法考究,内容扎实,语言凝练简洁,刻画生动,颇有文采。(袁行霈《中国文学史》第4卷,高等教育出版社,2005年,第327页)

姚鼐本人的文章,说理、议论偏多且大都迂腐,但写人物和景物,也间有生动之笔。如《袁随园君墓志铭》,文字端谨,既写出袁枚性格的某些特点,又寓褒贬之意,《方染露传》近似于此。他的游记颇重文采,不像方苞为了追求庄肃雅洁而显得板重。《登泰山记》《游媚笔泉记》,虽乏独创之力,尚有文字凝练简洁和刻画生动之长。前者"苍山负雪,明烛天南",写黄昏登山远眺所见;后者"若马浴起,振鬣宛首而顾其侣",写潭中大石,都是漂亮的文笔。(章培恒、骆玉明《中国文学史》下卷,复旦大学出版社,1996 年,第 515—516 页)

## （三） 扩展阅读

1. 《左仲郛浮渡诗序》姚鼐

2. 《游双溪记》姚鼐

3. 《观披雪瀑记》姚鼐

4. 《方恪敏公家传》姚鼐

5. 《复鲁絜非书》姚鼐

6. 《复蒋松如书》姚鼐

7. 《南园诗存》序姚鼐

8. 《简论姚鼐的散文》刘守安

9. 《论姚鼐游记散文的艺术特色》王德中

10. 《姚鼐关于散文平淡美的理论和实践》周中明

11. 《论姚鼐散文的思想和艺术特色》周中明

12. 《姚鼐游记散文"道""艺"相合思想琐议——以《游双溪记》《观披雪瀑记》为例》张隋全

13. 《姚鼐散文的文章艺术与时代特征》张家英

14. 《论姚鼐的山水游记》马小玲

15. 《姚鼐文章风格论在其山水游记中的体现》许华

16. 《试论姚鼐古文的艺术特色》马亚中

17. 《论姚鼐的语言艺术》周中明

# 参考答案

## 一、孔子与《论语》

**习法1**

1. 略。　2. (1)"与"通"欤",句末语气词,表疑问的语气。　(2)"与"通"欤",句末语气词,表疑问的语气。　3. 使动;"来",使……来;"安",使……安。　4. (1)是　古义:此;今义:与否反义。　(2)家　古义:大夫的封地;今义:家庭。　(3)以为　古义:把……当作;今义:认为。　5. (1)判断句　(2)宾语前置　(3)介词结构后置　(4)介词结构后置　(5)宾语前置　(6)省略句　6. (1)这正是跟鲁国共安危的藩属,为什么要去攻打它呢?　(2)君子讨厌那种避而不说自己贪心却一定另找借口的态度。　(3)我听说过:无论是有国的诸侯或者有家(封地)的大夫,不必担心财富不多,只需担心财富不均;不必担心人民太少,只需担心不安定。　(4)做到这样,远方的人还不归服,便发扬文治教化招致他们。他们来了,就得使他们安心。

**习法2**

1. C("足"为形容词的使动用法,释义应体现出来。"去",从原文意思看,以"裁掉"最为贴切。)　2. B("立"①义为生存,存在;②义为站立。"之"①为代词,指政府、为政者;②为助词,译作"的"。)　3. 如果遇到无可奈何情况,必须裁掉一项,那么在这三项之中先裁掉哪一项?　(1)假设　如果(假使,倘若)　那么　(2)宾语前置　4. B("民信之矣",是指为政者要取信于民,使人民信任政府。因此"民无信不立"不能理解为"不讲信用"或"相互不信任"。"不立"前省去主语"国家"。这句话后来沿用,意义有了发展变化,但不是《论语》的原义。子张问行的"行",结合下文孔子的回答,只能理解为"到处行得通"。)　5. 信　用"辁""轫"作比喻(或只写"比喻")　层层排除,最终突出一点(或只写"层递")　正反对比(或只写"对比")　反问

## 二、孟子与《与民同乐》

**习法1**

1. (1) yù hào yuè　(2) lè　(3) yuè　(4) cù è　(5) jī　2. (1)差不多　(2)告诉　兼词,"之乎"　(3)回答　(4)皱着眉。蹙:收紧,缩着;頞:鼻梁　3. B　4. C　5. (1)介词结构后置　大王曾把爱好音乐的事告诉过庄暴。　(2)被动句　另一天,孟子被齐宣王召见。　6. A　7. 孟子·梁惠王下　齐宣王"好乐"　独乐乐　与人乐乐　孰乐　与民同乐　8. 君王沉湎于"独乐""与少乐乐"的安乐享受,必然会荒于国事,加重对百姓的盘剥,繁重的税赋徭役将给百姓造成"父子不相见、兄弟妻子离散"、田园荒芜、骨肉分离的灾难,因此,百姓闻乐色变,"举疾首蹙頞"。　9. A　10. "今之乐"指齐王所好的"世俗之乐","古之乐"指先王所好的治国之乐。从内容上讲,两者根本不是一回事,但若能与民同乐,无论是"今之乐"还是"古之

乐”,都能达到施仁政、"王天下"的目的。孟子从这个角度立论,所以对齐宣王说"今之乐犹古之乐",其目的是要奉劝齐宣王"与民同乐",施行仁政。 **11.**(1)舍生取义 (2)得道多助,失道寡助 (3)与民同乐 (4)妻离子散 (5)疾首蹙頞

**习法 2**

**1.** A(傅,动词,教导) **2.** B(两个"之"都是代词,他,指楚大夫的儿子。薛居州,一个指具体的人,一个指像薛居州一样善良的人。) **3.**(1)你希望你的君王成为善良的君王吗? (2)一个齐国人教他,许多楚国人大声喧哗打扰他,即使天天鞭打他,督促儿子学好齐国话,(也)是不能做到的。 **4.** A **5.** "一傅众咻"的故事告诉人们:环境的好坏对人的成长有很大的影响。

## 三、 庄子与《逍遥游》

**习法 1**

**1.**(1)tuán (2)míng (3)āo (4)è (5)xuè (6)chōng (7)shuò (8)líng

**2.**(1)乘着旋风环旋飞上几万里的高空。 (2)天色深蓝,是它的真正颜色呢? 还是因为天高远而看不到尽头呢? (3)所以那些才智足以授予一个官职,品行顺合一方,道德符合一君主心意,能力使一国之人信任的人,他们看待自己,也像斥鴳之类一样。 (4)顺应天地万物的本性,把握六气的变化,而在无边无际的境界中遨游,他还仰赖什么呢?

**习法 2**

**1.**(1)①技术好的厨师每年更换一把刀,(是用刀)割断筋肉;一般的厨师每月(就得)更换一把刀,(是用刀)砍断骨头。 ②虽然这样,每当碰到(筋骨)交错聚结的地方,我看到那里很难下刀,就小心翼翼地提高警惕,视力集中到一点,动作缓慢下来,动起刀来非常轻。
(2)认识和掌握了事物的规律就可以做到"游刃有余"。 **2.**(1)①那么这样吊唁,可以吗?
② 安心适时而顺应变化,那么悲哀欢乐就不能侵入身心,古人称这是顺应自然的生来死去。
(2)庄子认为对生死应采取达观的态度。 **3.**(1)①你不是鱼,怎么知道鱼的快乐呢?
②你本来就不是鱼,你不知道鱼的快乐是可以肯定的。 (2)庄子认为鱼"乐",其实是他自己愉悦心境的投射与外化。 **4.**(1)①再说全社会的人都称赞宋荣子,他却并不因此而更加奋勉,全社会的人都责难他,他也并不因此而更为沮丧。 ②至于顺应天地万物的本性,把握六气的变化,而在无边无际的境界中遨游的人,他们还凭借什么呢? (2)追求精神世界的绝对自由。

## 四、 荀子与《修身》

**习法 1**

**1.**(1)尊重、尊崇 (2)困厄,处于困境 (3)停止 (4)近 **2.** A(A项:"而"均为连词,表转折关系;B项:介词,因为/介词,向;C项:动词,像/代词,你的;D项:代词,他们/语气副词,加强反问语气,难道) **3.**(1)所以指出我的缺点而批评又恰当的人,就是我的老师;肯定我,而

赞赏又恰当的人,就是我的朋友。 (2)古书上说:"君子役使外物,小人被外物所役使。"说的就是这个道理啊。 4. C(可使用定位区间法,将选项回归原文相应位置。选项C应回到原文第三段这句话"志意修则骄富贵,道义重则轻王公,内省而外物轻矣","修"是"美好"而不是"修身"之义。整句话的意思是"志向美好就能傲视富贵,把道义看得重就能藐视王公;内心醒明,那么身外之物就微不足道了。")

**习法2**

1.(1)称道 (2)妨碍 (3)区别 (4)赞同 2. C("这都是容貌造成的祸患"错,原文为"是非容貌之患也"。) 3.(1)古代的人没有这种事,有学识的人也不谈论这种事。 (2)没有谁不呼天喊地号啕大哭,痛心自己今天的下场而后悔自己当初的行为。 4. C(①是列举了唐举善于相人,并非从正面议论"非相";⑤是写通过桀纣外貌特征推断其能力;⑥也是通过外貌来判断其举止行为。都是从反面进行论述。) 5. 文章结尾用当时犯上作乱的人和乡里的轻薄少年为例,从反面否定了相术,并以反问结尾,表明自己的观点。

## 五、 司马迁与《李将军列传》

**习法1**

1.(1)"详"通"佯",假装 (2)"陈"通"阵",军阵 (3)"莫"通"幕",莫府,即"幕府"
(4)"卒"通"猝",突然 (5)"佚"通"逸",安逸、安闲 2.(1)不久 (2)学习 (3)率领、带领 (4)因为、由于 (5)判决 (6)估计 (7)老实厚道的样子 (8)说明 3. A.(1)(2)
B.(3)(4)(5) C.(6)—(11) 4. 略

**习法2**

1.(1)推荐 (2)像对待客人一样 (3)通"佯",假装 (4)掰,用手把东西分开或折断
(5)暗中 2. B(传递) 3. B(①为阖闾向专诸表白自己是王位继承人的话,非成事之因。③"夹立侍者"为王僚用来保护自己以防万一的卫士,显然非成事之因。) 4.(1)这个机会不能失掉!不去争取,哪会获得?况且我是真正的继承人,应当立为国君,季子札即使回来,也不会废掉我呀。 (2)当前吴军在外被楚国围困,而国内没有正直敢言的忠臣。这样王僚还能把我们怎么样呢。 5. B("公子光是吴国真正的继承人"非专诸认为,而是公子光自己的看法。)

## 六、 班固与《汉书·李陵传》

**习法1**

1.(1)到,进入 (2)认为……壮勇 (3)同"阵",阵地 (4)同"熟",仔细 2.(1)恰逢李陵军中的军侯管敢被校尉凌辱,逃出投降了匈奴,详细地说李陵军队没有后援,箭将要用完。
(2)李陵虽然身陷重围而战败,但他打败敌人的战绩也足以显露天下,他不死,应该是想得到恰当的机会来报效朝廷。 3. D 4. B 5. C

**习法2**

1. B("见"表被动)　2. B(都是表目的的连词;A. 第一个"为"是作为的意思,第二个"为"是替、给的意思。C. 第一个"之"是代词,第二个"之"是音节助词。D. 第一个"于"是从的意思,第二个"于"表被动。)　3. C(A. 原因是因为公孙弘认为"不守法度的人,不可以作教化的楷模而扰乱了法纪"。B. 皇上重赏卜式,是因为他认为卜式终究是一位性情忠厚的人,当然其布告天下有以此来教化百姓的目的,但不能说完全是为了鼓励富商大贾。D. "皇上认为虽然他们最终不可能会真正上战场,但有这种保卫国家的心意就已经很难得了"是对原文"虽未战,可谓义形于内矣"意思的曲解。)　4. C("不善于表达自己"错。)

**习法3**

1. B(害:痛恨,忌妒)　2. A(表顺承,就)　3. D(这件事,余代霍氏)　4. C(④⑥与霍氏被诛无关。)　5. B(是另外一人上书朝廷,而徐福是在霍氏被诛之前上书皇上抑制霍氏的。)

6. (1)霍氏宽裕昌盛,皇上您即使想厚待他,也应当适时抑制他,不要让他最后到死亡的地步。　(2)身上烧伤者在上座,剩下的各按他们的功劳就座,而唯独不邀请说改烟囱为弯曲的人。(3)现在茂陵徐福屡次上书说霍氏会有变故,应当及早防止杜绝。

## 七、 韩愈与《张中丞传后叙》

**习法1**

1. (1)D(A. 竟,最终。B. 恨,遗憾。C. 擅,掌握,拥有)　(2)C(义,名词用作状语,在道义上)　(3)C("霁云"应该为"贺兰")　(4)A　(5)B　(6)D　(7)A　2. (1)哪有城被攻破、他的部下都死了,唯独蒙受着羞愧耻辱而求活命的呢?即使是最愚蠢的人也不忍心做。

(2)怎么能料到别人最终不来救援呢。　(3)这支箭就是用来作标记的。　(4)怀疑他(许远)害怕死而向敌人说了屈服的话。(这句既是状语后置句,又是省略句,应该是"疑之畏死而于贼辞服"。)　3. (1)写在文章后面的跋文叫后叙。因为作者认为《张巡传》对张巡等的记叙有所缺漏,所以写"后叙"对张巡、许远等人的事迹作出补充(或"为弥补《张巡传》的缺漏")。

(2) ①两个细节:拔刀断指,射塔明志。　②嫉恶如仇,忠贞刚烈。　③一是对比反衬:用贺兰的卑劣行径反衬南霁云的凛然正气;二是侧面烘托:以"一座大惊"来烘托南霁云的壮烈举动。

**习法2**

1. D(违:离开,离别)　2. C("唯独自己能不受玷污,找到快乐之所"的说法与原文不符。)

3. ①舍弃他们进入京城,不可以;带着他们一起去,也不行。您将怎样来替我谋划呢?(关键点:舍、挈、安以)　②我本身没有什么资质,外部也没有什么靠山,究竟能做什么呢?(关键点:所资、所从、反问语气)　③我之所以逗留于此而不离去,是因为那人确有爱我之心。(关键点:第一个"其"、诚、判断句式)　4. ①李翱希望韩愈能离开幕府,回京城谋求官职。②高兴是因为在自己沉沦下僚时还有这样一位朋友关爱自己;惭愧是因为韩愈认为自己能力不够,形势不方便,羞于重回伤心地。

## 八、 柳宗元与《非〈国语·不藉〉》

**习法1**

**1.** (1) 耕种藉田 (2) 用尽 (3) 装饰、修饰 (4) 勉励 **2.** A D **3.** (1) 到惊蛰的时候能够实时耕种,到雨水的时候也能够实时耕种。 (2) 求神福佑,还不如推行我所说的道理的作用大。 **4.** 略。

**习法2**

**1.** 说明建亭的时间、地点以及亭子的简朴特点。 **2.** 以长短句的形式(以四言为主),用拟人手法,生动地描写了马退山的雄伟奇秀之美,为下文登探者抒发感叹做铺垫。 **3.** C **4.** D

**5.** 本文通过叙写二兄建造茅草亭的时间和地点,描写茅草亭的简朴和马退山的雄伟奇秀之美,赞美了二兄的德政,同时表达了自己的观点——"美不自美,因人而彰"。

## 九、 欧阳修与《丰乐亭记》

**习法1**

**1.** A **2.** C **3.** A **4.** (1) 于是向滁州人询问泉水的发源地,就在距离滁州城南面一百步的近处。 (2) 让民众知道能够安享丰年的欢乐,是因为有幸生于这太平无事的时代。

**习法2**

**1.** D **2.** D **3.** C **4.** (1) 现在我在官署修建的居所,是用作闲居休憩的,却反而用"舟"来命名,这难道不违背常理吗? (2) 于是暗自感叹,认为如果不是贪图利益和身不由己的人,谁愿意到这里来呢? (3) 考虑到我确实没有空闲的时间,而"舫"是一种休憩娱乐的船,姑且用采命名我的斋室,为什么说不合适呢? **5.** 两句话并不矛盾。前者指的是作者因遭贬而辗转、挣扎于江湖之间,由此深感仕途的风浪如同自然界的风浪一样险恶无常,因而不乐意在舟中居住。后者指的是古代隐者远离江湖、泛舟江上、一日千里的平淡生活,作者对此充满了向往。两句话讲的是不同环境下作者对"舟居"的态度,因而是不矛盾的。 **6.** 斋的建筑形式以及周围的环境与"舟"相近;作者想以这个名字提醒自己不要忘记过去所经历的艰难险阻,要居安思危;作者希望自己能够像古代隐者那样远离是非,以傲然旷达的心态生活。

**7.** 结构上:承上启下。内容上:承接第一段关于"舟"的论述,自然而然由自然界的风浪转入仕途的风浪,引发第二段中对"舟"的评论。

## 十、 王安石与《上人书》

**习法1**

**1.** (1) 止,引申为放弃,轻视 (2) 告诉 (3) 装饰 (4) 抄写 **2.** (1) 文采 (2) 文学 (3) 著作、文章 (4) 写作 **3.** (1) 我怀疑两人只是给人讲了语言表现方面的问题。 (2) 而写作文章的本意,并不是像他所说的那样就够了。 (3) 您是一位正直的人,不是曲从别人所好的人。 **4.** "辩"即辩是非,别真伪,这种文体的特点是批驳一个错误论点,或辨析某些事实。在文章内容和形式的关系上,本文明确提出"容亦未可已也,勿先之"的观点,指出内容应先于形式,但艺术手法亦不可少的做法,二者相统一才符合"作文之本意"。这是作者的文学理论,是"文以明道"的具体阐释,这在当时"重文""重道"二派各执一端的情况下,有其进步意义。间接地批驳了各执一词的错误,树立了内容与形式兼收并蓄、内容为先的观点。《游褒禅山记》对于"华山"与"花山"读音之辩,也是先批驳其错误,再立论并引申出"深思慎取"的道理。两文之"辩"的写作实践,均充分体现了作者"文""辞""道"的关系。 **5.** (1)在文学与政治的关系上,他认为:文者,礼教治政云尔。大意是:文学可以教化人民,治理国家。(2)在文学与社会的关系上,他认为:文者,务为有补于世而已矣。大意是:文学创作应有利于社会发展。 (3)在文学的内容与形式的关系上,他认为:"适用为本""然容亦未可已"。大意是艺术形式要适合内容,但形式也不可缺少。

## 习法2

**1.** (1)和……交朋友 (2)拜访,交往 (3)和 (4)跟随 **2.** (1)的,助词/这种境界,代词 (2)表提顿,不译/助词,……的…… (3)他的,代词/大概,表推测的语气副词 (4)认为,动词/用来,连词 **3.** (1)圣人的言论和行为,难道会有两样吗?他们的相似也是恰好的。(2)子固写了一篇《怀友》赠给我,其大意是希望互相帮助,以便达到中庸的标准才肯罢休。

**4.** 内涵是,共同学习"圣人"。依据:(1)共同的言行。"学圣人,则其师若友,必学圣人者。圣人之言行,岂有二哉?其相似也适然。"(2)学习二贤人同学圣人。"舍二贤人者而谁哉?予昔非敢自必其有至也,亦愿从事于左右焉尔。"(3)互赠文章。"子固作《怀友》一首遗予",作者"作《同学一首别子固》以相警,且相慰云"。 **5.** 充分运用侧面论证:首先从二贤人值得我仰慕而"友之"的表现入手,这里引出了一个与文题无关的人物孙正之,其实也是以孙衬曾,也是侧面论证其虽未曾谋面、交往、互赠礼物但言行"相似其不相似者,何其少也";接着从交友过程中认识到这二位贤人对对方充分信赖深信不疑的表现来推出"学圣人,则其师若友,必学圣人者。圣人之言行,岂有二哉?其相似也适然。"的结论;文章的第三段从两位贤人的共同志向引出作者追随他们的愿望。层层推进,也是一绝:一层谈同学者"相似";二层证同学者"相信";三层进而论证我对二贤人的"相随"。

# 十一、 苏洵与《管仲论》

## 习法1

**1.** (1)hōng (2)qǐ (3)zhì **2.** (1)排除 (2)这 (3)竟然 (4)……的原因 (5)只是 (6)即使 (7)不超过 (8)不成器 (9)不曾 (10)应当 **3.** B **4.** B D **5.** (1)功业的完成,不是完成在成功之日,一定有它兴起的理由;祸乱的发生,不是发作于作乱之时,也一定有它预兆的依据。 (2)即使威公侥幸听了管仲的话,杀了这三个人,但其余的这类人,管仲能全都除掉他们吗? **6.** 第三段紧承上文展开论述,分为四层。第一层写威公问相,管仲不曾举贤的事实。第二层针对以上事实,用"仲以为威公果能不用三子矣乎"的设问引起下文。作者认为,管仲与齐威公相处日久,既深知威公贪恋声色,又知道竖刁、易牙、开方这"三子",才能够满足威公的声色欲望。由此,日后威公用"三子",势所必然。既然如此,管仲临殁而不举贤自代,这应该说是他的责任。第三层进一步发问:"仲以为将死之言可以絷威公之手足耶?"对这个问题,作者的回答也是否定的。因为佞臣不足畏,可怕的是国无贤者,国既无贤,君自昏聩。所以管仲想以"将死之言""絷威公之手足"也是不可能的。然后作者又退一步说,即使齐桓公侥幸能够听进管仲的话而诛灭"三子",但天下类似"三子"之徒岂能"悉数而去之邪"? 第四层,在盘旋蓄势之后,一笔道出管仲"不知本"的要害。又设身置地,代管仲为谋,反跌出举贤自代的重要。本段论述逻辑严密,层层翻驳,具有说服力。

**习法2**

1. 最幸者:逃脱种种厄运,被人发现,做成木假山。不幸者:本来能做成木假山的良材,因为无人发现,被樵夫当作薪柴砍伐。　　2. 角度一:运用排比,写出了木假山侥幸逃脱各种摧折的经历。角度二:多用整句,形成铿锵节奏,强调树木遭受的各种不幸。　　3. 木假山中间山峰端正庄重,旁边的山峰凛然挺拔,表现出了傲岸不屈的精神、不卑不亢的姿态,因此作者觉得它"可敬"。　　4. B　5. 手法:托物言志(或"托物寓意")。主旨:以树的遭遇暗示人才的遭遇,表达了对人才被无端毁灭的痛惜之情;以木假山形象寄寓作者刚直不阿的人格理想。

6. (1) 那些有幸生长到能够担当起栋梁之任的,便被砍伐。(给分点分别是"幸""为""则伐"。"幸"译成"幸运的","为"译成动词"担当","则伐"译成被动句"便被砍伐"。) (2) 每当想起它们,我就怀疑其中有命运定数。(给分点分别是"之""其""数"。"之"译成"它们",指"三峰","其"译成"其中","数"译成"命运的定数"。)

## 十二、 苏轼与《超然台记》

**习法1**

1. (1) 怎么,哪里 (2) 满一年 (3) 使……洁净 (4) 一起 (5) 表示可能或期望
(6) 恰好　2. A　3. (1)(我)刚来的时候,粮食收成连年歉收,盗贼遍野,案件很多。
(2) 在园子的北面,靠着城墙筑起的高台已经很旧了,稍加整修,使它焕然一新。　4. C
5. (1) 乐于民风淳朴;(2) 乐于生活简朴;(3) 乐于超然物外。

**习法2**

1. (1) ① 尊奉　② 改变原来的志趣和行为　③ 使……跟从　④ 同"佯",假装　(2) A
(3) C　(4) ① 现在(才)多少日子,(但是)一股英气勃勃的神色依然在眉宇间显现,难道会是一位蛰居山中的人吗?　② 我听说光州、黄州一带有很多奇人异士,常常假装疯癫、衣衫破旧,但是无法见到他们。方山子或许能遇见他们吧?　(5) A　(6) 要点:①异在其一生波折;②异在其生活态度及其打扮;③异在其隐而自得;④异在其今昔之别;⑤异在其家富而隐。

2. (1) 更休　(2) 写出古人专注于培养自己学识才能时的状态。　(3) C　(4) 两文都运用了类比的写作手法。《种树郭橐驼传》以种树的道理来类比治理百姓的道理,本文用耕种的道理来类比治学、培养才能的道理。　(5) 作者认为人才须经长期修养,成熟之后,才可以到社会上施展才能;修养不足,却早得功名,不利于自己进一步的发展,难成大材,难为大用,所以作者认为是"不幸"的。

## 十三、 苏辙与《上枢密韩太尉书》

**习法1**

1. (1) 生性 (2) 出生 (3) 得到 (4) 相称 (5) 显现 (6) 交往 (7) 虽然 (8) 即使 (9) 形容词词尾,……的样子 (10) 但是 (11) 凭借 (12) 谦词,屈尊 **2.** D（益：更加）

3. D（A. 孟子；B. 欧阳公；C. 欧阳公；D. 自己） **4.** (1)（我）认为文章是"气"的表现,但是文章并非通过学习写作技艺就能写得好,而"气"经过自身的内在修养却能得到。 (2) 太尉如果认为可以教育好就请您屈尊指教我,这更是我的幸运了。 **5.** "气"指的是一个人的内在修养,综合气质。 "气"可以通过游历名山大川扩大见识、结交英雄豪杰、拜见大家等方式加强修养而得到。

**习法2**

1. D（达：幼苗出土） **2.** B（两个"以"作介词,意为"用、拿"。A 中第一个"而"是连词,表转折关系；第二个"而"是连词,表承接关系。C 中第一个"乎"可作词尾,译为"……的样子"；第二个"乎"是介词,可译为"比"。D 中第一个"之"代词；第二个"之"助词,用在时间词后面,没有实在的意义。） **3.** C（"全放置于"错,应该是"不仅仅放置于竹子"。） **4.** 视听漠然/无概乎予心/朝与竹乎为游/莫与竹乎为朋/饮食乎竹间/偃息乎竹阴/观竹之变也多矣 **5.** (1) 比如在风停雨住的时候,太阳出来,山色空明。 (2) 即使上天创造竹子的时候没有痕迹,又与我画墨竹有什么不同呢？ **6.** C **7.** D **8.** (2) 全面观察；(3) 深入体会。 **9.** 要点：内容上再次点题,总结与可画竹经验；表达上以庖丁解牛、轮扁斫轮做类比,说明艺术之"道"相通的道理。

## 十四、 曾巩与《醒心亭记》

**习法1**

1. (1) 滋生,蔓延 (2) 水边 (3) 遗憾 (4) 死 **2.** D（A. 以：连词,表目的/介词,表原因。B. 焉：兼词,相当"于之",在那里/疑问代词,什么。C. 之：助词,用于主谓之间,取消句子独立性/助词,的。D. 均表修饰关系。） **3.** B **4.** (1) 公与州之宾客者游焉,则必即丰乐以饮。或醉且劳矣,则必即醒心而望。 (2) 登高远眺,"群山之相环,云烟之相滋,旷野之无穷,草树众而泉石嘉"。

**习法2**

1. (1) 当 (2) 难道 (3) 书法 (4) 又 (5) 比得上 **2.** B **3.** (1) 难道当他逍遥遨游尽情游览的时候,曾经在此地休息过吗？ (2) 也是凭借自己勤奋练习得到的,不是天才所致。 (3) 那么学习下的功夫本来怎么可以少呢？更何况对于想要在道德方面取得很高的成就的人呢？ **4.** 王羲之取得成就的原因在于刻苦勤练,而非天成。曾巩应人之邀为墨池写记,其目的是勉励学者为学修身要勤奋深造。

## 十五、 归有光与《先妣事略》

**习法1**

1.（1）女子出嫁 （2）满一年 （3）屡次，多次 （4）请 （5）像 （6）距离 （7）馈赠 （8）无 （9）送给 （10）都 **2.** A **3.** C **4.** B **5.**（1）对待佣人有恩惠（很慈爱），佣人即使被责打了，都不忍心背后（事后）责怪他。 （2）母亲半夜醒来，就督促有光默读《孝经》，如果熟读能没有一字不通顺，就很高兴。

**习法2**

1. D **2.** A **3.** 交代宝界山的地理位置、王仲山父子的概况及作者写记缘由。 **4.** 写出太湖独特之美在山水相衬、相得益彰,衬托宝界山的美（或为下文介绍宝界山作铺垫,或间接交代下文王氏父子隐居宝界山的原因）。 **5.** 王维。以此知士大夫出处有道,一失足遂不可浣。 **6.** 作者肯定（赞叹）王仲山父子在政治清明时退隐是有道（原则）的,用反复的手法写出一般人难以做到;其实也在含蓄地表达自己不慕名利、清高孤傲的情趣,以及归隐山水的志向。（写出褒扬的态度和作者的情怀,意思接近即可）

## 十六、 方苞与《狱中杂记》

**习法1**

1. C（"以",前者是连词,译为"来";后者为介词,可译为"因"。） **2.** D **3.** D（与例句都是判断句。A为省略句,"生长（于）王谢"。B、C两项都是介宾短语后置。） **4.** C **5.** B

**习法2**

1. D **2.** B **3.** D **4.** 邸第（可法室） 隐几假寐,二童子侍立于旁（无"二童子"句不给分）解貂覆生 **5.** 他日继吾志事 他日名位当在吾上 国事（或事业） 职位

## 十七、 刘大櫆与《论文偶记》

**习法1**

1. C（备:完善） **2.** C（②是引用的话。⑤只是叙述事实,不属于作者的主张。） **3.** B（"不能够追求字句方面的奇特"说法有误。） **4.**（1）文章的奇特的气韵是最难认识和掌握的,大体说来,就是要忽起忽落,气之来也没有端绪,气之去也没有痕迹。 （2）行文的方法有平实有奇特,应该是兼而有之,才能充分显示写文章的本领。 （3）道理不能够直接表达,因此文人依据事实阐明道理;感情不能够直白地表达,因此文人凭借外物寄托情感。

**习法2**

1. D（炙:领略） **2.** A（连词,表转折。B项,代词,那/副词,表商量语气;C项,句末语气词,不译/兼词,于此;D项,副词,于是/介词,通过。） **3.** A（后面的表述有误,正确的说法应是:由舆而舟,由水而陆,由下而上,由险而夷,由窄而广。） **4.**（1）一直登上山的顶峰,然后又用绳子拴着从高处滑了下来。（重点词语:"穷""缒""危"） （2）像我这样的人,即使走遍幽奇险峻的山水,和虫儿鸟儿来来去去又有什么不同呢?（重点词语:"若""虽""幽""险"与……何

异")

## 十八、 姚鼐与《〈荷塘诗集〉序》

**习法1**

1. A  2. B  3. C  4.（1）古代擅长写诗的人,是那些不自认为是诗人的人。 （2）如果有的话,把我的主张告诉他们,他们一定不会认为我不对。 （3）只有能够懂得做人比写诗重要的人,他的诗才是好的(有分量或厚重的)。张五典差不多是这一类人吧！  5. 运用整句和散句,突出了张五典气概超群,才能过人,20多年遭遇挫折却坚持气节,确实是奇士。

**习法2**

1.（1）大概 （2）有时 （3）通"猝",突然 （4）害怕  2. C  3.（1）这年三月上旬,（我们）步行顺着龙溪的西边进入。 （2）层层叠叠的石头宛若高楼,像鸟张开翅膀一样高踞在龙溪的西面。  4. 本文作者应邀赴宴而作此"游记",通过交代游踪记录了循溪进入沿途所见,最后自然地落笔在媚笔泉,使媚笔泉和周围的风景形成完整的山水图卷,加上对沿途人文环境的描写,共同渲染出左学冲邀饮之地的奇幽古雅。

**习法3**

1. C(齐,整治)  2. A(A. 都是"对于"。B. 前为介词,用;后为连词,相当于"而",表承接。C. 前为助词,用在主谓之间取消句子独立性;后为代词,这。D. 前为代词,它的;后为语气词,表希望。)  3. A(姚鼐对汉学不绝对排斥,他在坚持宋学立场的同时,对汉学的长处也有所肯定,有所吸取,所以能提出义理、考证、文章三者统一的散文创作主张。)  4. 盖魏晋之间/空虚之谈兴/以清言为高/以章句为尘垢/放诞颓坏/迄亡天下/然世犹或爱其说辞/不忍废也  5.（1）学者很讨厌功令载录的都是些老生常谈的东西,又厌恶那些浅薄的儒生不考求古代的东西而被近代的东西所蒙蔽。 （2）嘉定钱献之君,记忆力强,又精于思考,是当今读书人中的魁杰,我曾经把我的想法告诉他,他并不排斥我的意见。

# 附录

## 撰文论世，由文识人

### ——古代散文阅读札记

杨等华

美国著名当代文艺学家艾布拉姆斯在其著名的文艺理论著作《镜与灯——浪漫主义文论及批评传统》中提出文学活动应由四个要素构成：世界，作者，作品，读者。以古文运动为线索，中国古代文学史上具有代表性的散文名家在各自不同时代中自觉和不自觉发起的散文写作以及散文运动，从本质上来说也属于一种文学活动。艾布拉姆斯的世界、作者、作品、读者四要素，对应在古文运动中即是：特定朝代，散文作家，散文作品，阅读受众。那么在这个文学活动中，文学四要素之间必然会发生相互活动，共同演绎了中国古代文学史上影响深远的散文运动。那么从不同维度和角度来看，这场上至先秦、下至明清的散文创作其实具有以下特点：

首先，从特定朝代与散文作家（世界和作家）来看，中国古代散文家的散文创作始终与特定的时代背景有关，与客观世界联系较紧密，它反映着各自特定时代的文学和现实诉求，特别是散文家的现实功利诉求。通俗地说，古代散文创作总是和现实功利的目的不可分割。所以从文学反映现实的角度来说，古代散文家就特别强调散文的社会作用。在这一原则的指导下，在对待散文的内容和形式关系上，总是强调内容的主导作用，主张形式要为内容服务，认为散文创作应该"为情造文"，而不是"为文造情"。这一特点在中古时期（魏晋南北朝至明中叶）显现得尤为突出。所以韩愈反对空洞无物、形式雕琢华丽的骈体文，主张写作以古文为主的散体文，内容要言之有物，着重实用。柳宗元更是直接提出了"文以明道"的原则，要求文章有"辅时及物"的作用，即能针对现实，经世致用。欧阳修也提倡文道并重，强调道德的重要性。苏轼也反对华而不实的文风，强调文学作品的思想性和实用性，要求"有为而作""言必中当世之过"。王安石更是直接将散文作为工具为其政治服务。至于声势浩大的"桐城派"散文家，他们的理论是为封建统治服务的，其在创作实践上多宣扬封建道统思想。如方苞使古文用语典雅、古朴、简约，显然适应清统治者"清真古雅"的衡文要求，他给古文建立更严格的、具有束缚性的规范，并且与制举之文相通，用来维护理学道统。从这一维度来说，散文史上的散文创作大多与实用有关，都包含着用散文创作这一文学活动指导、干预、改造世界（各自朝代的政治现实问题）的创作动机，将散文（尤其体现在政论文、议论文上）作为认识世界、改造世界的工具，它既反映了中国古代文艺"羊大为美"的民族传统，也体现了古代散文家强烈的社会责任感，以及积极参与改造社会的愿望。

需要指出的是，虽然有着"羊大为美"的功利和实用的文艺传统的导向，散文家的创作大多反映着与客观世界联系较紧密的"志向"，整个文学反映趋向"向外转"，而对于个人内心的"情感"（主观世界），则反映的较少或者较为隐晦，但是也不乏有突出者，例如柳宗元的山水游记、归有光的叙事文等。柳宗元的山水游记不是纯客观地为了欣赏山水而写山水，而是把自己的生活遭遇和悲愤感情，寄托到山水里面去，使山水人格化、感情化，因此在他的山水文里，仍然反映出作者在其他散文中一贯的思想内容，透露出其身世遭遇。归有光脍炙人口的不是其有关政治民生的反映外部客观世界的散文，而是其描写思念亲人的一些映照主观情感世界的文章。

其次，从特定时代与散文作品（世界与作品）来看，不同时代的散文作品反映着特定时代的社会风貌。无论是韩愈政论文中反复申诉的改革需求，或是社会疮痍的揭示，其在某种程度上，正是安史之乱后风雨飘摇的唐王朝政治生态的一种反映。可以说，发生在唐宋时期的"古文运动"，倡导文体文风的改革，其实质从内容而言，是明道载道，把散文引向政教之用，和当时的政治形势有密切的关系。中国古代士人都有重史传统，崇尚以史为鉴，而史书既以散文的形式呈现，如果史书代表着纵向的学习和借鉴，那么每一个朝代的政论文则代表着横向的社会分析和治理，由此，散文在政治层面的功用则不言而喻。不管是先秦时期散文的"文史哲"不分，还是后代的人物传记，或是直接的历史散文，古代散文在反映当时社会的现实层面具有一定的深度和广度，如《史记》恢宏壮阔的历史场景的描写为我们描绘了秦末动乱的社会画面，极具历史气息感。而《汉书》作为断代史，记叙了许多世袭官僚家族的历史，通过描述这些家族的兴衰史，对西汉社会的变迁作了多方面的展示，向我们展示了西汉士人宦海浮沉的情景。至于韩愈、柳宗元等的一些代表性的人物传记。如韩愈的《柳子厚墓志铭》，虽然是写个人的遭遇和经历，却在很大程度上反映了当时社会的某些侧面，揭示出一些社会问题。作为一种文体，从先秦开始，作家（作者）就将散文这一文体作为直指社会现实、针砭社会的有力工具，从而确立了散文文体在政治上的高贵地位。因此，与西方史诗的成就较为突出类似，中国古代较早地确立了散文作为记史的传统，从而促进了散文的发展与繁荣。

再次，从散文作品和阅读受众（作品和读者）来看，整体而言，古代散文的阅读受众较为狭窄，特别是一些政论文、议论文，其隐含读者多为统治阶级和为统治阶级服务的阶层。可以说，其文学接受仅限于某一特定群体，在某种程度上是一种精英文学类型，接受范围有限。就政论文而言，如一些奏疏，由于隐含的读者多为官位较高的人，从内容到形式上，写作者都要遵从传统的"温柔敦厚"的原则，不能有过度和过激的言辞。从接受维度上来看，在特定时期内，有一些作品很受当时特定读者的赞赏和欢迎，如唐宋八大家里的曾巩，他的文名在当时仅次于欧阳修，作品风格也和欧阳修相近，叙事议论，委曲周详，词不迫切，而思致明晰，是封建时代受多数士人所推崇的科举"样文"，影响广泛。但是从后代直至当代来看，其影响力却远远不如其所在的朝代。相反，有些作家的有些作品在其所在的朝代不受重视，却在后代获得大量的读者和声誉，如归有光的《项脊轩志》。就是在同一时代里，不同评论家和读者在对待同一作家的散文作品其评价也会有所不同。从前面的散文名家的整理来看，一些文学史的作者和评论家对同一作家的散文艺术成就的见解在多数情况下都是殊途同归的，见解呈现一致性，但也有观点和论述相悖，甚至截然相反的情况。

如在评价《史记》的艺术成就的时候，刘大杰版、游国恩版、章培恒版、袁行霈版等四版文学史都或多或少地肯定了《史记》高超的写人艺术、叙事艺术、语言艺术，只有论述的详略略有差别，可是与章版和袁版不同的是，刘版和游版在论述的时候有两点是章版和袁版中所没有的：刘版认为司马迁是具有爱国思想的史学家和文学家，他这种思想贯穿在他的传记文学里。对于那些保卫国土忠于国事的历史人物，他总以饱满的热情和敬意去描绘他们、歌颂他们，赞扬他们的高贵品质，突出那些英雄人物的精神面貌，给予读者以鼓舞和教育，《史记》中发扬爱国精神也是其文学价值的体现之一。游版则认为《史记》是一部具有强烈的人民性和战斗性的传记文学名著，这首先表现在对封建统治阶级——特别是汉王朝统治集团和最高统治者丑恶面貌的揭露和讽刺。司马迁不仅大胆地揭露了封建统治集团的罪恶，而且也热情地描写了广大被压迫人民的起义反抗。

在评价韩愈和柳宗元散文艺术成就高低时，陆侃如、冯沅君版和钱基博版都认为柳宗元的散文在某种程度上超过了韩愈。如陆侃如、冯沅君版：这些都说明他在文学上的成就超过了韩愈，他的写作态度是细致而认真的，有人觉得他的气魄不及韩愈的大，可是他比韩愈谨严，他的文章的结构是紧密的，论断是明确的，有苦实、简洁、刚健的优点。钱基博版：议论之文，韩愈雄肆而尽，宗元辩核而裁；若论持之有故，言之成理，则韩不如柳。何者？韩愈善用奇以畅气势，宗元工为偶以相比勘。韩愈急言竭论，孤行一意以发其辞；宗元比事属辞，巧设两端以尽其理。韩愈辞胜于理，宗元理胜于辞。而其他版本的文学史却未直接表明韩柳二人成就的高低。

在评价欧阳修的文道观上，刘大杰版认为欧阳修"重道又重文"。游国恩版认为，在文和道的关系上，他和韩愈一样，强调道对文的决定作用，认为道是内容，如金玉，文是形式，犹如金玉发出的光辉。郭预衡版认为，先道后文，但不因此而轻文、废文。章培恒版认为，承认道对文的决定作用，对石介、尹洙等人表示相当的尊重，另一方面也反对过分偏激的主张。在一些具体问题上，欧阳修的态度要更合理些。他认为骈文的缺点是在形式的严格限制下造成说理和叙述的不清晰，不畅通。所以，欧阳修所领导的文学变革虽有反对西昆体和骈文的一面，但它的核心问题，其实是怎样使文学在建立完善的社会秩序方面起到更积极更实际的作用。在这个基本前提下，他们维护了文学的存在权利，同时也维护了文学作为一种艺术创作活动的价值。

从接受美学来看，这其实反映了不同时代审美趣味的迥异、变更以及散文作品在共时和历时上接受的多元性和复杂性。刘版和游版认为《史记》具有人民性和斗争性，章版和袁版却未表明这一点，这其实反映着现当代对于古代文学史书写的一个转变以及受特定时代的审美取向影响的文本反映。刘版和游版突出强调人民性和斗争性，较为明显地透露出意识形态领域的时代性。这与当时强调意识形态斗争的时代背景有关。而章版和袁版没有直接表明则与论著是集体合著形成有关，且从时代来看，这两版文学史写于改革开放之后，从价值取向和审美追求来讲，取向多元，所以显得包容和广博。至于陆侃如、冯沅君版和钱基博版都认为柳宗元的散文在某种程度上超过了韩愈，这显示出作为单著的这两版文学史相较与之后合著的文学史,观点的陈述具有比较浓重的个人色彩。而在对欧阳修的文道观的认识上,不同文学史所秉持的观点都有所差异,这又反映了作家作品和思想被接受事实本身的复杂性,各家观点的相悖其实正好反映了文本和作家本身价值显现的多样性和复杂性。

最后,从散文作家和散文作品(作者与作品)来看,古今中外的许多文艺批评当中都认为作家个性与作品的风格和有着紧密的联系。如汉代扬雄在《法言·问神》中的"心画心声"说:"言,心声也;书,心画也。声画形,君子小人见矣"。刘勰《文心雕龙·体性》中的:"盖沿隐以至显,因内而符外者也;各师成心,其异如面;气以实志,志以定言,吐纳英华,莫非情性"。到了苏轼更是直接提出"其为人深不愿人知之,其文如其为人"(《答张文潜书》)。在传统文论中,评论家都认为文章的风格与思想倾向可以反映出人的性格与人格,从作者的文章中可以看到作者的心声之所在,即透过文可以窥探作者的性情。与此同时,由于文学创作是作家主观的创作实践,那么其创作必然也受各自性格和思想的影响。

孔子在思想上崇尚实用,对现实生活之外的冥冥之物和抽象的、纯思辨的哲学问题也没有兴趣。因此,《论语》中所讨论的问题,大多数是关于现实生活和伦理道德范畴的。孟子的为人,不像孔子那样深沉庄重,而是自傲自负,坚持非礼之召则不往,表现出傲岸的个性。因此,其文气势充沛,感情强烈,笔带锋芒,行文坦露,嬉笑怒骂,绝不作吞吞吐吐之态,是其激越的情感和刚毅个性的文本反映。韩愈一生用世心甚切,是非观念极强,性格木讷刚直,而且是一个个性很强、自我表现欲很强的人,所以韩愈在散文中比较偏重于情感的直接表露,所谓"不平则鸣""愁思之声要妙"等都是指作者情感不加掩饰的宣泄。从本质上说,柳宗元是位性格激切甚至有些偏狭的执着型诗人,在某种程度上与韩愈相似,可是由于他好佛,虽论文也主宗经,但其思想范围则较韩愈而言显得比较广阔而深厚。与韩愈嬉笑怒骂式的直接表达不一样,柳宗元则比较偏重于情感的含蓄表达方式。他认为创作中要平心静气,使内在情感深沉含蓄地表现。这里面有他对待人生的态度和佛教信仰影响的因素。如果说,韩愈的文章如波涛汹涌的长江大河,那么欧阳修的文章就恰像澄净潋滟的陂塘。韩文滔滔雄辩,欧文娓娓而谈;韩文沉著痛快,欧文委婉含蓄。欧阳修散文总体特色是既平易自然又委婉曲折,这与其为人旷达、性格开朗也是有一定关系的。曾巩具有正统的儒家思想,且有一定的理学气,因此他的作品一般以"古雅"或"平正"见称,而缺乏新鲜感或现实感。具体议论的话,委曲周详,文字简练平正,结构严谨而舒缓,这在某些方面也反映了其性格当中"迂阔"的成分以及儒学正统气味较重。

需要说明的是,作者思想性格与文章风格的对应和契合不是简单的一一对应的关系,而是具有阶段性和整体性的。人的一生是漫长的,其心绪和思想会受到人生经历的影响。对于古代士人来讲,心绪和思想常因仕途经历的影响而发生改变,从文章风格上来看,写出的文章也会因此发生一定程度上的改变,可是这不表示着"文不如其人"。相反,随着作者人生经历的变化,我们再去阅读他不同时期的作品时,就会发现作品中所流露的风格以及思想倾向,正是作者在对应时间段内的性格和人格的体现。

如司马迁接受了儒家的思想,但他并不承认儒家的独尊地位,他还同时接受了各家特别是道家的影响。他的思想中有唯物主义因素和批判精神,尤其值得注意的是,由于自身坎坷的遭遇,更增加了他性格中反抗性的一面。所以我们可以看到,与班固《汉书》的详赡严密、工整凝练、温柔敦厚相比,《史记》的语言充满情致、淳朴简洁、疏宕从容、通俗流畅。另外,司马迁本人,是有着浪漫的诗人气质的。从《报任安书》和《史记》中,处处可以看到他富于同情心、感情强烈且容易冲动的性格特点。《史记》在叙述历史人物事迹的同时,处处渗透了作者自身的人生感受、内心的痛苦和郁闷,这与其所受的遭遇有关,正因此,《史记》相较于《汉书》,则具有人民性和斗争性。韩愈的诗风前期是沿着怪奇一路发展,但贞元、元和之际的阳山之贬,造成韩愈诗风大变,元和元年,已经离开贬所回到京城的韩愈更倾心于怪奇诗境的构造。在此后的几年中,韩愈基本上沿着这条道路发展,以世俗、丑陋之事之景入诗,写落齿,写鼾睡,写恐怖,写血腥,形成了以俗为美、以丑为美的特点。至于苏轼,他早年写的史论有较浓的纵横家习气,有时故作惊人之论而不合义理,这些史论在写作上善于随机生发,翻空出奇,表现出高超的论说技巧,成为当时士子参加科场考试的范文,所以流传极广。苏轼早年的政论文也有类似的风格特点,但随着阅历的加深,纵横家的习气遂逐渐减弱,例如元祐以后所写的一些奏议,内容上有的放矢,言词则剀切沉着,接近于贾谊、陆贽的文风。这些说明了文学作品的风格特色与作家不同的人生经历有关,呈现阶段性,但阶段性中又有着整体性。只有通过分时段的对应才能使我们更好地明白作品中的思想情感的由来,并由作品反推作者的人生经历所带来的变化,进一步地体会作品中真正蕴含的内置核心,认识一个较为立体的古人,更好地去理解他,评价他,择其善者地去学习他。